Heinrich Brinkmöller-Becker (Hrsg.)
Die Fundgrube für Medienerziehung in der Sekundarstufe I und II

Heinrich Brinkmöller-Becker (Hrsg.)

Die Fundgrube für Medienerziehung

in der Sekundarstufe I und II

Cornelsen
SCRIPTOR

Gedruckt auf chlorfrei gebleichtem Papier
ohne Dioxinbelastung der Gewässer

Deutsche Bibliothek – CIP-Einheitsaufnahme

Die Fundgrube für Medienerziehung:
in der Sekundarstufe I und II /
Heinrich Brinkmöller-Becker (Hrsg.). - 1. Dr. -
Berlin : Cornelsen Scriptor, 1997
    ISBN 3-589-21102-4

Dieses Werk berücksichtigt die Regeln der reformierten Rechtschreibung
und Zeichensetzung.

5.	4.	3.	2.	1. ✓	Die letzten Ziffern bezeichnen
01	2000	99	98	97	Zahl und Jahr des Drucks.

©1997 Cornelsen Verlag Scriptor GmbH & Co. KG, Berlin
Das Werk und seine Teile sind urheberrechtlich geschützt. Jede Verwertung in anderen als den gesetzlich zugelassenen Fällen bedarf deshalb der vorherigen schriftlichen Einwilligung des Verlags.
Redaktion: Gregor Rauh, Berlin
Herstellung: Hans Reichert, Oberursel
Umschlagentwurf: Studio Lochmann, Frankfurt am Main,
unter Verwendung einer Zeichnung von Klaus Puth, Mühlheim
Satz: FROMM MediaDesign GmbH, Selters/Ts.
Druck und Bindung: Clausen & Bosse, Leck
Printed in Germany
ISBN 3-589-21102-4
Bestellnummer 211024

Inhalt

Kapitel 4: Arbeit mit Film

Kapitel 5: Ideen zur Medienpraxis

Kapitel 6: Projekte der Medienarbeit

Kapitel 7: Multimedia – Neue Perspektiven für Medienprojekte in der Schule

Kapitel 8: „Multimedia und Telekommunikation" – Lehren und Lernen offline und online

Einführung

Mit den Beschlüssen der Bund-Länder-Kommission und der Kultusminister-
konferenz zur Medienerziehung in der Schule oder etwa den Empfehlungen
der Denkschrift der Bildungskommission „Zukunft der Bildung – Schule der
Zukunft" erhält die Diskussion um eine möglichst breite und kontinuierliche
Umsetzung von schulischer Medienarbeit verbindlicheren Charakter. Medien-
kompetenz wird dabei als wesentliche Qualifikationsanforderung angesehen.
Mehr und mehr Pädagogen, Bildungsforscher und -politiker kommen zu der
Überzeugung, dass der souveräne und gezielte Umgang mit den elektronischen
Medien als Kulturtechnik anzusehen ist, die man erlernen kann und für die es
am Ende des 20. Jhs. eine Reihe von gesellschaftlichen Anforderungen gibt.
Die Notwendigkeit und Dringlichkeit von Medienerziehung in der Schule wird
einhellig unterstrichen. Medienkompetenz – im Sinne eines Verstehens von
Medien und Kommunikationstechniken, ihrer sinnvollen Nutzung und ihres
Einsatzes für eigene Ziele in sozialer Verantwortung – soll im Unterricht
stärker und systematisch vermittelt werden. Statt eines eigenen Faches gehen
die genannten Konzepte eher von fächerübergreifenden Ansätzen medienpädagogischer Arbeit aus, die sich integrierend ebenso an Leitfächern wie
Deutsch, Kunst, Musik und gesellschaftswissenschaftlichen Fächern orientieren wie an Teilen einer informations- und kommunikationstechnologischen
Grundbildung.

Die *Fundgrube Medienerziehung* will für die genannten Anforderungen Hilfen
geben – nicht im Sinne einer schulbuchähnlichen Umsetzung eines systematischen Lehrplans. Gleichwohl soll den Konzepten eines integrativen medienpädagogischen Ansatzes entsprochen werden. Der Band ist dabei nicht an
Unterrichtsfächer oder an Jahrgangsstufen gebunden, vielmehr sollen mit ihm
unterschiedliche Verwendungszusammenhänge eröffnet werden.

Dem Konzept der Fundgruben-Reihe entsprechend, liegt ein „Steinbruch" für
die Sekundarstufe I und II vor, der viele Facetten von möglicher Medienarbeit
in der Schule abdecken und jeweils eine Umsetzung im Unterricht ermöglichen
soll. Die Spannbreite der berücksichtigten Medien reicht von der Schrift bis
hin zu Multi- und Hypermedia, der Integration der „traditionellen" av-Medien
in den Computer. Ziel dabei ist, unterschiedliche Anbindungen an Fächer, an
Unterrichtsreihen oder an (fächerübergreifende) Projekte mit unterschiedlichen Funktionen zu ermöglichen. Handlungsorientiertes Arbeiten und Öffnung von Schule sind Konzepte, die zur medienpädagogischen Arbeit eine
besondere Affinität haben: zum besseren Verständnis der Medien, zur besseren
Einschätzung des eigenen Verhältnisses zu den Medien, zur intensiveren
Einübung in selbstständiges und aktives Arbeiten und Lernen. Dafür versucht

die *Fundgrube* Ideen, konkrete Tipps und Vorschläge für Unterrichtssequenzen, -einheiten und -reihen zu geben.

Herausgekommen sind dabei, durchaus beabsichtigt, sehr unterschiedliche Beiträge:

- direkt umsetzbare Unterrichtsreihen, die schrittweise beschrieben werden,
- eine Vielzahl von Ideen für Projekte, Unterrichtsreihen oder -sequenzen,
- allgemeine methodisch-didaktische Hintergrundinformationen zur Orientierung,
- Tipps zu Computer-Programmen, Online- und Offline-Adressen sowie
- pragmatische Hilfen in Form von Adressen und Lesetipps.

Bei der *Fundgrube* kann es sich nicht um eine Rezeptesammlung in Sachen Medienarbeit handeln. Vielmehr gibt der Band einen kleinen Einblick in mögliche Zugänge zur Medienarbeit mit exemplarischen Skizzen, die Sie als Anregung für eigene Ideen und als Ermutigung nutzen können, eigene Erfahrungen zu sammeln. Selbstverständlich kann die *Fundgrube* kein Ersatz für die Aus- oder Weiterbildung von Lehrerinnen und Lehrern in Sachen Medienerziehung sein. Entsprechende Techniken, etwa im Umgang mit Video, Audio und Computer, sind nur in der Praxis mit großem Zeitaufwand zu erwerben.

Auf eine explizite Zuordnung zu Klassen oder Jahrgangsstufen ist in der Regel bewusst verzichtet worden. Mit ihrem variablen Anspruchs- und Abstraktionsniveau können die meisten Ideen für alle Klassen der Sekundarstufe I und II umgesetzt werden.

Abgeschlossen kann ein solcher Band nicht sein. Die Erfahrungen der Verfasser in der Lehrerfortbildung zeigen, wie viele neue Ideen, Variationen und Tipps sich gerade bei der (Multi-)Medienarbeit „ergeben", wenn man erst einmal damit anfängt. Aus diesem Grunde sind wir für Anregungen, Anmerkungen, aber auch für Kritik offen.

Wenden Sie sich an den Verlag oder an den Herausgeber, E-Mail-Adresse:

Heinrich.Brinkmoeller-Becker@ruhr-uni-bochum.de.

Heinrich Brinkmöller-Becker

Kapitel 1

Arbeit mit dem Radio

1. ON AIR: Radio selbst gemacht im Offenen Kanal, im nichtkommerziellen freien Radio und im Bürgerfunk

Rads (Radio aus der Schule):

„Rads ist ein Schüler-Radioprojekt in Düsseldorf und im Kreis Neuss. Im Bürgerfunk können die Sendungen von Rads ausgestrahlt werden. Dafür gibt es Sendezeit täglich ab 18 oder 19 Uhr, je nach Sender. Rads ist Radio selbst gemacht. Nicht nur über Medien reden, sondern selber ausprobieren, wie's geht, selber erfahren, wie Radio funktioniert. Medienkompetenz nennen das die Experten. Darum geht's. Rads ist ‚Radio aus der Schule'. Wie passen Radio-Machen und Schule eigentlich zusammen? Mit Schülerinnen und Schülern aller Altersstufen und in verschiedenen Schulformen will Rads zeigen, was geht. Darum geht's auch."
(Aus: Selbstdarstellungsfaltblatt vom Rads-Projektbüro Juli 1996)

Ein Beispiel dafür, wie Kinder und Jugendliche sich das Medium Radio in vielfältiger Weise auch als Produzenten aneignen und so Medienkompetenz entwickeln können. Überall dort in der Bundesrepublik, wo es die Möglichkeit für die Bürgerinnen und Bürger gibt, nicht nur Radio zu hören und es als Medium zu konsumieren, sondern auch selbst zu Radiomachern zu werden, nutzen auch Kinder und Jugendliche, Schülerinnen und Schüler die Offenen Kanäle (OKs), nichtkommerzielle Radios (NKLs) und den Bürgerfunk, um selbst Rundfunk zu machen.

Weit offene Türen für die Schulen nutzen

Alle Partizipationsansätze am Rundfunk, ob Offener Kanal, nichtkommerzielles freies Radio oder etwa der Bürgerfunk in NRW, wollen „Medienkompetenz" in der Gesellschaft fördern. Diese Einrichtungen besitzen die notwendige Rundfunktechnik meist als Studio, aber auch als mobile Produktionstechnik, verfügen über das journalistische Rundfunk-Know-how und haben vor allem die medienpädagogischen Erfahrungen und Vermittlungskompetenzen, um im

Unterricht, in Seminaren oder Projekten in die Medienarbeit einzuführen oder Pädagogen die entsprechende Beratung und Hilfestellung zu geben. Zudem können über diese Einrichtungen „medienpolitische" Intentionen in ihren Studios erlebt oder lebensnah in die Schule getragen werden. Die Durchsetzung nichtkommerzieller freier Radios, Offener Kanäle oder des Bürgerfunks geht und ging auf politisches Engagement zurück. An diesem Durchsetzungsprozess können beispielhaft eine Auseinandersetzung mit der politischen Wirklichkeit und die Medienentwicklung in dieser Gesellschaft verdeutlicht werden.

Vielfach sind bei den Partizipationsansätzen im Rundfunk auch Schülerinnen und Schüler selbst in Redaktionen organisiert, sodass z. B. motivierende Erfahrungen von Gleichaltrigen auch in Schulveranstaltungen vermittelt werden können (Einstiegsschwelle sinkt, „Das-kann-ich-auch"-Effekt etc.). Didaktisches Material, Unterrichtshilfen und andere Medien-Materialien lassen sich ebenfalls auf verschiedenste Weise dort auffinden.

Für die Medienarbeit in der Schule bietet sich die Kooperation mit den jeweils vor Ort oder zumindest regional zu erreichenden Einrichtungen von OKs, NKLs oder dem Bürgerfunk an. Besonders in Nordrhein-Westfalen kann jeder Lehrer und jede Lehrerin „vor der Haustür" einen Radioverein, eine Bürgerfunk-Gruppe oder eine anerkannte Radiowerkstatt finden. In allen Bundesländern, in denen Beteiligungsansätze am Rundfunk entwickelt wurden, gibt es auch besondere Angebote, Projekte oder dokumentierte Erfahrungen für die Zusammenarbeit mit Schulen (s. Adressenliste).

Wo kann ich mich informieren?

Grundsätzlich verfügen die jeweiligen Landesmedienanstalten (meist mit eigenen Referaten für OKs, NKLs, Bürgerfunk) in den Bundesländern über detaillierte Informationen zum „Stand der Dinge". Interessenverbände (s. Adressenliste) können auch weiterhelfen. Es existieren besondere Schul-Projekte und -Angebote, darüber hinaus erscheinen regelmäßige Publikationen zur Arbeit der OKs, zu den NKLs und dem Bürgerfunk (mit vielen Erfahrungsberichten, Aus- und Fortbildungstipps). Für eine erste Orientierung über die aktuellen und konkreten Möglichkeiten „vor Ort" dokumentieren wir am Ende von Kapitel 1 – Arbeit mit Radio (Seite 52 f.) sehr hilfreiche Adressen (Welche Einrichtungen gibt es in meiner Umgebung, mit der wir zusammenarbeiten könnten? Wer wäre der Ansprechpartner? Welche konkreten Projekterfahrungen in der Schule liegen vor? Wie sehen Ausleihregelungen für Technik, Beratung etc. aus?).

Als potenzieller Medien-Kooperationspartner sind natürlich auch die öffentlich-rechtlichen Rundfunkanstalten der ARD zu nennen. Die Hilfestellung zu aktiver Medienarbeit in der Schule gehört zwar nicht zu den Schwerpunkten ihrer Arbeit, aber ihre Schulfunk-, Kinder- und Jugendredaktionen bieten meist projekthaft auch Zusammenarbeitsmöglichkeiten und punktuelle Mitwirkungschancen am Rundfunkbetrieb. Beispiele sind die Sendereihe „Schülerstudio" des Senders Freies Berlin (in Zusammenarbeit mit der Landesbildstelle Berlin) oder das „Mitmachradio" des WDR in Köln. Die Bildstellen, AV-Medienzentralen der einzelnen Bundesländer, Einrichtungen der Weiterbildung, Stellen für Jugendarbeit und Jugendbildung (in NRW z. B. die Mitglieder der Landesarbeitsgemeinschaft für lokale Medienarbeit) sind ebenfalls hilfreiche Ansprechpartner für aktive Medienarbeit in der Schule.

2. Radio-Projektarbeit

Einführung: Arbeit mit dem Medium Radio in der Schule

Die Auseinandersetzung mit dem Medium Radio kann in der Arbeit mit Kindern und Jugendlichen in der Schule ein exemplarischer Lernort für umfassend verstandene „Medienkompetenz" sein. Die auditiven Medien sind überhaupt *die* Jugendmedien. Das Radiohören steht ganz oben in der Gunst der Jugendlichen.

Anknüpfend an die „passive" Radionutzung bzw. die eigenen Hörgewohnheiten bietet sich die Chance, das Medium aktiv zu nutzen und mit ihm im unmittelbaren Lebensumfeld Erfahrungen zu sammeln.

Möglichkeiten, sich in der Schule dem Medium Radio in aktiver Medienarbeit zu nähern, gibt es viele. Im vorausgegangenen Beitrag „ON AIR: Radio selbst gemacht ..." sind die vielfältigen Kooperationsmöglichkeiten in und außerhalb der Schule für eine Radioarbeit mit Schülerinnen und Schülern angedeutet worden.

Konzeptionelle und didaktisch-methodische Anregungen

Im Folgenden werden einige Unterrichtsbausteine für eine aktive Medienarbeit um das Medium Radio beschrieben. Je nach der zur Verfügung stehenden Zeit und den Unterrichtszielen können diese Bausteine sowohl als eine geschlossene Lerneinheit (z. B. für mehrere Projekttage oder eine Projektwoche) wie auch als Unterrichtssequenz innerhalb der üblichen Schulunterrichtsstruktur benutzt, ausgewählt bzw. zusammengefügt werden. Die angebotenen Bausteine schaffen die Basis dafür, dass die Schülerinnen und Schüler die aktive Medienarbeit mit einer selbst produzierten Radiosendung, d. h. mit einem Endprodukt, erleben können. Dabei sollen die Grundbedingungen der medialen Konstruktion von Wirklichkeit aktiv erfahren und auch reflektiert werden. Das gilt für die journalistischen und technischen Voraussetzungen von Radioarbeit. In den einzelnen Bausteinen wird auf hilfreiche Fachliteratur und Anschauungsmaterialien verwiesen.

Radiomagazin erstellen

Die angebotenen Bausteine werden mit den Schülerinnen und Schülern erarbeitet, sodass mit dieser aktiven Medienarbeit die Grundzüge der Radioarbeit erlebbar werden und als „Endprodukt" eine einstündige Radiomagazin-Sendung in einem simulierten Liveszenario stehen kann. Im Radiomagazin können verschiedene Darstellungsformen (Interview, Reportage, gebaute Beiträge, Musik) geübt werden. Auch alle anderen Elemente einer Radioproduktion (redaktionelle Absprachen, Sendeplan, technische und journalistische Arbeitsteilungen etc.) kommen dabei in den Blickpunkt. Obendrein bietet die Magazin-Sendung die Möglichkeit, verschiedene inhaltliche Beiträge und Interessen zu integrieren.

Die abgeschlossene Magazin-Produktion kann auch einer größeren oder kleineren Öffentlichkeit präsentiert werden. Je nach den Kooperationsmöglichkeiten mit Offenen Kanälen, freien Radios oder im Bürgerfunk wird die Produktion „richtig" gesendet: Von der Vorführung in Projektwochen bis zur Kassetten- bzw. Bandwiedergabe in Klassenverbänden oder über Schul-Lautsprecheranlagen etc. sind vielerlei „Sende"-Angebote denkbar. Welche Feedback-Form angemessen ist, entscheidet die didaktische Zielsetzung dieser Schul-Radioarbeit. Grundsätzlich ist eine Reflexion durch Rezipientenkommentare, d. h. Rückmeldungen für die Produzenten zu ihrer Arbeit und ihren Vermittlungsvorstellungen, eine sehr hilfreiche Übung und immer auch eine Art „positive Ernte und Anerkennung" der eigenen Anstrengungen.

Gliederung der Bausteine

Die Struktur der aufeinander folgenden Bausteine besteht aus den Einheiten:

- Hörgewohnheiten,
- Radiotechnik aneignen,
- journalistisches Handwerkszeug,
- Musik im Radio,
- Sprechen im Radio,
- Redaktionskonferenz und Produktion von Sendungsbeiträgen,
- Livesendung.

Zunächst aber folgen Hinweise zu den technischen Bedingungen einer aktiven Medienarbeit mit dem Radio in der Schule.

Radiotechnische Voraussetzungen

Die „richtige" Rundfunktechnik ist unter Radiofachleuten eine sehr umstrittene Glaubensfrage. Bewegen sich die Ausrüstungskosten für kommerzielle oder öffentlich-rechtliche Rundfunkstudios im Bereich von mehreren Hunderttausend DM, zeigen Freie Radios (beispielhaft Radio Dreyeckland in Freiburg), dass die Kosten für ein sendefähiges Studio in der Minimalausstattung auf rund 20 000 DM begrenzt werden können.

Für die Arbeit in und um Schulen sollte von einer Technik ausgegangen werden, die auch die Chance bietet, Beiträge ausstrahlen zu können. Gleichzeitig sollte die Rundfunktechnik für die Schulbedürfnisse leicht zu handhaben sein und in einem guten Kosten-Leistungs-Verhältnis stehen. Da diese Bedingungen in der Schule nicht immer vorzufinden sind, sollten die im vorhergehenden Beitrag („ON AIR: Radio selbst gemacht ...") angeführten Ausleih-, Beratungs- und Kooperationsmöglichkeiten für eine Radioarbeit in der Schule ausgeschöpft werden.

Die Minimal-Ausstattung für die Produktion von Radiobeiträgen in der Schule umfasst in diesem Sinne:

ein Mischpult, über das als Zuspieler CD-Player (eventuell auch Plattenspieler), Mikrofone, Reportageeinheiten (Kassettenrekorder oder Bandgeräte oder Dat-Rekorder bzw. Mini-Disk) und ein Aufnahmegerät/Mastermaschine (Bandmaschine oder Kassettenrekorder) angeschlossen werden können. Aktivboxen sollten vorhanden sein, damit alle Tonquellen auch von mehreren Leuten gehört werden können. Ein bis zwei Mikrofone sowie ein bis zwei Kopfhörer vervollständigen einen einfachen Rundfunkschnittplatz, an dem Töne bearbeitet und zu einer Rundfunksendung zusammengestellt werden können.

Zusätzlich benötigt werden mobile Reportagegeräte, um Interviews und andere Außenaufnahmen machen zu können. Hierzu eignen sich besonders leicht handhabbare Kassettenrekorder mit externen Mikrofonen.

Materialhinweis

Bei der Landesanstalt für Kommunikation Baden-Württemberg (Ansprechpartner: Hans Dieterle, Postfach 10 29 27, 70025 Stuttgart. Tel.: 07 11/6 69 91-0) kann ein Informations-Video mit Begleitinfos bezogen werden, in dem die technischen Mindestanforderungen für nichtkommerzielle Radios sehr anschaulich dargestellt werden.

Das folgende Schaubild zeigt eine mögliche Kombination von Geräten für ein analoges Produktionsstudio, das alle grundlegenden Möglichkeiten für die konventionelle Rundfunkarbeit bietet:

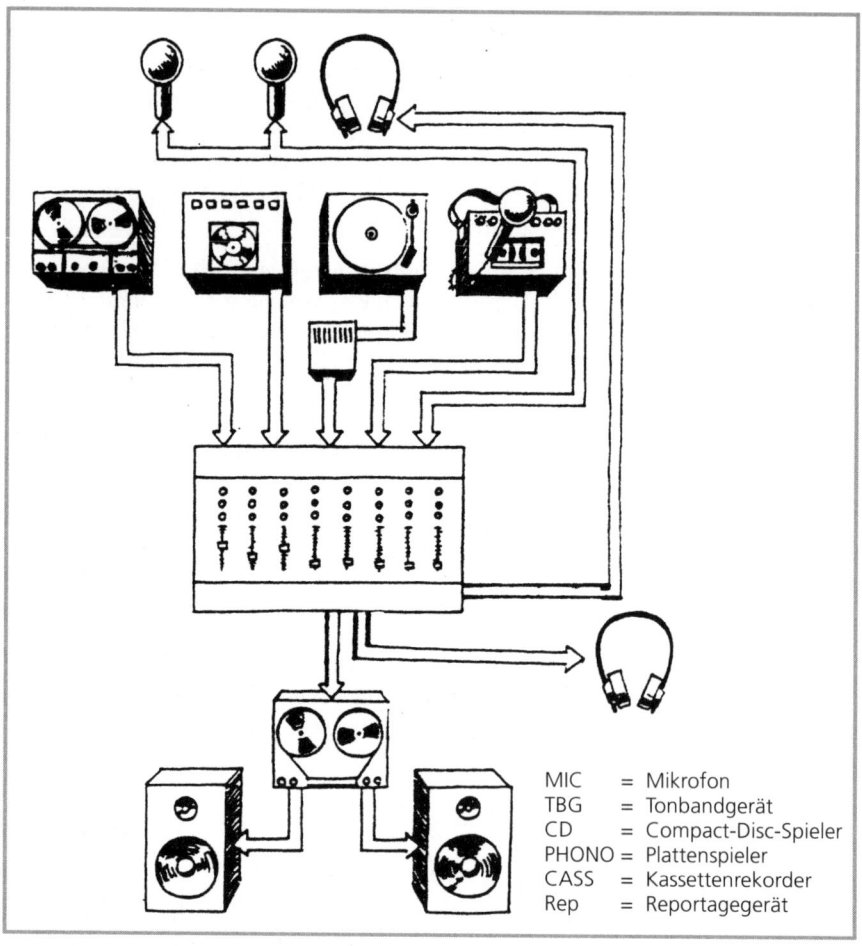

MIC   = Mikrofon
TBG   = Tonbandgerät
CD   = Compact-Disc-Spieler
PHONO = Plattenspieler
CASS   = Kassettenrekorder
Rep   = Reportagegerät

Völlig neue Perspektiven – Radioarbeit mit dem Computer

Der bisher analog arbeitende Rundfunk unterliegt wie alle (alten) Medien auch dem Trend zur Digitalisierung. Das bedeutet für die Tonarbeit: Wenn bisher Tonmaterialien manuell auf dem Tonband geschnitten wurden, können jetzt Tonmaterialien in bits und bytes umgewandelt und digital auf dem Computer „geschnitten" und bearbeitet werden. Das oben beschriebene analoge Tonstudio wird dabei in den Computer integriert, der damit zum Mischpult und zur Tonbandmaschine wird.

Ein 486er-PC mit 8 MB Arbeitsspeicher, einer Festplatte mit min. 500 MB und einer Multi-Media-Soundcard mit möglichst 16-BIT-AD/DA-Wandlung für Tonsignale sind die minimalen Hardwarevoraussetzungen für eine digitale Tonbearbeitung. Für rund 800 DM ist momentan schon eine rundfunktaugliche digitale Tonbearbeitungs-Software zu haben (Stand: März 1997). Aber auch in diesem Bereich ist mit sinkenden Preisen zu rechnen.

Arbeitshinweise zum digitalen Schnitt

Beim digitalen Schnitt *hört* man nicht nur die Stelle (wie beim analogen Band-Schnitt), an der der O-Ton geschnitten werden soll, sondern man *sieht* auch Pausen, Versprecher, ganze Worte oder Sätze auf dem Bildschirm. Das Audiomaterial wird mit Hilfe von Frequenz-Hüllkurven visualisiert.

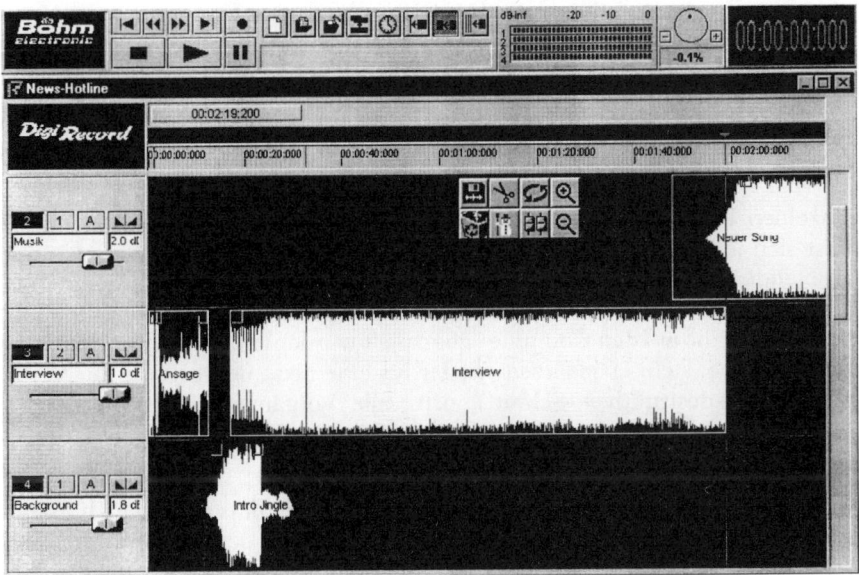

Digital – Alles im Griff!

Schnitte bis zu einer Schnittgenauigkeit von bis zu 1/48 000 Sekunde sind möglich. Die grafische Darstellung lässt sich entsprechend vergrößern bzw. verkleinern, um die benötigte Genauigkeit zu erzielen. Takes (Tonaufnahmen) werden durch Markieren mit der Maus schnell und einfach bearbeitet, egal ob es dabei um Erhöhung der Pegel, Ausschneiden von Versprechern oder langen Sprechpausen, Kopieren von Ausschnitten oder Einfügen von zusätzlichen Takes geht. Es stehen mehrere Stereo-Spuren zur Verfügung, auf denen die

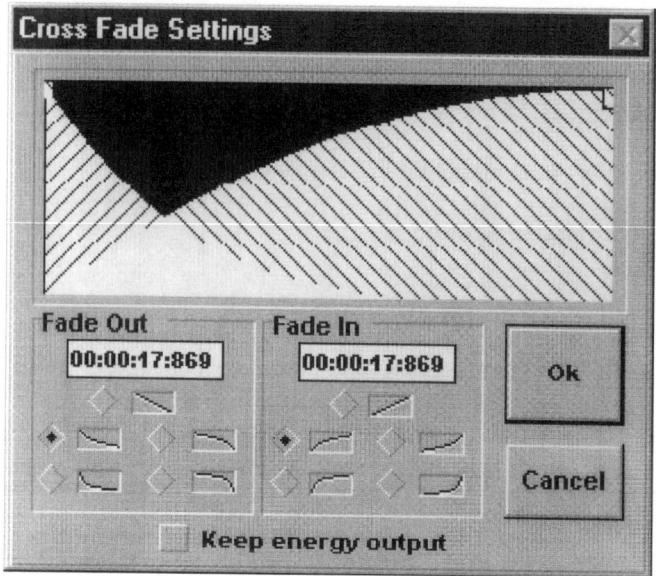

Das digitale Bearbeiten erlaubt präzises Ein- und Ausblenden.

einzelnen Takes bearbeitet und platziert werden können. Im direkten Zugriff lässt sich jede Spur in der Lautstärke ändern, absenken, anheben, ein- und ausblenden (fade-in, fade-out) oder gar überblenden (crossfade). Ein erneutes Abmischen ist hierfür nicht erforderlich. Solange das Ausgangsmaterial (Tonaufnahmen, die auf den Computer überspielt wurden) nicht von der Festplatte gelöscht wird, steht es jederzeit wieder für eine neue Bearbeitung zur Verfügung (nicht-destruktiver Schnitt), d. h., alle Vorgänge können rückgängig gemacht werden. Alles, was beim analogen Band mechanisch weggeschnitten wurde, ist dagegen weg.

Bandmaterial (Kostenfaktor) wird beim Computerschnitt gespart, d. h. Bandabfälle (Sondermüll) fallen gar nicht mehr an. Mit der Visualisierung des Klangmaterials tritt das handwerkliche Geschick, das beim analogen Band-Schnitt beim „Scrubbing" durch Übung erworben werden muss, in den Hintergrund. Beim „Scrubbing" wird das Tonband mechanisch an den Tonkopf gedrückt und durch das Hin- und Herdrehen der Teller wird die Schnittstelle auf dem Band „herausgehört". Wo Computer-Arbeitsmöglichkeiten vorhanden sind, ist mit Hilfe digitaler Tonbearbeitung der Einstieg in die Technik der Rundfunkarbeit recht einfach (und billig) zu organisieren.

Aber besonders für die Rundfunk-Technik gilt: Bevor Sie über eigene Anschaffungen nachdenken, sollten Sie unbedingt bestehende Kooperationsmöglichkeiten vor Ort mit Radiostationen, Medieninitiativen und Institutionen gründlich recherchieren und ausschöpfen (z. B. in NRW leiht die Landesanstalt für Rundfunk für Bürgerfunkproduktionen komplette mobile Studioeinrichtungen und Reportagegeräte aus)! Denn nichts ist morgen so alt wie die neue Technik von heute. Und Fragen der Ersatzbeschaffung, Wartung etc. dürfen auch nicht unterschätzt werden. Im Falle eigener Schulinvestitionen sollte unbedingt die Beratungskompetenz der genannten Einrichtungen (s. Beitrag „ON AIR: Radio selbst gemacht …") herangezogen werden, damit für die jeweiligen Zwecke sinnvolle Anschaffungen vorgenommen werden können.

Hörfunk im Netz – Radio online

Das Zukunftsradio findet auch zunehmend multimedial und weltweit im Internet statt. Dort tummeln sich inzwischen viele Radiosender. Man kann „Realradio" hören oder besondere Programmbeiträge auf die Festplatte des Computers „runterladen". Hörer diskutieren mit den Sendungsmacherinnen und -machern, geben Programmanregungen und können zum Teil auch selbst an Sendungen mitwirken.

Im ComLink (CL-Netz) Computernetzwerk im Mailbox-Themenbereich „CL/Medien/Funk" tummeln sich überwiegend die freien Radiogruppen. Aber auch im Internet ist der Bürgerfunk aus NRW schon mit Beiträgen vertreten: http://buergerfunk.de. Der WDR hält ein sehr großes Internet-Angebot (http://www.wdr.de) bereit und das originelle Jugendradio „Fritz" von ORB und SFB (http://www.fritz.de) ist auch schon seit 1994 im Netz engagiert. Täglich wächst auch die Radiopräsenz im Internet. Auch im NRW-Bildungsserver (Projekt: NRW Schulen ans Netz – Verständigung weltweit, s. Seite 258 f.) ist Rundfunk, z. B. „Radio aus der Schule" unter http://www.learnline.nrw.de, zu finden. Zudem richten die Landesmedienanstalten eigene Internetangebote ein: Die Landesanstalt für Rundfunk in NRW (LfR) bietet unter http://www.lfr.de nützliche Informationen und links zur Bürgerfunkszene und zu Offenen Kanälen.

3. Bausteine zur Radioarbeit

Erfahrungsorientierte Annäherung: Hörgewohnheiten

Der eigene Umgang mit dem Radio kann als Einstieg in die aktive Radioarbeit stehen. Die Schülerinnen und Schüler dort abzuholen, wo sie mit ihrer eigenen Mediennutzung stehen, kann eine solide Grundlage für folgende eigene produktive Radioarbeit schaffen.

Im Folgenden werden beispielhaft die didaktischen und methodischen Orientierungsansätze für einen Baustein „Hörgewohnheiten" geschildert.

Ziele

Die Schülerinnen und Schüler setzen sich mit ihren eigenen Hörgewohnheiten auseinander, machen sich ihr Rezeptionsverhalten bewusst. Sie reflektieren dabei ihren Alltag und darin die Funktion des Mediums Radio. Sie lernen verschiedene ästhetische Radio-Programmformen kennen und können so die Programmentwicklungen einschätzen und in die gesellschaftlichen Bedingungen einordnen.

Mögliche Vorgehensweisen

Zuerst erschließen sich die Schülerinnen und Schüler aus ihrem Alltagsverhalten heraus den bewussten Umgang mit Medien. Die eigene Nutzung der Massenmedien lässt sich über die Aufzeichnung eines „Freizeitkuchens" und eines „Medienkuchens" individuell erarbeiten und gemeinsam auswerten.

Leitfragen zur Anfertigung der Zeichnung eines „Freizeitkuchens" (auf eine durchschnittliche Woche bezogen):

- Was machst du in der Freizeit?
- Wie sehen deine „Kuchenstücke" aus?

Beispiel

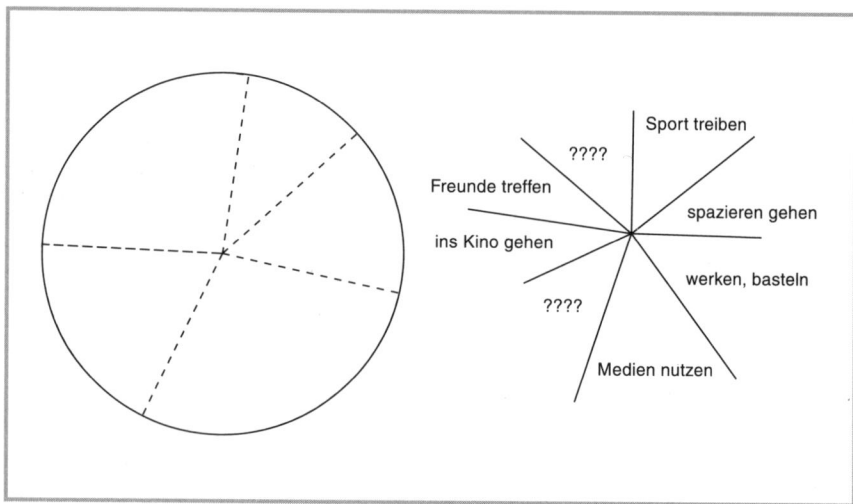

Leitfragen zur Anfertigung der Zeichnung eines „Medienkuchens" (auf eine durchschnittliche Woche bezogen):

▨ Welche Medien nutzt du pro Tag, wie lange?
▨ Wie sehen deine „Medien-Kuchenstücke" aus?

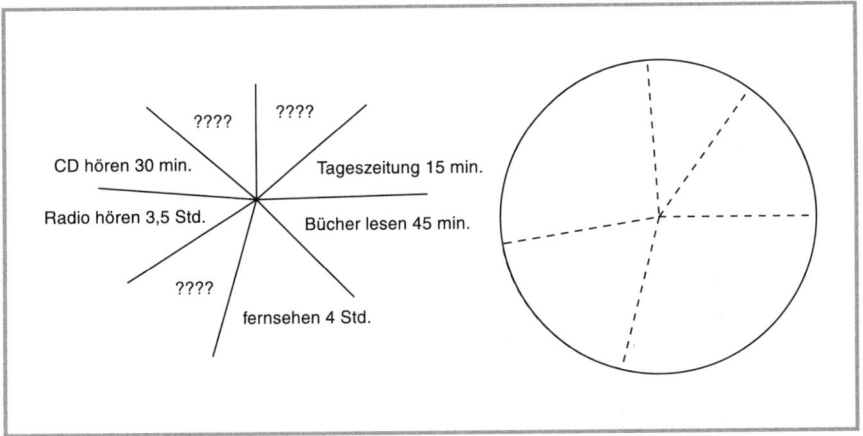

Mögliche Auswertung

Was sagen eure „Kuchen" aus? Bestätigen sie, dass den Massenmedien in unserem Tagesablauf eine große Bedeutung zukommt?

Anschließend kann das eigene Medien- und Freizeitverhalten damit verglichen werden, welche Rolle die Medien generell in der Bevölkerung spielen.

Falls Materialien für einen Langzeitvergleich zur Verfügung gestellt werden sollen, ist folgendes Buch zu empfehlen: *Berg/Kiefer (Hrsg.):* Massenkommunikation – Eine Langzeitstudie zur Mediennutzung und Medienbewertung 1964–1995. Baden-Baden 1996.

Zur Mediennutzung und Freizeitbeschäftigung 1995 folgende Übersicht:

Mediennutzung und Freizeitbeschäftigung 1995 in %										
Mehrmals in der Woche	Ge-samt	Mann	Frau	14–19	20–29	30–39	40–49	50–59	60–69	70+
Zeitungen lesen	84,6	85,6	83,7	55,8	76,0	84,8	90,3	91,5	92,4	87,5
Zeitschriften, Illustrierte lesen	48,0	43,8	51,8	49,6	49,3	46,7	46,7	47,6	50,1	47,1
Bücher lesen	21,6	19,3	23,7	37,5	26,9	21,1	19,8	18,8	17,4	16,8
Fernsehen	93,8	93,6	93,9	93,7	90,7	91,7	93,5	94,8	97,3	96,0
Videokassetten ansehen	7,2	9,2	5,4	20,9	12,2	9,6	5,8	3,6	2,2	1,0
Radio hören	84,4	85,2	83,7	84,5	86,9	88,3	86,7	85,9	82,7	73,1
Schallplatten/CD/ Kassetten hören	28,0	33,6	27,6	77,7	57,8	37,5	26,4	15,6	9,8	6,8
Ins Kino gehen	0,3	0,3	0,2	0,8	0,7	0,3	0,1	0,2	0,0	0,0
Theater/Konzert	0,2	0,2	0,2	0,1	0,4	0,2	0,3	0,2	0,2	0,1
Handarbeiten	5,6	0,5	10,2	1,3	2,9	4,2	4,7	6,7	9,8	8,8
Basteln, heimwerken	7,6	12,4	3,3	2,6	5,5	9,3	7,9	10,0	9,6	5,0
Sport treiben, trimmen	14,3	17,7	11,2	40,4	23,9	14,2	10,8	10,0	7,1	4,3
Spazieren gehen	25,3	21,2	29,1	12,5	18,8	21,2	18,0	26,4	37,2	41,9
Wandern	2,1	2,2	1,9	0,7	1,1	1,6	1,7	3,3	3,2	2,0
Ausgehen (Restaurant, Kneipe)	7,6	10,3	5,2	17,3	19,2	6,7	4,9	3,8	2,3	2,1
Besuche machen, bekommen	19,6	18,5	20,5	43,0	30,8	17,4	13,9	12,9	14,4	16,0
Schaufensterbummel	4,4	2,5	6,1	7,9	6,3	4,0	3,2	3,5	4,1	3,2
Popmusik hören	30,1	33,1	27,5	73,3	61,8	43,5	26,6	10,6	4,8	3,0
Rockmusik hören	23,6	27,6	20,1	66,8	52,2	33,5	17,8	5,9	2,2	1,3
Klassische Musik hören	9,8	9,2	10,5	4,1	7,8	8,5	10,2	11,9	11,8	12,4
Schlager/Evergreens hören	32,1	29,3	34,5	10,0	16,1	25,9	34,9	44,2	45,0	40,7
Volksmusik hören	25,7	23,3	27,8	3,0	5,5	12,7	23,3	38,3	46,9	46,7

Quelle: „Mediennutzung und Freizeitbeschäftigung 1995" aus: *Media Perspektiven*/Basisdaten 1995, S. 69

Auf der Grundlage dieser Lernschritte kann diskutiert werden, inwieweit die Medienwirklichkeit für die Menschen eine immer größere Bedeutung für die Erfahrungen von und für den Umgang mit Wirklichkeit bekommt. Der hohe Stellenwert, den gerade auch die audiovisuelle Kommunikation im Leben von Jugendlichen einnimmt, kann in einer weiteren Gruppenphase, auf das Medium Radio bezogen, herausgearbeitet werden.

Als Anregungen für diesen Gruppenprozess können folgende Fragestellungen dienen:

- Warum und wie höre ich, nutze ich das Radio?
- Was sind meine Lieblingssendungen?
- Wo und zu welcher Zeit höre ich welche Radiosendungen?
- Welche Radiosendungen fehlen mir, welche Programme wünsche ich mir?
- Was gefällt mir am Radiohören, was gefällt mir nicht?

Die konkrete Erörterung der Hörgewohnheiten (z. B. festgehalten auf Meta-Plankärtchen, Wandzeitung, Fragebogen) führt zur Reflexion der eigenen Alltagsgestaltung und der Funktion des Mediums Radio in diesem Zusammenhang.

Zur Bearbeitung dieser Zusammenhänge werden als Materialien Hörbeispiele verschiedener Programmformen und Informationen (z. B. Artikel, Stellungnahmen zur Radioästhetik, Untersuchungen zum Hörerverhalten) bereitgestellt.

Materialbeispiele

Funktionen des Radios: Altersgruppen im Vergleich Nennungen „trifft voll und ganz zu", in %		Alter in Jahren		
Ich höre Radio, weil ...	Gesamt	14–29	30–49	50 u.m.
... ich dabei über alles Wichtige in der Welt sofort informiert werde	60	39	58	73
... ich dabei noch etwas anderes tun kann	59	66	59	54
... ich dabei entspannen kann	44	45	46	42
... mir die Arbeit dann besser von der Hand geht	39	49	35	35
... es mich aufheitert und zum Schmunzeln bringt	36	45	31	35
... es mir Land und Leute in Hessen nahe bringt	30	16	23	43
... ich mich dann nicht so alleine fühle	24	23	16	32
... ich dadurch Denkanstöße bekomme	16	11	14	20
Basis: Hessen 1994: N = 967, davon 234 = 14–29 J., 308 = 30–49 J., 425 = 50 J. u.m.				

Quelle: *Media Perspektiven* 11/95, S. 549

Das WDR-Hörfunkprogramm „EINS Live"

Dieses relativ neue Zielgruppenprogramm ist auf die Hörer im Alter von 14 bis 29 Jahren ausgerichtet. Neben zielgruppenorientierter Musikauswahl werden junge Hörer durch einen betont lockeren Moderationsstil angesprochen. Hörbeispiele, Infomaterial und eventuell Presseberichte zu EINS Live werden bereitgestellt.

Anhand solcher Materialen können ein Sendeprofil erarbeitet und die Hörgewohnheiten und Hörbedürfnisse der Schülerinnen und Schüler damit verglichen werden. Genau so kann natürlich in anderen Regionen bzw. Sendegebieten in Bezug auf die dortigen „Jugend-Sender" verfahren werden (z. B. SWF 3, Bayern 3 oder private Sender wie Radio Energy in Berlin und Brandenburg oder FFH in Frankfurt).

Die Schülerinnen und Schüler können auch von zu Hause Kassetten-Aufzeichnungen (z. B. den Erkennungsjingle ihrer Lieblingssendung, Hörbeispiele ihres Lieblingsmoderators etc.) mitbringen oder im Unterricht wird ein gemeinsames „Kanal-Hopping" durch die erreichbaren Rundfunkstationen durchgeführt.

Im Gespräch werden die Radio-Interessen und -Bedürfnisse der Schülerinnen und Schüler besprochen, strukturiert und festgehalten (z. B. über Wandzeitungscollagen oder Meta-Plan-Kärtchen).

Ein kurzer Input für eine kritische Auseinandersetzung mit aktuellen Rundfunkentwicklungen kann auch folgender Text sein:

„Orwell hat sich geirrt, als er meinte, der Rundfunk von 1984 würde in erster Linie der Propaganda dienen. Die Zwei-Minuten-Hass-Sendung ist überflüssig, wo der Dreieinhalb-Minuten-Takt längst das Bewusstsein verhackstückt hat (...).

Der Rundfunk, der die Realität nur noch als Cevapcici-Würstchen von gleicher Dicke und Länge serviert, erzeugt genau das Publikum, das er als vorgegeben behauptet. Und inzwischen zeigen sich die ersten Erfolge. Selffullfilling prophecy. Eine Programmgestaltung, die alles nur anreißt, erzieht zur Oberflächlichkeit und zur Konzentrationsunfähigkeit.

Das Resultat ist eine Quizbildung, die allenfalls Fakten und Stichworte kennt, nicht aber Zusammenhänge. Indem er sich zynisch auf die Bewusstlosigkeit seiner Hörer berief, kreierte der Hörfunk einen Sendetyp, mit dem das Bewusstsein tatsächlich systematisch zerhackt und zerstört wird (...)" *

Thomas Rothschild: „Die Verhackstückung der Wirklichkeit – Über den fortschreitenden Stumpfsinn im Rundfunk", in: *Stuttgarter Zeitung*, 28.09.1985

Im Plenum präsentieren die Gruppen ihr Ergebnis. Über Wandzeitungen sind die wichtigsten Aussagen skizziert. Die einzelnen Gruppenmitglieder erläutern den Diskussionsprozess und ihre Einschätzungen. Die Diskussion der AG-Ergebnisse schließt diese erste Annäherung an das Medium Radio ab.

Exkurs: Schule des Hörens

In der Klanglandschaft der Gegenwart gibt es kaum noch Möglichkeiten für ein differenziertes Hören. Zudem dominiert im Zeitalter des Fernsehens das Visuelle. Technischer Lärm überlagert einzelne Alltagsklänge und -geräusche immer mehr. Stille wird zur Ausnahmesituation. Droht trotzdem einmal Stille im Alltag, empfinden dies viele Menschen als unangenehm und suchen nach Möglichkeiten, eine Geräuschkulisse wiederherzustellen. Auf diese Weise entstehen auch Hörgewohnheiten und das Radio wird zur alltäglichen Hintergrunds-Geräuschtapete, es läuft nebenbei bei Alltagsbeschäftigungen mit und wird nebenbei konsumiert. Das eigentlich sehr empfindsame Sinnesorgan „Gehör" verliert an Sensibilität, nimmt nicht mehr bewusst wahr und wird aus dem alltäglichen Wahrnehmungszusammenhang allmählich ausgeblendet.

Mit der Übung *„Was hören wir eigentlich"?* können wir das anscheinend „schlafende Ohr" wieder bewusst machen, indem wir lernen, bewusst hinzuhören und verschiedene Geräusche und Klangfarben wieder intensiv wahrzunehmen: in einem verdunkelten Raum etwa fünf Minuten die Augen schließen und sich auf die Wahrnehmung mit den Ohren konzentrieren. Anschließend über die Erfahrungen sprechen. Weitere methodische Ansätze für diese Sensibilisierungsarbeit:

- *„Blinder Spaziergang"* im Freien: sich mit geschlossenen Augen durch den Wald, über den Schulhof oder durch die Stadt führen lassen. Eindrücke sammeln und besprechen. Zusätzlich kann eine Kontrastierung der Seh-Hör-Erfahrungen dadurch erfolgen, dass auch die Seherfahrungen gesammelt und besprochen werden. Die vergleichende Auswertung zeigt, wie verschieden die Wirklichkeitswahrnehmungen durch die jeweiligen Sinnesorgane und ihre Kombination bestimmt werden.
- *Anhören einer Tonkassette* mit Naturgeräuschen zur Sensibilisierung für einzelne Geräusche.
- *Geräuscheexkursion:* Geräusche werden mittels Kassettenrekorder aus der näheren Umgebung (z. B. der Schule) von verschiedenen Standorten aufgenommen und anschließend gemeinsam interpretiert.

Mit diesen bewusst gemachten „Hör- und Radioerfahrungen", aber auch unterstützt durch zugespitzte Thesen (wie z. B. aus dem angeführten Textausschnitt von Thomas Rothschild) und daraus resultierenden Gesprächen nähern sich die Schülerinnen und Schüler dem Medium Radio und seiner Nutzung auf sehr grundsätzliche Art und Weise.

Ausgehend vom reflektierten eigenen Nutzungsverhalten bilden sie sich eine Meinung zu den bestehenden Rundfunkprogrammen. Sie können bestehende Programmtrends erkennen, auch in Interessenszusammenhänge einordnen und haben unterschiedliche Formen des „Hörens" kennen lernen und hinterfragen können.

Oft stellen Schüler fest, dass sie bisher mit dieser vielschichtigen „Sicht"-weise und den Nutzungsmöglichkeiten des Mediums Radio nicht konfrontiert waren und über diesen Baustein „schon anders hören" gelernt haben.

Von dieser Reflexionsphase über das eigene konkrete Hör- und Rezipientenverhalten können sich die Schülerinnen und Schüler auf das Thema Rundfunkproduktion zu bewegen.

Radiotechnik aneignen

Ziele

Die Schülerinnen und Schüler lernen den Umgang mit Studio- und mobiler Rundfunktechnik kennen. Sie reflektieren den Technikeinsatz bei der Rundfunkproduktion und können sich eine Meinung zum notwendigen Technikeinsatz unter Einbeziehung eigener praktischer Radioerfahrungen bilden. Sie setzen sich mit den technischen Bedingungen der medialen Konstruktion von Wirklichkeit auseinander. Sie gewinnen Einblick in die notwendige Ausschnitthaftigkeit des Mediums Radio.

Mögliche Vorgehensweise

Die Annäherung an die beschriebene Produktionstechnik erfolgt dadurch, dass die Schülerinnen und Schüler in Gruppen das gesamte Geräteensemble ausprobieren und selbstständig üben können.

Dem geht eine Vorstellung des Radio-Equipments voraus. Eine Fachkraft demonstriert eine „Studiofahrt" und „baut" einen kleinen Radiobeitrag mit den Zuspielern (CD, Kassette, Band, Mikro) über das Mischpult aufs Masterband (aufnehmende Bandmaschine).

Eine mögliche Übungskonstellation

Unter Hilfestellung der Fachkraft steuern zwei Schülerinnen oder Schüler das Mischpult, eine oder einer beschäftigt sich mit dem Vorhören von CDs,

Kassetten und stellt den Plattenspieler ein. Die Schülerinnen und Schüler setzen Musik ein, die sie von zu Hause mitgebracht haben.

Zwei bis drei von ihnen sitzen am Sprecher- oder Moderationstisch, machen sich mit dem Mikrofon, mit den Verständigungszeichen der „Technikerinnen und Techniker" hinterm Mischpult vertraut. Ein bis zwei üben am Tonbandgerät (oder am Computer) den Audioschnitt.

In dieser Konstellation können die Schülerinnen und Schüler erste kleine Aufnahmen fertigen, indem sie moderieren, von Platte oder CD Musik und O-Töne von einer Kassette zuspielen und diese abmischen. Sie lernen dabei die Möglichkeiten und Wirkungen der einzelnen Geräte, die Kombination der Gerätekonfiguration kennen. Sie erfahren die Produktionsumstände und deren Einfluss auf ihr Verhalten.

In diesem „Kennenlernprozess" können sie immer wieder andere Funktionen aus der Radioarbeit übernehmen. So werden sie spielerisch mit allen Standardsituationen und Funktionen bei der Studioproduktion vertraut. Erhalten die Schülerinnen und Schüler für diese offene Aneignungsphase entsprechenden zeitlichen Spielraum, können sich sehr viel Spaß und Kreativität im Umgang mit der neuen Technik entwickeln.

Verlauf/Erfahrungen

Die praktische Radioarbeit mit offenen Übungen an der Gerätekonstellation gibt viel Freiraum zur individuellen Aneignung der Radiotechnik. Reflexionsphasen und ganz konkrete „handwerkliche Tätigkeiten" verschränken sich ineinander und unterstützen sich. Die Schülerinnen und Schüler verlieren den Respekt vor *der* „Technik", damit auch vor *dem* Medium und den dort Wirkenden. Die Medien, ihre Wirkung, ihre Bedeutung werden dadurch relativiert. Die Medien werden zum Teil entmystifiziert, die Medienproduktion wird verstehbarer.

Die Schülerinnen und Schüler erleben, dass sie (mit Hilfestellungen) sehr schnell selbst ein Tonband schneiden, eine Sendung abmischen und vor dem Mikrofon sprechen können. Sie erfahren die technischen Konstruktionsmechanismen der medialen Wirklichkeiten und können sie diskutieren.

Zum Beispiel die Veränderungen, die mit einem aufgenommenen Gespräch möglich sind. Ein Interview von zehn Minuten, das sie mit Hilfe des Bandschnittes dann auf drei Minuten kürzen, zeigt ganz augenfällig, wie viele Meter an Bandmaterial wegfallen. Es zeigt, wie ausschnitthaft das ursprüngliche Gespräch nach der Bearbeitung noch vorhanden ist, wie sich eventuell auch eine ganz andere Aussage als vorher ergibt. Es wird aber auch deutlich, dass sich das veränderte Band (jetzt nur noch drei Minuten lang) so anhört, als wäre es ursprünglich auch drei Minuten lang aufgenommen worden. Das heißt, die Schnitte und die inzwischen beim Ursprungsgespräch vollzogenen Veränderungen sind nicht mehr zu hören, von den Radiohörern nicht mehr wahrzunehmen. Die Schülerinnen und Schüler erfahren, wie millimetergenau mit dem Tonband geschnitten werden kann. Nicht nur Sätze und einzelne Wörter, ja selbst einzelne Laute, „äh's", „mh's" können problemlos entfernt und auch an anderer Stelle wieder angesetzt werden.

Eine Übungskonstellation dazu

Als Bearbeitungsmaterial dient eine beispielhafte Bandaufnahme eines Studiogesprächs, das geschnitten werden soll.

> *Interviewerin:* Das ist ein eher meditatives Musikstück, und das hab' ich jetzt eben schnell ausgesucht, weil bei mir im Studio sitzt nämlich Hermann und der hat mir erzählt, dass er – um vom Alltag mal abzuschalten – hin und wieder meditiert. Hallo Hermann, stell' dich einfach mal kurz vor.
> *Gast:* (Lachen) Hm, hallo
> Interviewerin: Ehm
> *Gast:* Ja, also ich heiße Hermann Sommer und ich bin geboren in Dresden, einer Stadt im Osten unseres wunderschönen Landes. Ich bin bis vor kurzem noch zur Schule und bin dabei meine Berufsausbildung als Wasserbauer abzuschließen.
> *Interviewerin:* Was ist Wasserbauer?
> *Gast:* Also, Wasserbauer sind die Leute, die alles das bauen, was in und am Wasser rumsteht.
> *Interviewerin:* Eh, bist du zufrieden mit dem, was du im Moment machst?
> *Gast:* Ich habe zur Zeit meine, also … Dieser Beruf ist eine allseitige Ausbildung, aber nach der Ausbildung werde ich den Beruf abschließen, nicht weitermachen.
> *Interviewerin:* Kurze Nachfrage: Also diese Frage von mir kommt natürlich nicht von ungefähr, weil wir haben ein kleines Vorgespräch geführt …

Das aufgenommene Gespräch liegt in der Originalfassung wie auch der geschnittenen Bearbeitung („weggeschnittene" Sätze und Worte sind unterstrichen) vor. Beide Fassungen können angehört und die unterschiedlichen Hörwirkungen verglichen werden. Als Diskussionspunkte bieten sich an:

Wie verändert sich der Inhalt, die Atmosphäre des Gesprächs, welcher Höreindruck entsteht jeweils vom Gast? Welche Kriterien bestimmen den Schnitt?

Inwieweit unterschiedliche Radio-Schnitt-Techniken die Wirklichkeitskonstruktion beeinflussen, kann auch erfahren werden, wenn derselbe Text (z. B. ein paar aufgezeichnete Sequenzen eines Studiogesprächs) einmal mit dem Bandschnitt (Tonband wird manuell auseinander geschnitten und neu geklebt), dem Kassettenschnitt (Inhalte werden verändert, indem die Aufnahmen von einem auf den anderen Rekorder überspielt werden, nur relativ grobe Veränderungen möglich) und dem Computer (sehr exakte Veränderungen möglich) bearbeitet werden.

Spaß, aber auch sehr eindrückliche Hörerlebnisse kann eine Verarbeitung von Versprechern, „Öhs und Ehs" u. a. Nebengeräuschen zu einem kleinen Jingle ermöglichen. Es wird deutlich, wie diese technischen Möglichkeiten das „Hörbild" im Radio mitbestimmen. Ein Verständnis für die hergestellten Radiowirklichkeiten entsteht. Eine „Hörerfahrung" in diesem Zusammenhang:

„Jetzt ist mir klar, warum sich im Radio fast nie jemand verspricht, alles völlig stimmig ist, schnell und fehlerlos hintereinander gesagt erscheint, man keine Pausen hört, keine Ähs und so."

Was bewirkt diese durch das Medium inszenierte Wirklichkeit? Die Schülerinnen und Schüler erleben, wie bei der Abmischung am Mischpult eine Stimme mit mehr Höhen angehoben oder mit mehr Bässen versehen werden kann.

Die Erfahrungen in dieser Lerneinheit ermöglichen eine Diskussion über die technischen Bedingungen und Grenzen, über die Subjektivität und Konstruktivität auch anderer Medien. Sendungen in Radio oder Fernsehen sind „gemacht", absichtsvoll hergestellt. Was uns als Wiedergabe von Wirklichkeit im Radio erscheint, hat einen bestimmten Entstehungsgang, der in den Lerneinheiten beispielhaft erfahrbar wird, hinter sich.

Die Funktion dieser Medien besteht also eher darin, die Realität zu konstruieren und an deren Stelle zu treten, als sie zu übermitteln oder widerzuspiegeln. Fragen nach der unvermeidlich selektiven Natur der Töne und Bilder vertiefen die Erörterung des Verhältnisses von Medienwirklichkeit und der wahrgenommenen Realität. Diese grundsätzlichen Fragestellungen werden in den folgenden Bausteinen in Übungskonstellationen immer wieder aufgegriffen.

Über diese eigenen ersten Technikerfahrungen werden Fragen nach einer „nützlichen" und „notwendigen" (leicht handhabbaren, günstig zu erwerbenden, trotzdem effektiven, qualitativ befriedigenden) Radiotechnik, dann auch im Vergleich mit der Großtechnik der gängigen Rundfunkstationen, aufgeworfen. Auch hier gehen die Meinungen der Schülerinnen und Schüler meist weit auseinander, je nachdem, welche eigenen Interessen sie mit dem Radio verbinden. Sie erfahren, dass mit viel weniger Technik und geringerem Kostenaufwand, als die etablierten Stationen betreiben, qualitativ guter Hörfunk produziert werden könnte und damit auch für Partizipationsfunk eher bezahlbare technische Realisationsmöglichkeiten entstehen würden („Rundfunktechnik braucht ja nicht so teuer sein").

Die Diskussion über die „Entfremdung von (Medien-)Technik" (wozu dient sie, wer hat Zugang, zu welchem Zweck, wer profitiert davon?) und eben die Möglichkeiten der „Wiederaneignung von Technik" (z. B. ich kann selbst ein Mischpult bedienen, Band schneiden, kurz: die Technik nutzen, um mir „Gehör", Öffentlichkeit zu verschaffen) kann auf der Grundlage erster eigener Erfahrungen in aktiver Medienarbeit geführt werden.

Die aktuellen ökonomischen Interessen am Rundfunk und die daraus resultierenden technischen, aber auch politischen Weichenstellungen werden in dem Unterrichtsprozess beurteilbar. So reicht dieser Baustein „Technik" weit über eine Einführung in die Rundfunktechnik, die Vermittlung „technischen Handwerkszeuges" hinaus. Vor dem Hintergrund erster eigener Erfahrungen findet eine Reflexion der „Technik" in ihren gesellschaftspolitischen Bezügen (wem nutzt sie, wie kann sie genutzt werden, für was wird sie benutzt, wie können viele partizipieren?) statt.

Journalistisches Handwerkszeug

Ziele

Die Schülerinnen und Schüler lernen verschiedene rundfunkjournalistische Gestaltungsmittel kennen und können sie anwenden. Sie reflektieren den Prozess der medialen Konstruktion der Wirklichkeit unter besonderer Berücksichtigung der eigenen Wahrnehmungsmechanismen, der Diskussion um Subjektivität und Objektivität sowie der Bearbeitung des Begriffs „Manipulation". Sie gewinnen auf Grund eigener Medienarbeit einen praktischen wie theoretischen Bezug zu journalistischen Arbeitszusammenhängen und können sich dazu eine Meinung bilden.

Mögliche Vorgehensweise

Über Hörbeispiele und entsprechende Erläuterungen lernen die Schülerinnen und Schüler verschiedene journalistische Darstellungsformen kennen, z. B.: den gebauten Beitrag, die Reportage, die Glosse, das Feature, die Kurzmeldung, die Nachricht, den Kommentar, das Interview, die An- und Abmoderation, die Gesprächsführung in einer Diskussionsrunde.

Die einzelnen Darstellungsformen werden in ihrer Struktur, ihren Zielen, mit ihren Gestaltungsmitteln, ihren Stilmitteln erörtert. Je nach Interesse der Schülerinnen und Schüler werden einzelne Elemente intensiver bearbeitet. In einem späteren Baustein können sie sich mit einer Darstellungsform beschäftigen und daraus einen Radiobeitrag erstellen. Das Interview als ein Kernbestandteil im Hörfunk wird sehr intensiv in all seinen Formen (Live-Interview, vorproduziertes Interview, Recherche-Interview, Straßenumfrage) und Einzelsegmenten (Vorbereitung, Fragetypen, Wahrnehmungen, Strategien, Verlaufsformen) anhand eines Hörbeispieles demonstriert. Außerdem werden die Kriterien für die Gesprächsführung erarbeitet.

Eine mögliche Übungskonstellation

Jeweils paarweise werden Live-Interviews geübt. Dabei können die Schülerinnen und Schüler die Vorbereitung und Recherchemöglichkeiten für diese Darstellungsform üben: d. h. den Gesprächsgegenstand auswählen und den Sachverhalt des Gesprächs eingrenzen (Was will ich warum fragen?) und sich darüber „schlau" machen. Wird ein Interview zur Person geführt, wird die Schülerin oder der Schüler dazu befragt, was sie oder er über sich erzählen könnte und möchte. Findet ein Interview zur Sache oder zu einer Meinung statt, können entsprechende Hilfsmittel (Tageszeitung, Bücher, Radiobeiträge, Videos, Gespräche mit Fachleuten – worauf immer in der Schule zugegriffen werden kann) zusätzlich zum Vorgespräch einbezogen werden. Die Schüler lernen so die Arbeitsschritte zur Recherche und zur Vorbereitung eines Interviews kennen. Nach dem Vorgespräch bereitet jeweils die Interviewerin ihr auf fünf Minuten begrenztes Gespräch vor. Sie legt ihre Gesprächsstrategie fest: Was ist der inhaltliche Kern des Gesprächs? Wie gestalte ich den Einstieg, die Anmoderation? Wann benutze ich offene, geschlossene Fragen? Wie sieht mein potenzieller Schluss aus? Die Interviewerin schafft sich eine schriftliche Gedankenstütze. Sind die Vorbereitungen abgeschlossen, interviewen sich die Schüler unter Studio-Livebedingungen, d. h., zwei Schüler bedienen die Radiotechnik und führen die Aufzeichnung des Fünf-Minuten-Beitrages durch. Der Beitrag besteht aus einer kurzen Musikeinblendung am Anfang, der Anmoderation durch die Interviewerin, dem Interview, der Abmoderation und einer abschließenden Musikausblendung.

Auf diese Weise wird technisches und journalistisches Handwerkszeug parallel von den Schülern geübt. Die Fünf-Minuten-Aufzeichnungen werden hintereinander von allen Interviewpaaren mit jeweils abwechselnden „Radiotechnikpaaren" auf ein Band produziert. Die Aufzeichnungen werden dann Stück für Stück auf die Erfahrungen mit der Gesprächssituation und die Gesprächsführung hin ausgewertet. Dabei werden die zuvor präsentierten Interviewkriterien durch die eigenen Übungserfahrungen vertieft und die Interviewsituationen nochmals besprochen.

Grundsätzliche handwerkliche Hinweise für das Führen von Interviews

Das Interview kann Teil der Recherche für einen Radiobeitrag sein. Hauptsächlich ist es aber ein eigenständiger Radiobeitrag. Dabei sind drei Grundtypen des Interviews zu unterscheiden:

▪ *Zur Sache:* Der oder die Interviewte hat vorwiegend die Funktion des Experten, über den Tatsachen/Sachverhalte herausgearbeitet werden.

▪ *Zur Person:* Die persönliche Welt des Befragten steht im Mittelpunkt. Sein Leben kann der Hörer kennen lernen.

▪ *Zur Meinung:* Der persönliche Standpunkt des Befragten und seine Einstellung zu einer Sache werden herausgearbeitet.

Interviewarten (in der Übersicht die wichtigsten Fragetypen)			
Typ	Beispiel	Vorteile	Nachteile
geschlossen	Sind Sie mit dieser Lösung einverstanden?	Schnelle, eindeutige Antwort. Gut, wenn der Fragende schon viele Informationen besitzt.	Gesprächspartner wird eingeengt auf „ja" oder „nein".
offen	Wie denken Sie über diese Lösung?	Der Antwortende kann eigene Gedanken beisteuern und selbst über Art und Inhalt seiner Antwort entscheiden. Der Fragende erfährt unter Umständen Dinge, die wichtig für ihn sind.	Kostet mehr Zeit. Der Antwortende kann ins „Schwafeln" geraten.
alternativ	Bevorzugen Sie Lösung „1" oder Lösung „2"?	Schnelle, eindeutige Antwort. Gut, wenn zwischen zwei festliegenden Möglichkeiten zu wählen ist.	Scheinantworten möglich, wenn die Alternativen keine sind oder noch mehr Alternativen möglich wären.
offene Begründungsfrage	Welche Gründe führten zur Wahl dieser Lösung?	Besseres gegenseitiges Verständnis.	Unter Umständen kann sich der Antwortende bereits bedrängt oder kontrolliert fühlen.
bedrängende Begründungsfrage	Wieso haben Sie ausgerechnet *diese* Lösung gewählt??	keine	Partner fühlt sich kontrolliert, zur Rechenschaft gezogen: Er antwortet ungern.
suggestiv	Sie sind doch sicher auch für diese Lösung?!	keine	Partner fühlt sich manipuliert. Fürchtet Strafe, wenn er andere Meinung äußert.

Quelle: *Bildungswerk der Erzdiözese Köln:* Radiowerkstatt. 1993, S. 41

Zur leichteren Orientierung werden im Folgenden weitere bedeutende Darstellungs- und Sendeformen beim Hörfunk und einige beispielhafte Übungsanregungen in Kurzform vorgestellt.

Nachrichten

Knappe Meldungen, kurze Sätze, wenig Zahlen, Namen wiederholen – der erste Satz ist die „Schlagzeile" – kurzer O-Ton möglich.

Übungsanregung

Nachrichtensendungen verschiedener Sender vom gleichen Tag (z. B. zur vollen Stunde) werden auf Kassette aufgezeichnet.

Die Aufzeichnungen können im Vergleich angehört und ausgewertet werden:

- Was habe ich gehört – was kann ich davon wiedergeben?
  Wie müssen Radionachrichten gestaltet sein, dass sie erinnert werden? Was erschwert Erinnerung? Was erleichtert sie?
- Was waren die Inhalte? Welche Meldungen wurden gesendet, welche nicht? Zum Vergleich können dazu Tageszeitungen oder auch Fernsehkurznachrichten mit ihren wichtigsten Meldungen ausgewertet werden. Vergleich der Medien auf einen Tag bezogen. Was sind wohl die Kriterien der Nachrichtenauswahl? Wie wird ausgewählt, wie sollte ausgewählt werden?
- „Ich mache meine Nachrichten selbst."
  Die Schülerinnen und Schüler sollen aus verschiedenen Tageszeitungen ihren Nachrichtenteil für einen „Drei-Minuten-Radionachrichten-Block" mit maximal vier Meldungen und einem Leadsatz (Schlagzeile) auswählen, die Zeitungstexte als Radionachricht umschreiben und dann präsentieren. Diese selbst verfassten Nachrichten können auch in eine umfassende Übung eingebaut werden (analog zu den Interviewübungen), indem die Nachrichten im Studiobetrieb aufgezeichnet werden (Jingle/Musikeinblendung, Nachrichtentext, Ausblendung).

Auswertung

- Was waren deine Auswahlkriterien für die Nachrichten? Wieso wurden dieser Leadsatz und diese Reihenfolge der Nachrichten gewählt?
- Wie wurden die Nachrichten von den anderen wahrgenommen?

Bei dieser Übung empfiehlt es sich vorweg, die Informationen und Übungen zum Arbeitsbereich „Schreiben fürs Hören" zu bearbeiten.

Kommentar

Kritische Stellungnahme aus subjektiver Sicht.

Übungsanregung

Jede Tageszeitung hat ihre „Kommentarecke". Die Schülerinnen und Schüler schneiden einige Kommentare aus und bringen sie mit in den Unterricht. Sie begründen ihre „Auswahl" und erarbeiten die Funktion und Struktur von Kommentaren. Im Vergleich dazu stellt die Lehrkraft einen aus dem Radio aufgezeichneten Kommentar zur Verfügung. Die Kommentare aus Zeitung und Radio werden verglichen. Lesen die Schülerinnen und Schüler ihre „Zeitungskommentare" laut vor, eröffnet sich der Unterschied zwischen dem „Schreiben fürs Lesen", das primär in der Schule gelernt und geübt wird, und dem „Schreiben fürs Hören". Auch hier muss der entsprechende Lernbereich einbezogen werden (Besonderheiten des Hörens im Radio und die Notwendigkeit, dafür Texte anders zu formulieren).

Glosse

Kurz-Kommentar mit einem Schuss Spott, Ironie oder Witz, bei dem auch Musik oder Geräusche verwendet werden können.

Übungsanregung

Anhand des folgenden Beispiels kann die Darstellungsform Glosse und ihre Wirkung nachvollzogen werden.

Auch in diesem Jahr werden wieder zahlreiche deutsche Sonnenflüchtlinge an der niederländischen Küste erwartet. Jan Vaanderstraten, Bürgermeister von Strandkorb, will sich in diesem Jahr aber gegen die Flut von Wirtschaftstouristen zur Wehr setzen. Mit der Initiative „Urlauber raus" fordert er die Änderung des Grundgesetzes. Vaanderstraten wörtlich: „Nicht jeder, der nach Genever will, hat auch ein Recht darauf." Der Bürgermeister fordert, dass die Urlauber aus den sicheren Sonnenländern schon an der Grenze vor dem Schlagbaum zurückgewiesen werden. Berechtigte Reiseasylanten sollen von den Sammellagern Venlo und Arnheim dann dezentral im ganzen Land verteilt werden. Entstresste Urlauber werden allerdings sofort bei der Änderung der Wetterlage in ihrem Herkunftsland wieder zurückgeführt. Vaanderstratens Initiative beruht auf den Erfahrungen mit den deutschen Ausländern in den vergangenen Jahren. Es ist die typisch deutsche Ignoranz, so Vaanderstraten, unsere Kultur mit Füßen zu treten und nicht einmal unsere Sprache zu lernen. Auch Jo Kerken, Bürgermeister von Frikadell am See, spricht von negativen Erfahrungen mit den Wirtschaftstouristen. Der Deutsche führe sich nicht einmal als Gast auf, sondern täte so, als sei er der Herr im Haus. Ob die Initiative „Urlauber raus" Erfolg haben wird, bleibt erst einmal abzuwarten. Die beiden Bürgermeister geben sich jedoch optimistisch: „Wenn die Deutschen ihr Grundgesetz ändern können, können wir das schon lange."

Glosse aus: Radio „Antenne Ruhr", Mülheim/Oberhausen, 1994 (1:39 Minuten)

Folgende Fragen können sich anschließen: Auf welche politischen Ereignisse verweist die Glosse? Mit welchen Textstellen könnte man das belegen? Wie würde sich die Hör-Wirkung ändern, wenn dieser Text mit niederländischem Akzent gesprochen würde?

Die Schülerinnen und Schüler können angeregt werden, Ereignisse ihres Nahbereichs (z. B. Schulalltag) zu glossieren. Dazu verfassen sie einen knappen Text, der nicht länger als zwei Minuten Sprechzeit haben soll. Die einzelnen Beiträge können dann auf Tonband aufgezeichnet und gemeinsam auf ihre Hörwirkung und Konstruktionsmerkmale ausgewertet werden.

Gebauter Beitrag

Setzt sich aus O-Ton (Originaltönen, die vorher aufgezeichnet wurden) und Sprechertext zusammen. Er ist einer der meistbenutzten Darstellungsformen im Rundfunk. Er soll Fakten vertiefen und Hintergründe ausleuchten. Der „gebaute Beitrag" besteht nicht nur aus dem Manuskript selbst, sondern enthält weitere Elemente wie Zitate und vor allem Interview- oder Reportageausschnitte bzw. Statements von Akteuren, Betroffenen, Fachleuten etc.

Übungsanregungen

Der Umgang mit „gebauten Beiträgen" im Radio kann anhand verschiedener Radioaufzeichnungen besprochen werden. Dazu nehmen die Schülerinnen und Schüler zu Hause einen „gebauten Beitrag" aus „ihrem Radiosender/ihrer Lieblingssendung" auf Kassette auf. So fächert sich die ganze „Einsatzpalette" dieser Darstellungsform auf.

Vorteile (z. B. hörerfreundliche, kurze und abwechslungsreich gestaltete Präsentationsform) und Probleme dieser gängigen Darstellungsform im Rundfunk können besprochen werden (O-Töne können Authentizität der Person, des Gesagten „vortäuschen"; „O-Ton-Text-Schnitte und verschiedene Kombinationen" lassen beliebige Ausschnitte und Verkürzungen von Wirklichkeit herstellen).

In einem weiteren Schritt können die zuvor produzierten „Fünf-Minuten-Live-Interviews" (s. Interviewübungen) der Schülerinnen und Schüler zu „gebauten Beiträgen" mit O-Ton-Ausschnitten und Autorentexten umgearbeitet werden (Beitragslimit auch fünf Minuten).

Es liegen von den Schülerinnen und Schülern dann jeweils ein „Live-Interview" und ein „gebauter Beitrag" zum gleichen Inhalt bzw. zur gleichen Person, aus dem gleichen Ausgangsmaterial vor. Im direkten Vergleich lassen sich dann die Hörwirkungen und die eigenen Produktionserfahrungen der Schülerinnen und Schüler mit den Darstellungsformen erfahrungsorientiert besprechen.

Reportage

Erlebnisbericht – Reporter schildert Ereignisse vom Ort des Geschehens. Die Hörer können sich durch die Beschreibung ein „Bild" vom Ereignis machen. Elemente: Statement, Interview, Gespräch, Chronologie, Porträt, Kurzkommentar, Glosse, Atmosphäre.

Übungsanregungen zur Reportage s. „Baustein Redaktionskonferenz".

Magazin

Mischung aus Berichten und Musikpräsentation. Die Moderatorin oder der Moderator führt durch die Sendung.

Arbeitsanregung zum Radiomagazin s. unter Baustein: Livesendung.

Feature

Meist längerer Radiobeitrag mit vielen der oben genannten Darstellungsformen – ein akustischer Film, der im Gegensatz zum Hörspiel die Realität widerspiegeln soll.

Hörspiel

Gestalteter Beitrag, ein Feature meist ohne Realitätsbezug, „radiophones" Theater.

Trailer/Jingle

Kurzer O-Ton, kleine Geschichte, die auf einen folgenden Beitrag hinweisen soll.

Als Anschauungsmaterialien (Was ist eine Reportage, gebauter Beitrag etc.?) lassen sich Hörbeispiele aus Radiosendungen aufzeichnen. Dabei sollten die Schülerinnen und Schüler selbst zu Hause Aufzeichnungen mit dem Kassettenrekorder vornehmen. Hörbeispiele (auf Kassette) wurden auch vom Adolf Grimme Institut (Eduard-Weitsch-Weg 25, 45768 Marl, Tel.: 0 23 65/91 89-0) produziert: der gebaute Beitrag, das Interview, der Kommentar, die Reportage und die Moderation. Sehr hilfreiche Hinweise finden sich auch in *Clobes/Paukens/Wachtel* 1992, *LaRoche/Buchholz* 1991 und *Bildungswerk der Erzdiözese Köln* 1993 (s. Seite 51).

„Anderes Radio" möglich?

Das Kennenlernen und die Aneignung von „journalistischem Handwerkszeug" erfolgt vor dem Hintergrund der bisher schon diskutierten Möglichkeiten im Umgang mit dem Medium Radio und besonders mit der Fragestellung für eine eigene, andere Ästhetik im Rahmen von Partizipationsansätzen wie Offenen

Kanälen, freien Radios oder dem Bürgerfunk. Die Fragen nach den Möglichkeiten eines „anderen Rundfunks" (abgegrenzt von den Erscheinungsformen kommerziellen oder öffentlich-rechtlichen professionellen Funks) werden weiterverfolgt.

Auch für diese Reflexionen sollten zusätzliche Hörbeispiele unterschiedlicher Radiostationen zur Verfügung stehen.

Übungsanregungen

> Streichen Sie Ihren Text auf eins dreißig (1 Minute 30 Sekunden) zusammen. Dann kann ich ihn nehmen. Eins zehn wäre noch besser. Dann können wir uns die An- und Absagen sparen. Radio ohne Ansage ist dramaturgisch auch viel effektiver. Der Hörer soll ja gar nicht erst groß merken, dass jetzt ein Text kommt. ‚Ja, ja', sage ich, ‚aber von neun Minuten auf eins dreißig, das ist kaum zu machen.' ‚Es ist zu machen', sagt er, ‚man kann alles in eins dreißig machen: Nachrufe, Interviews, Predigten, Statements usw.'
>
> *Hans Dieter Hüsch*: „Eins dreißig – Hans Dieter Hüsch plaudert aus dem Sender", in: *agenda* Nr. 2, Marl 1992, S. 48.

Wie können andere, längere, ausführlichere, authentischere Nachrichten gemacht werden? Sind diese noch verdaubar, hörbar?

Wie kann ein Interview aussehen, bei dem der Interviewte wirklich zu Wort kommt und sich wiedererkennt? Was ist eine angemessene Anmoderation, eine Hinführung zum Thema? Wie bestimmt das jeweilige Thema den Stil z. B. der Anmoderation? Weitere Diskussionsanregung zu diesen Fragestellungen aus einer Radiosendung:

> So kommt es, dass ein Müller aus einem kleinen Kaiserstuhl-Dorf über eine halbe Stunde erzählt, wie sich der Fluss und seine Umgebung im Dorf verändert hat. Wie das Leben anders wurde über Jahre hinweg. Da wird aus der Geschichte dieses Mannes, seiner Sprache und seiner Lebensweise erfahrbar, was die Verseuchung dieses Baches und das Fischsterben bedeutet. Die Hörer hören jemanden sprechen, der so spricht, wie sie auch darüber sprechen würden. Gerade bei solchen Beiträgen ist oft eine Intensität und Ausstrahlung festzuhalten, die ja gerade den besonderen Gehalt des gesprochenen Wortes, des Radios gegenüber dem Schriftmedium ausmacht. Erst der Dialekt und die sprachlichen Unebenheiten, der Tonfall, das Hüsteln und Räuspern ergeben die Wiedergabe der Person, der Persönlichkeit im Radio.
>
> *Grieger/Cyrus*: „Sender ohne Verfolgung – Radio Dreyeckland: Ein Bericht während der Praxis", in: *Medium* Nr. 7, Frankfurt 1983, S. 14.

Die Diskussion dieser Gestaltungsfragen beim Rundfunkmachen kann auch erfahrungsorientiert angegangen werden, z. B.:

- Schüler sollen einen Nachrichtentext (aus der Tageszeitung), der ca. zwei DIN-A4-Seiten Umfang hat (beim Vorlesen ca. vier Minuten lang ist), auf die Hälfte (eine DIN-A4-Seite, zwei Minuten Sprechzeit) kürzen. Die einzelnen Kürzungen werden mit dem Ursprungstext verglichen. Was hat sich durch die Kürzungen inhaltlich, formal in Bezug auf die Hörbarkeit, den Wahrheitsgehalt ... verändert?
- Schüler verkürzen, schneiden die jeweils geführten „Fünf-Minuten-Live-Interviews" auf 1:30 (1 Minute 30).
  Wie empfindet der Interviewte seine zwei Interview-Beiträge? Wo findet er sich mehr wieder? Wo glaubt er, sich gut darstellen zu können, „gut rüberzukommen"? Welche Höreindrücke haben die anderen?

Musik im Radio

Ziele

Die Schülerinnen und Schüler setzen sich mit der Funktion von Musik im Radio auseinander. Sie lernen, selbst Musik im Radio bewusst einzusetzen.

Mögliche Vorgehensweise

Musik ist in der Regel das tragende Element im Hörfunk und auch zentrales Kriterium für Jugendliche bei der Senderwahl. So genannte „Servicewellen" (nach Einschaltquoten die erfolgreichsten Stationen) spielen einen erkennbaren „Musikteppich". Dieser umfasst z. B. „Oldies" aus den Sechziger- und Siebzigerjahren, „deutschorientierte Schlagermusik" oder aktuellen „Diskothekensound" für junge Hörerinnen und Hörer, Volksmusik für die älteren Semester oder „Potpourris", von jedem etwas, je nach Zielgruppe verschieden. Spezielle Jugendwellen, z. B. „Eins-Live" beim WDR, passen die ganze Präsentationsform (Sprachduktus, „Atmo", Inhalte) einem einheitlichen jugendlich orientierten Erscheinungsbild an, entsprechend bieten sie den „Jugend-Musik-Mix", der voll im Trend liegt und den aktuellen Geschmack der Mehrheit bedient. Rund um die Uhr hält die „Servicewelle" ihre dominierende „Musikfarbe", um auch bei flüchtiger Sendersuche sofort herausgehört zu werden. In das Magazinprogramm werden dann „Wortbeiträge" (Informationen, Unterhaltung, Tratsch ... meist im Eineinhalb- bis Drei-Minuten-Takt) und Werbung eingestreut. Bei diesem Programmtyp ist die Musik klar als Mittel der Hörerbindung funktionalisiert, damit hohe Einschaltquoten und hohe Werbeeinnahmen möglich werden. Bestimmte Musik kommt gar nicht vor, andere wird (in „play lists") den Redakteurinnen und Redakteuren vorgeschrieben.

Neben diesen erfolgreichen „Mainstream-Sendern" gibt es inzwischen auch im kommerziellen Bereich zunehmend Spartenradios: Sender, die sich an eine bestimmte Zielgruppe richten. Zum Beispiel „Klassik-Radios", „Jazz-Radios" oder„Info-Radios" (reine Nachrichtenkanäle). Auf einem zunehmend gesättigten Markt erschließen sie sich neue Nischen und damit den Zugang zu ganz bestimmten Zielgruppen. Für Werbung ist das interessant, da keine Streuverluste (wie beim Massenpublikum) entstehen und eine Zielgruppe sehr effektiv mit der Werbung erreicht werden kann. Ein Beispiel dazu ist das „Klassik-Radio" mit sehr wenig, dafür aber sehr anspruchsvoller und teurer Werbung z. B. für gehobene Luxusgüter. Natürlich gibt es auch noch im öffentlich-rechtlichen System Radioprogramme, die eben z. B. klassik-, kunst-, bildungsorientiert sind, allerdings zunehmend ein „Schattendasein" fristen müssen.

Übungsanregungen

Über Hörbeispiele, die die Jugendlichen aus ihren Radio-Lieblingssendungen aufgezeichnet haben (z. B. Anfangs-Jingle von Sendungen, Vergleich von Anmoderationen) werden die einzelnen Radioformattypen und ihr Umgang mit Musik erarbeitet. Sie notieren und analysieren, was sie bei den jeweiligen Einspielungen empfinden. So kann besonders die emotionale Wirkung von Musik, ihre radiophone Präsentation (Musik aus-, einblenden, hinterlegen bei Moderationen/Einsatz von Jingles etc.) und schließlich ihre Funktion besprochen werden. Wie könnte das eigene Musikprogramm für die geplante Magazinsendung aussehen?

Zur Vertiefung des Themas „Funktionalisierung von Musik im Radio" wird ein Artikel, der radikal und provokativ die Frage aufwirft, ob Musik nicht ein (schützenswertes) Kulturgut sei und deshalb auch eine entsprechende Behandlung im Radio erfordere, zur Diskussion gestellt.

Musik als Mittel der Erkenntnis kommt praktisch nicht mehr vor. Ohne der Gefahr zu erliegen, lamentierend den schlechten Zustand der öffentlichen Hörkultur zu bedauern, ist einfach festzuhalten: Die Musik erfüllt in der Regel zwei Aufgaben:
1. Nachdenken verhindern.
2. Ruhigstellen.
Dass hier die Grenzen fließen, dass das eine sich im anderen wiederfinden lässt, braucht nicht länger angeführt werden. Die entsprechenden Erfahrungen hat jeder selbst machen können – sei's in der Kneipe (kaum eine ist doch mehr zu finden, in der nichts dudelt) oder im Kaufhaus, sei's im Schwimmbad oder am Baggersee, irgendein Heini hat doch sicher einen Kassettenrekorder dabei ... Die Angst ist Leere ...

Grieger/Kollert/Bamay: Zum Beispiel Radio Dreyeckland. Freiburg 1987, S. 76.

Im gleichen Artikel schlägt der Autor, der Musikwissenschaftler und Komponist ist, für die aus seiner Sicht offensichtlichsten „Missbrauchshandlungen" mit Musik im Radio als „Erste-Hilfe-Maßnahmen" vor:

> ▓ Musikuntermalungen scheiden grundsätzlich aus.
> ▓ Für Pausen zwischen den Sendungen wird ein Pausenzeichen eingeführt.
> ▓ Wenn Musik gespielt wird, dann nur noch als ganze Stücke (keine beliebigen Aus- und Einblendungen mehr) mit kompletten An- und Absagen inkl. Nennung von Interpret, Titel, Komponist und Dauer.
>
> Vgl. *Grieger/Kollert/Barnay*: Zum Beispiel Radio Dreyeckland. Freiburg 1987, S. 73–76.

Diskussions- und Arbeitsanregung

Die Schülerinnen und Schüler produzieren kleine Radiobeiträge unter Anwendung der oben genannten „Erste-Hilfe-Maßnahmen", d.h., sie testen den Umgang mit Musik im Radio. Anhand der erstellten Beiträge kann die Hörwirkung bei diesem Umgang mit Musik im Radio besprochen werden.

Verlauf und Erfahrungen

Die Musikbedürfnisse der Schülerinnen und Schüler, die Bedeutung, die Radiomusik für sie im Alltag hat, werden deutlich und können gemeinsam reflektiert werden: „Für mich ist die Musik Hintergrundgeräusch beim Rumdösen, beim Schularbeitenmachen, beim Zusammensein mit anderen, ich höre Radio eh nur nebenbei oder ich höre mir ganz bewusst ein Techno-Magazin, eine Reportage, eine Schulfunksendung an …"

Letztlich ausschlaggebend für die weitere Meinungsbildung über den eigenen Umgang mit Musik im Radio sind die Absichten, die die Einzelnen mit dem Radiohören und Radiomachen verfolgen, und die Bedingungen, die sie dabei vorfinden. Offene Kanäle, Bürgerfunk oder Freie Radios erlauben einen vielfältigen, gestalterisch offenen Musikeinsatz im Radio. Diese Sender müssen nicht einem vorgegebenen „Musikformat" folgen, wie es fast auf alle privaten und öffentlich-rechtlichen Programme zutrifft.

Arbeitsanregung: Reinhören

Wo immer es möglich ist, sollte die Chance genutzt werden, die Programme von Offenen Kanälen, Freien Radios und dem Bürgerfunk ausschnitthaft anzuhören und direkt mit anderen Rundfunkformaten bzw. Programmgestaltungen von privaten oder öffentlich-rechtlichen Veranstaltern zu vergleichen.

Sprechen im Radio

Ziele

Die Schülerinnen und Schüler können sich mit der Funktion der Sprache im Radio auseinander setzen. Sie lernen, selbst im Radio zu sprechen, und bekommen die Möglichkeit, eigene Ausdrucksmöglichkeiten zu entwickeln. Über eigene Erfahrungen und Reflexionen zum Thema können sie sich eine Meinung über die verschiedenen Funktionen bilden, die Sprache im Radio erfüllt.

Eine Schülerin bei der Aufnahme für ein Hörspiel-Projekt.

Mögliche Vorgehensweise

Übungsanregung

Mit Hilfe der Metaplan-Technik kann die Haltung der Schülerinnen und Schüler zur Radiosprache erarbeitet werden. Sie bekommen Kärtchen, auf denen sie folgende Fragestellungen mit einem Stichwort beantworten:

1. Wie sollte ein Radiosprecher sprechen (können)? Nenne die zwei wichtigsten Fähigkeiten/Eigenschaften (z. B. gut artikulieren, richtig betonen).

2. Wie sollte ein Radiosprecher auf keinen Fall sprechen? Nenne die zwei negativsten Kriterien (z. B. stottern, nuscheln …).

Mit dieser Sammlung von positiven und negativen Bewertungen für das „Radiosprechen" (gesammelte Kärtchen werden auf der Stellwand angeheftet und ausgewertet) wird deutlich, welche Hörgewohnheiten die Schülerinnen und Schüler prägen, was ihnen vertraut ist, wo ihre Orientierungen für den „guten Radiosprecher" liegen. Aus dieser Haltung resultieren dann die Anforderungen, die sie selbst an sich als „Radiosprecher" stellen (würden).

Einschätzungen wie: „so muss man im Radio sprechen", „so ist Radiosprache eben", „ich kann das nicht" können dann bewusst hinterfragt und neue Perspektiven für den eigenen Umgang mit Sprache im Radio entwickelt werden. Diesen Reflexionsprozess unterstützt folgender Textausschnitt:

> … Dass die Bürger selber lernen, Aussagen zu machen, dass sie nicht immer passiv sind, sie nicht immer nur Konsumenten sind. Die Menschen haben ja sehr viele eigene Ideen. Ich bin der Ansicht, wenn ein Rundfunksprecher mal stottern würde, sich mal irren würde, würde er viel glaubhafter sein, als wenn er das alles so glatt abzieht. Diese Art von Perfektionismus, die ihr in den Medien gepflegt habt – es muss alles schön ausgeleuchtet sein, es muss jeder glatt sprechen –, das entspricht ja nicht der Wirklichkeit. Wenn ich mich mit einem Freund unterhalte, dann wiederhole ich dasselbe dreimal und dann beende ich einen Satz nicht richtig und dann irre ich mich und das ist menschlich.
>
> *Robert Jungk* in der SWF-Abendschau am 30.09.1984.

Anhand unterschiedlicher Hörbeispiele z. B. aus kommerziellen Sendern, Offenen Kanälen oder öffentlich-rechtlichem Radio wird die Diskussion um verständigungsorientierte, lebendige Kommunikation, authentische Ausdrucksmöglichkeiten und Erfahrungen mit Hilfe von Sprache im Radio fortgeführt.

Wie kann jemand „sprechend gemacht" werden? Was bedeutet es, wenn jemand im Radio so sprechen kann, wie ihm der „Schnabel gewachsen" ist? Was für Kommunikationschancen können dabei entstehen?

Übungsanregungen

Nach dieser Reflexion über die Sprache im Radio erhalten die Schülerinnen und Schüler Gelegenheit, die praktischen Rahmenbedingungen einer Aufnahme kennen zu lernen und „Sprechen im Radio" zu üben. Im Mittelpunkt der Sprechübungen vor dem Mikrofon steht, ihnen Hilfestellungen dafür zu geben, dass sie ihre eigene Ausdrucksweise finden und sich unter ihren spezifischen Bedingungen über das Radio anderen verständlich machen können.

Diese Übungen sind, ähnlich wie bei den vorausgegangenen Bausteinen, mit der weiteren Aneignung der Studiotechnik verbunden, d. h., die Schülerinnen und Schüler tragen im Studio und vor dem Mikrofon z. B. einen Nachrichtentext vor. Diese Übung wird wieder mit einer kleinen, selbst gestalteten Radioaufzeichnung verbunden. Anhand der Aufzeichnung werden die Sprechübungen und die Erfahrungen in der Gruppe ausgewertet.

Kleiner Überblick zu praktischen, „handwerklichen" Hinweisen

Das Mikrofon-Sprechen

- gut vorbereitet vor das Mikrofon treten (z. B.: den Text mit Atmungs- und Betonungszeichen versehen)
- das Atmen darf nicht durch eine schlechte Haltung beeinträchtigt sein
- gleichbleibender Abstand zum Mikrofon
- Papiergeräusche vermeiden
- zurückhaltende Artikulation
- bei Nervosität die Stimme nicht anheben und nicht schneller sprechen
- der Nervosität durch Atempausen und ruhiges, gleichmäßiges Atmen entgegensteuern
- von Versprechern nicht aus der Ruhe bringen lassen, Versprecher erhöhen die Aufmerksamkeit des Hörers und lassen den Sprecher menschlicher wirken
- den Hörer bewusst ansprechen

Für Hörer schreiben

Wenn wir unsere ersten Beiträge für das Radio schreiben, also für das Ohr statt für das Auge, für den Hörer statt für den Leser, sind wir einmal mit sehr Ungewohntem konfrontiert. Soll der Hörer das gut verstehen, was wir sagen wollen, müssen wir uns die Hörsituation zuerst bewusst machen.

Übungsanregung

Schülerinnen und Schüler lesen Textausschnitte (aus Büchern, Tageszeitungen) laut vor. Dabei erfahren die Zuhörer, wie schwierig die Aufnahme des Gehörten ist. Die „Vorleser" erfahren, wie schwierig es ist, für das Lesen geschriebene Texte zu sprechen.

Die wichtigsten Unterschiede zwischen Lesen und Hören können nach diesen Übungen mit den Schülerinnen und Schülern in Form einer Gegenüberstellung gesammelt werden. Das kann an der Tafel, an einer Stellwand, auf einer Folie oder evtl. auf einem in Gruppenarbeit erstellten Poster geschehen.

Das könnte z. B. so aussehen:

Lesen	Hören
Der Text richtet sich ans Auge.	Der Text richtet sich ans Ohr.
Der Text wird vor allem durch Schrift und Aufmachung akzentuiert.	Der Text wird durch Betonung u. a. akustische Mittel akzentuiert.
Der Leser kann Nichtverstandenes noch einmal lesen.	Der Hörer kann jedes Wort nur einmal hören.
....	....
....	....

Der Hörer hat es schwerer als der Leser. Wir können es ihm leicht machen, wenn wir beim Schreiben einige Regeln beachten:

1. Kurze, einfache Sätze: Wenn die Sätze länger werden, müssen sie klar gegliedert sein, alles kommt schön der Reihe nach.
2. Konkret, bildhaft formulieren: Informationen in kleinen Portionen anbieten.
3. Geläufige, kurze Wörter sind besser als Wortmonster. Fremd- und Fachwörter meiden.
4. Wichtig sind Wiederholungen: immer mal wieder zusammenfassen und resümieren.
5. Verben sind besser als Substantive, Aktiv ist besser als Passiv.
6. Positive Aussagen statt Verneinungen verwenden.

Übungsanregungen

Die Schülerinnen und Schüler erhalten einen kurzen Lese-Text (mit vielen Nebensätzen, Aufzählungen, Verschachtelungen etc.) und schreiben ihn zu einem Hör-Text um. (Vgl. Textbeispiel zum Umarbeiten auf der folgenden Seite.)

Dass auch Radioprofis durchaus Probleme mit dem Schreiben für die Hörer haben können, zeigt die angeführte Textpassage, die tatsächlich im SDR in der Sendung „Sozialverhalten in der Informationsgesellschaft" vom 8.12.1991 so ausgestrahlt wurde. Die von den Schülerinnen und Schülern selbst erstellten Hör-Texte sprechen sie dann auf ein Tonband oder eine Kassette. Die aufgezeichneten Texte werden gemeinsam angehört und ausgewertet.

Bei dieser Übung können Hilfestellungen sowohl zum Sprechen vor dem Mikrofon als auch zum Abfassen der Hör-Texte wiederholt werden. Je nach Jahrgangsstufe eignen sich „normale" Zeitungstexte für eine solche Umformung von Lese-Texten in Hör-Texte.

Angesichts der Qualität und auch der Quantität der modernen Massenkommunikation kommt also der Feststellung, dass die Massenmedien und die Massenkommunikation ein wichtiges und in ihrer Wirkung erklärungsbedürftiges Faktum des modernen Alltags sind – eine Annahme, die eben auch schon die frühere Medienwirkungsforschung bewegte –, heute somit um so größere Berechtigung zu.

Und die Suche nach Antworten auf die Frage, welche Effekte denn nun die Existenz und die Nutzung eines Systems von Massenmedien für das Verhalten der Menschen, ihr Denken, ihre sozialen Beziehungen und für Politik, Wirtschaft und Kultur hat, erscheint um so dringlicher, als in den letzten Jahren durch die forcierte Einführung neuer Kommunikations- und Informationstechnologien eine – wie es der Sozialwissenschaftler Gernot Weisig nannte – „kommunikative Revolution" begonnen hat.

Auch an dieser Stelle sei auf die vorliegende Literatur und die ausführlichen Übungshilfen zum „Sprechen im Radio" verwiesen (s. Baustein „Journalistisches Handwerkszeug", Seite 30 ff.).

Verlauf und Erfahrungen

Der meist offiziös daherkommende Sprachduktus mit völlig gleichen austauschbaren Rundfunkstimmen und störungsfreier Hochlautung z. B. bei fast allen Nachrichtensendungen im Hörfunk, oder, im Kontrast dazu, die zunehmend sehr flott oder flapsig von „fehlerfreien Schnellschwätzern" moderierten Sendungen vermitteln den Schülerinnen und Schülern meist die Gewissheit: „So kann ich nicht sprechen. Radio (Fernsehen) ist nichts für mich." Aus dieser Einschüchterung durch (scheinbare) Perfektion resultiert eine entsprechende Hochachtung gegenüber den professionellen Medienrepräsentanten.

Erst der „Blick hinter die Kulissen" der Medienproduktion, verschränkt mit eigener Medienarbeit, verändert dieses Verhältnis schrittweise.

Entscheidend an dieser Einheit bleibt, dass eigenes „Sprechen im Radio" vorstellbar und Mut zum Selbermachen entwickelt wird.

Ermunterungen, öffentlich auch so zu sprechen, sich so auszudrücken, dass man verstanden wird und trotzdem glaubhaft und unverwechselbar bleibt, dass nicht alles glatt geschliffen und fehlerfrei daherkommen muss, sind ein weiterer Schritt auf dem Weg, sich das Radio als Medium anzueignen.

Das bedeutet, dass oft erst der Dialekt, sprachliche Unebenheiten, der Tonfall, das Hüsteln und Räuspern zusammen mit dem gesprochenen Wort die volle Erfahrung einer Person hörbar machen und dass über diese Sprache erst Lebensweisen erfahrbar werden. Dies sind Einschätzungen und Bewertungen der Radiosprache, die den Schülerinnen und Schülern meist neu sind und die ihnen über die verschiedenen Hörbeispiele und die Reflexionen zugänglicher werden.

Offener Zugang zum Rundfunk, Demokratisierungsprozesse und Partizipationschancen in der Gesellschaft haben viel damit zu tun, inwieweit für den Einzelnen auch die Möglichkeit besteht, öffentlich so sprechen zu können, wie „ihm der Schnabel gewachsen" ist, d. h. authentische Ausdrucksmöglichkeiten zu finden.

Aber diese Prozesse brauchen im Medium Radio natürlich Vermittlungsüberlegungen: Unter Herausarbeitung des eigenen Stils, der eigenen Sprachfähigkeit und Unsicherheiten lassen sich Hilfestellungen für das Sprechen vor dem Mikrofon vermitteln.

Redaktionskonferenz und Produktion von Sendungsbeiträgen

Ziele

Die Schülerinnen und Schüler konzipieren unter Abwägung verschiedener inhaltlicher Interessen und unterschiedlicher Vorstellungen über die Darstellungsformen (Art der Beiträge, Gesamtgesicht einer Sendung) gemeinsam eine Radiosendung und produzieren dafür selbst Radiobeiträge. Sie setzen sich mit Konflikten auseinander und erarbeiten gemeinsame Handlungsstrategien.

Mögliche Vorgehensweise

Den Schülerinnen und Schülern wird angeboten, eine maximal einstündige Magazinsendung zu konzipieren, die in einem simulierten Livebetrieb produziert werden soll. Das Radiomagazin bietet den Vorteil, dass darin sehr unterschiedliche Darstellungsformen einfließen können und dieser Sendetyp sehr flexibel gehandhabt werden kann. So können Programmteile noch während der laufenden Sendung ausgetauscht werden und vielfältige Korrekturen sind spontan machbar.

Übungsanregungen

In einem ersten Arbeitsschritt wählen einzelne Schülerinnen oder Schüler, meist aber Gruppen von bis zu drei (manchmal auch mehr) Personen, eine Darstellungsform, die sie als Beitrag für die gemeinsame Sendung vorbereiten und einbringen. Am Anfang kann aber auch der Wunsch stehen, zuerst ein inhaltliches Arbeitsthema zu wählen und danach entsprechend die adäquate Darstellungsform zu suchen.

Je nachdem, in welchem Fächerkontext die aktive Medienarbeit stattfindet, können sich die Sendungsinhalte daraus ableiten lassen. Ansonsten lassen sich über eine Themensammlung an der Tafel einzelne Schülerinnen und Schüler ihre Beitragsvorschläge zuordnen. Zum Beispiel können sie folgende unterschiedliche Darstellungsformen wählen (Beschreibung und beispielhafte Anwendungen aller folgenden Radioformen s. unter Lernbaustein: „Journalistisches Handwerkszeug", Seite 30 ff.):

Die Reportage: Die Schülerinnen und Schüler können als Paare, mit Mikrofon und Rekorder ausgestattet, rausgehen und eine Begebenheit live aufs Band kommentieren und schildern (entsprechend den besprochenen Kriterien und Merkmalen dieser Radioform). Die Vorgabe beinhaltet, dass der Reportagetext nicht mehr als fünf Minuten Liveschilderung als Bandaufzeichnung umfassen darf. Diese Übung können sie mehrmals vor Ort wiederholen, z. B. ihre Wahrnehmungen von einer Autobahnbrücke aus, sie beschreiben die Ereignisse einer Pause auf dem Schulhof, sie schildern die Atmosphäre einer Essensausgabe in der Mensa etc. Dabei sprechen sie den Text immer wieder maximal fünf Minuten lang aufs Band, bis sie mit ihrem Beitrag zufrieden sind. Paarweise können sie sich abwechseln und dabei immer wieder technische (Aussteuerung des Rekorders, Überwachung der Aufnahmetechnik) oder journalistische Tätigkeiten (Beschreibungen aufs Band sprechen) wahrnehmen. Ohne weitere Bearbeitung kommen diese Reportagen dann in die gemeinsam geplante Magazinsendung.

Sie erstellen **„gebaute Beiträge".**
Damit können Hintergründe verdeutlicht, Daten und Quellen transparent gemacht, Stimmungen und Eindrücke vermittelt oder komplizierte Vorgänge erläutert werden. „Handwerklich" ist das eine anspruchsvolle Bearbeitungsform, da sehr viel Schneidearbeit anfällt (O-Töne kürzen), aber auch die Montageplanung (welcher Autorentext folgt auf welchen O-Ton-Ausschnitt?) und Textformulierungen viel Zeit kosten. Zudem müssen die O-Töne u. a. Beitragsmaterialien recherchiert und/oder aufgezeichnet (Interview etc.) werden. Deshalb ist die Produktion nur kurzer Minutenbeiträge sinnvoll.

Sie basteln einen **Kurz-Nachrichtenblock.**
Hierzu können Agenturmeldungen von einer lokalen Zeitung oder Radiostation besorgt werden: Es können auch unterschiedliche Medienmeldungen (aus verschiedenen Tageszeitungen) ausgewertet, d. h. neu formuliert und radiogerecht aufbereitet werden.

Sie erstellen einen **Kommentar.**

Sie bereiten ein **Livestudiointerview** oder eine **kontroverse Studiodiskussion** mit mehreren Teilnehmern vor.

Sie bereiten **Musik** für die Sendung auf.

Sie machen einen **eigenen Livemusikbeitrag** (Klavier-/Gitarrenmusik/Gesang).

Sie erstellen **eine Glosse, ein Kurzhörspiel** oder ...

In dieser Arbeitsphase muss die Lehrkraft die Realisierungsmöglichkeiten genau prüfen. Nachdem die einzelnen Schülerinnen und Schüler oder kleinen Arbeitsgruppen ihre Produktion inhaltlich und gestalterisch abgeklärt haben, wird im Plenum die Struktur der geplanten Magazinsendung erstellt. Der Klärung bedürfen z. B. folgende Fragestellungen:

Welche Beiträge sind geplant, was wird vorproduziert, was ist live, wie lang dürfen einzelne Beiträge werden, welche Musik ist vorgesehen, wie könnte die Sendung moderiert werden, welche zusätzlichen Funktionen fallen an? Wird die Magazinsendung von zwei Leuten durchmoderiert? Sagt jeder selbst seinen Beitrag an? Wer übernimmt die Regie? Wer hat die Verantwortung für die Musik, die Technik?

Das ganze Szenario einer einstündigen Radiosendung wird vorab geplant und entsprechende Aufgaben werden verteilt.

Beispiel

Beitragsplanung:

Arbeits-Titel/Autoren	Darstellungsform/Länge
Schulhof: Franz/Elke	Reportage/fünf Minuten
Offener Kanal: Andrea/Lisa	gebauter Beitrag/drei Minuten
Schulweg: Emil/Bernd	Glosse/zwei Minuten
Fitness-Center: Gabi	Live-Interview/fünf Minuten
....	....
....	....

Um einen reibungslosen Produktionsablauf zu garantieren, ist es in dieser Phase wichtig, für die vorhandenen technischen Arbeitsplätze (Band-, Kassetten- oder Computer-Schnittplätze) einen Belegungsplan zu erstellen. Ansonsten könnte es passieren, dass alle technisch aufwändigen Beiträge (z. B. mehrere längere gebaute Beiträge) zur gleichen Zeit an dann nicht ausreichenden Schnittplätzen fertig gestellt werden sollen.

Nach dieser Plenumsphase wird ein letzter Endredaktionstermin vereinbart. Bis dahin arbeiten alle Einzelpersonen und Gruppen an der Fertigstellung oder Vorbereitung ihrer Beiträge.

In der Endredaktion wird die endgültige Gestaltung der Sendung (sind die Beiträge wie geplant fertig geworden, fallen einige weg, gibt es Alternativen?) und die Festlegung noch offener Funktionen (z. B. noch Musik-Auswahl, Schreiben eines Sendeablaufplanes, wer übernimmt die Livemoderation und eventuell die Befragung der Zuhörer? ...) gemeinsam geregelt.

Die Sende-Ablaufplanung für eine Magazinsendung könnte so aussehen:

Ablauf	Beitrags-länge	Länge gesamt
	in Minuten	
Sendungseinstieg:		
1. Erkennungstrailer, auf Kassette	0:30	
2. Anmoderation, Begrüßung, Themenübersicht, Ankündung Musiktitel Live: Ulla/Jürgen	1:00	1:30
3. Musik, CD, Lied: Scott McKenzie – San Francisco	2:54	4:24
4. Anmoderation, live: Ulla, Reportage: „Schulhof-Action", auf Kassette Beitrag beginnt mit: O-Ton „Franz verfolgt Lisa ..." Beitrag endet mit: O-Ton „... so bringt jeder Tag neue Erlebnisse"	5:10	9:34
5. Abmoderation Beitrag und Anmoderation Musik Live: Jürgen	3:00	12:34
6. Musik, CD, Lied: Steppenwolf – Born to be wild	3:27	16:01
7. Anmoderation, live: Ulla, gebauter Beitrag: „Offener Kanal – Jede(r) kann mitmachen", auf Band Beitrag beginnt mit: Musik Beitrag endet mit: O-Ton: „... hat das unheimlich Spaß gemacht"	3:00	19:01
8. Anmoderation, live: Jürgen Interview: „Da geht es ganz schön ab – im Fitness-Center": Livestudiointerview Gabi mit Studiogast Beitrag: Anfang/Ende per Handzeichen	5:00	24:01
9.		
10.		
11.		
12. usw.		
20. Abmoderation der Sendung, live: Jürgen, Ulla *Musikauswahl: Fabrizio und Stefan* *Sendungstechnik: wechselnde Teams bei „Halbzeit":* *Gerhard/Eva und Elke/Camilla* *Regie: Clara*	0:30	60:00

Livesendung

Ziele

Die Schülerinnen und Schüler produzieren selbstständig eine Magazinsendung. Sie erfahren den gemeinsamen Produktionsprozess in all seinen technischen, journalistischen, organisatorischen, ästhetischen und medienspezifischen Bedingtheiten in der eigenen Medienarbeit.

Die mediale Konstruktion von Wirklichkeit im Radio wird für sie durchschaubar. Sie lernen, selbst(bewusst) Radio zu machen.

Mögliche Vorgehensweise

Die von Einzelnen oder Kleingruppen vorproduzierten Beiträge oder vorbereiteten „Livebeiträge" werden in eine Magazinsendung eingespielt, die „live" von den Schülerinnen und Schülern gestaltet wird.

Das heißt: Meist wird vom „mobilen Studio" (z. B. aus einem Klassenzimmer) aus die Sendung gefahren. An der Studiotechnik (Abmischen der Sendung am Mischpult, Bedienen der Zuspielgeräte, Kommunikation mit den Moderatorinnen und Moderatoren) wechseln sich nach vereinbartem Rhythmus meist zwei bis drei Schülerinnen oder Schüler ab. Ein Schüler oder eine Schülerin bei der Technik übernimmt die Regie und muss den „roten Faden" für die Sendung anhand des gefertigten Ablaufplanes verfolgen und, wenn nötig, korrigieren und bei eventuell nötigen Umstellungen schnelle Entscheidungen fällen. Eine Schülerin oder ein Schüler ist in der Regel Musikredakteur und mit der Musikauswahl, dem Vorhören der CDs und Platten beschäftigt. Die anderen beteiligen sich an der Moderation der Sendung und führen die geplanten Liveteile (z. B. ein Studiointerview, eine Diskussionsrunde, Hörerbefragung, direkt vorgetragene Nachrichten etc.) durch. Die gesamte Sendung wird zu einem bestimmten Termin gestartet und dann Beitrag für Beitrag hintereinander an einem Stück produziert.

Der einzige Unterschied zu einer „richtigen" Radiosendung besteht darin, dass dieses Livemagazin nicht über den Äther ausgestrahlt wird. Dafür können aber über Lautsprecherboxen Zuhörer in anderen Klassenzimmern, in der Aula, Cafeteria, oder wo auch immer, die Sendung direkt mit verfolgen. Zudem können diese Zuhörer meist in die Radiosendung mit einbezogen werden, indem sie zur Sendung oder zu bestimmten Themen während der Livesendung befragt werden.

Verlauf und Erfahrungen

Die Präsentation der Radiosendung kann vielfältig organisiert werden. Die Schule hat mit ihr die Möglichkeit, sich nach außen zu öffnen (Tag der Offenen

Tür, Schnuppertage – z. B. integriert in Stadtteilaktivitäten). Auf einem Schulfest, bei Elternabenden, im Schulalltag z. B. in der Pausenhalle kann das Hörmagagzin präsentiert werden. Zudem gibt die „Schul-Öffentlichkeit" Feedback und hat direkte Einwirkungsmöglichkeiten auf die Sendung. Gerade dieser Livecharakter der Radiosendung vermittelt die Lebendigkeit des Mediums Radio.

Je nach den Kooperationsabsprachen und Unterrichtsintentionen besteht auch die Möglichkeit, keine simulierte, sondern eine echte Livesendung im Offenen Kanal oder im Freien Radio und Bürgerfunk auszustrahlen. Und selbstverständlich kann auch eine aufgezeichnete Magazinsendung anschließend in einem Offenen Kanal (OK) oder nichtkommerziellen Lokalfunk (NKL) oder im Bürgerfunk zur Ausstrahlung kommen. Oft entwickeln sich bei einzelnen Schülerinnen und Schülern bei der aktiven Medienarbeit in der Kooperation von Schule und OK, NKL oder Bürgerfunk weitergehende Radiointeressen und sie nutzen künftig engagiert diese Medien für ihre Interessen und ihren Spaß an Medienarbeit.

Karlheinz Grieger

Literaturhinweise

Folgende Literaturhinweise greifen die vielfältigen Chancen und Formen auf, die eine aktive Medienarbeit (insbesondere am Beispiel des Radios) bietet, und geben interessierten Lehrern und Schülern weitere Anregungen für die Entwicklung eigener Arbeitsansätze in und außerhalb der Schule.

Bildungswerk der Erzdiözese Köln (Medienwerkstatt Radio): Radiowerkstatt – Arbeitsheft für Radiomacher, Hörer und Interessierte. Köln 1993.

Böhmer, Peter: „Ein Paar Ohren fürs ganze Leben – Radiopraxis mit Bremer Kindern und Jugendlichen", in: Schill/Baacke (Hrsg.): Kinder und Radio – Zur medienpädagogischen Theorie und Praxis der auditiven Medien. Frankfurt 1996, S. 225–233.

Clobes/Paukens/Wachtel: Bürgerradio und Lokalfunk – Ein Handbuch. München 1992.

Ferenz, Hans: „Kinder sind die besseren Profis – Ein Erfahrungsbericht zur Hörfunkarbeit mit Kindern", in: Schill/Baacke (Hrsg.): Kinder und Radio – Zur medienpädagogischen Theorie und Praxis der auditiven Medien. Frankfurt 1996, S. 203–210.

Grieger/Kollert/Barnay: Zum Beispiel Radio Dreyeckland – Wie Freies Radio gemacht wird – Geschichte, Praxis, Politischer Kampf. Freiburg 1987.

Hülsbusch, Robert: „Schule ‚ON AIR' – Presse und Rundfunk – Ein Lernfeld für Schülerinnen und Schüler", in: Pädagogik 3 (1997), S. 40–42.

LaRoche/Buchholz: Radio-Journalismus. München 1991.

Palme/Schell: Voll auf die Ohren – Jugendradioarbeit in der Bundesrepublik – Beispiele, Anregungen, Ideen. München 1992.

Stang/Koziol: Audio-Phonie – Zur Kultur des Hörens (Medienpädagogisches Seminar über drei Arbeitseinheiten, Fachstelle für Medienarbeit der Diözese Rottenburg-Stuttgart). Rottenburg-Stuttgart 1989.

Bei den einzelnen Verbänden, Radiostationen, Offenen Kanälen und Landesmedienanstalten erscheinen regelmäßige und unregelmäßige Publikationen zu den Entwicklungen
im gesamten Umfeld der Partizipationsansätze im Rundfunk.

Adressenliste

*Informationen bei den einzelnen
Landesrundfunkanstalten (Schulfunk-
redaktionen) und beim ständigen*

ARD-Büro
Bertramstraße 8
60320 Frankfurt am Main
Telefon: 0 69/59 06 07

*Bundesweite Organisationen
im Partizipationsrundfunk:*

Arbeitskreis Offener Kanäle
(AKOK) der Landesmedienanstalten
c/o Landesrundfunkausschuss
für Sachsen-Anhalt,
Geschäftsführer Christian Schurig
Reichardtsstraße 9
06114 Halle/Saale
Telefon: 03 45/5 25 50
Hier ist auch eine informative und
übersichtliche Broschüre zu den Offenen
Kanälen und ihrer Arbeit zu beziehen.
Jeder Offene Kanal hält umfangreiches
Informationsmaterial zu seiner Arbeit
vorrätig.

Bundesverband Offener Kanäle (BOK)
c/o Landeszentrale für private
Rundfunkveranstalter Rheinland-Pfalz
Turmstraße 8
67008 Ludwigshafen
Telefon: 06 21/5 20 22 30
Ansprechpartner: Ulrich Kamp

BFR
c/o Radio Dreyeckland
Adlerstraße 12
79098 Freiburg
Telefon: 07 61/3 04 07
Hier ist unter anderem eine Liste
aller nichtkommerziellen Freien Radios
und der Landesverbände zu erhalten.

Die Landesmedienanstalten im einzelnen:

Landesanstalt für Kommunikation
Baden-Württemberg (LFK)
Rotebühlstraße 121
70178 Stuttgart
Telefon: 07 11/66 99 10
Ansprechpartner: Hans Dieterle

Bayerische Landeszentrale
für neue Medien (BLM)
Fritz-Erler-Straße 30
81737 München 83
Telefon: 0 89/6 38 08-0
Ansprechpartner: Stefan Sutor

Medienanstalt Berlin-Brandenburg
Europa-Center
10789 Berlin
Telefon: 0 30/2 61 15 21
Beauftragter für Offenen Kanal:
Jürgen Linke

Bremische Landesmedienanstalt
Offener Kanal Bremerhaven
Hafenstraße 156
Telefon: 04 71/9 54 95 10
Beauftragter für Offenen Kanal:
Uwe Parpart

Hamburgische Anstalt für neue Medien
Offener Kanal Hamburg
Stresemannstraße 375
22761 Hamburg
Telefon: 0 40/89 81 51
Beauftragter für den Offenen Kanal:
Karsten-Uwe Piper

Landesanstalt für privaten Rundfunk
Hessen (LPR)
Leipziger Straße 35–37
34125 Kassel
Telefon: 05 61/57 20 71
Ansprechpartnerin: Angelika Jaenicke

Landesrundfunkzentrale Mecklenburg-
Vorpommern (LRZ)
Bleicherufer 1
19053 Schwerin
Telefon: 03 85/55 88 10
Ansprechpartner: Wolfgang Remer

Niedersächsischer
Landesrundfunkausschuss
Seelhorststraße 18
30175 Hannover
Telefon: 05 11/28 47 70
Ansprechpartner: Klaus-Jürgen Buchholz

Landesanstalt für Rundfunk
Nordrhein-Westfalen (LFR)
Willi-Becker-Allee 10
40227 Düsseldorf
Telefon: 02 11/7 70 07-0
Ansprechpartner Offene Kanäle
und Bürgerfunk:
Wilfried Schmid

zusätzlich in NRW:
Projektbüro RADS (Radio aus der Schule)
Postfach 32 07 40
40422 Düsseldorf
Telefon: 02 11/44 45 94
Ansprechpartner: Michael Veldkamp

Adolf Grimme Institut
Eduard-Weitsch-Weg 25
45768 Marl
Hotline: 0 23 65/91 89 46

Landeszentrale für private
Rundfunkveranstalter Rheinland-Pfalz
Adresse siehe:
Bundesverband Offener Kanäle

Landesanstalt für das Rundfunkwesen
Saarland
Karcherstraße 4
66111 Saarbrücken
Telefon: 06 81/3 94 27
Beauftrager für Offenen Kanal:
Klaus Ludwig Helf

Sächsische Landesanstalt für privaten
Rundfunk und neue Medien
Carolinenstraße 1
01097 Dresden
Telefon: 03 51/81 40 40
Ansprechpartner: Mathias Günther

Landesrundfunkausschuss
für Sachsen-Anhalt
Adresse siehe:
Arbeitskreis Offener Kanäle

Unabhängige Landesanstalt
für das Rundfunkwesen (ULR)
Schleswig-Holstein
Hindenburgufer 85
24105 Kiel
Telefon: 04 31/97 45 60
Beauftragter für Offenen Kanal:
Peter Willers

Thüringer Landesanstalt für privaten
Rundfunk (TLR)
Plauesche Straße 20
99310 Arnstadt
Telefon: 0 36 28/6 11 60
Ansprechpartnerin: Gabriele Richter

Kapitel 2:
Arbeit mit Fotografie

1. Bildgestaltung in der Fotografie

Trotz des täglichen Konsums vielfältiger Bilderwelten in den Medien und in der Öffentlichkeit findet eine Reflexion seitens der Schülerinnen und Schüler, wie Fotos konzipiert und gemacht werden, kaum statt. Gleichzeitig lässt sich immer wieder beobachten, dass Schülerinnen und Schüler durchaus ein Gefühl dafür haben, ob ein Foto „stimmt" oder eine Aussage besitzt.

Die Vermittlung entsprechender „Foto"-Kenntnisse ist oftmals nicht schwierig, da Grundlagen etwa durch den Kunst- bzw. Physikunterricht bereits gegeben sind. Schwierig ist die praktische Umsetzung beim Fotografieren, sodass formal gelungene Bilder entstehen. Beim Fotografieren sind eine Vielzahl von technischen Grundsätzen und gestalterischen Regeln in einem Augenblick höchster Konzentration gleichzeitig zu befolgen. Die Schwierigkeit besteht nun insbesondere für den Anfänger darin, diese Regeln nicht nur zu kennen, sondern sie auch in der Praxis umzusetzen.

Im Rahmen dieses Kapitels müssen nun notwendigerweise Themen nacheinander behandelt werden, die eigentlich für das Gelingen eines Fotos zusammengehören. Auch können hier nicht alle für das Fotografieren relevanten Probleme behandelt werden, insbesondere die Fragen der Lichtführung, der Farbgestaltung sowie die Bereiche Kameratechnik, Objektive und Filme werden hier kaum berücksichtigt. Im Vordergrund stehen vielmehr didaktische und methodische Fragen der Vermittlung von fotografischen Grundlagenkenntnissen.

Eine schrittweise Einführung in das Fotografieren könnte wie folgt aufgebaut werden.

Technische Voraussetzungen

1. Eine Spiegelreflexkamera

mit einem 50-mm-Objektiv, da dieses Objektiv der menschlichen Sehweise am ehesten entspricht und dieses Objektiv meist auch so lichtstark ist, dass in Räumen ohne Blitz fotografiert werden kann. Wichtig bei der Kamera sind entsprechende Einstellmöglichkeiten von Blende und/oder Zeit. Eine Automatikkamera ist deshalb ungeeignet.

Für ein sinnvolles Arbeiten ist unbedingt notwendig, dass jede Kleingruppe mit einer Kamera „versorgt" ist. Da die Ausstattung an den Schulen selten ausreicht, muss man sich mit Kompromissen zufrieden geben.

2. Fotografieren auf Diafilm

Die Vorteile sind in der Regel folgende:

a) Meist ist eine Entwicklung „über Nacht" möglich, die Kosten sind vergleichsweise gering;
b) die projizierten Dias sind sehr gut im Hinblick auf Gestaltung und Aussagekraft zu beurteilen, Fehler – auch in der Belichtung – fallen sofort auf;
c) entsprechende Dunkelkammerarbeit entfällt.

Auswahl der Motive

Thematisch liegt es nahe, Motive aus dem unmittelbaren Umfeld, wie z. B. das Schulgebäude und den Schulhof, zum ersten Ausprobieren zu nutzen. Gleichfalls bietet es sich an, dass die Schülerinnen und Schüler Fotos voneinander machen, wobei von einem Motiv möglichst mehrere Aufnahmevarianten (von verschiedenen „Fotografen") gemacht werden sollen, die dann später für eine vergleichende Auswertung der Dias eine gute Grundlage bieten.

Es kann sinnvoll sein, auf eine genaue thematische Vorgabe zu verzichten, um den Schülerinnen und Schülern ihren Anfangsspaß am Fotografieren nicht zu nehmen. Die meisten finden letztlich selber ihr spezifisches Thema, an dem sie arbeiten wollen. Das Thema „Porträtfotos" wird recht ausführlich vorgestellt, da die meisten Schülerinnen und Schüler – allein mit der Kamera – in der Regel irgendwann beginnen, sich gegenseitig zu porträtieren (vgl. Seite 59 ff.).

Organisatorisch ist es notwendig, die Schülergruppe in gut funktionierende Kleingruppen einzuteilen und jede Gruppe – je nach Zahl der vorhandenen Kameras – mit einem Apparat auszustatten. Andernfalls bedarf es einer genauen Planung, um die jeweils nicht fotografierenden Schülerinnen und Schüler sinnvoll zu beschäftigen. Gerade im Anfangsstadium einer entsprechenden Unterrichtsreihe, in der sich nicht unmittelbar andere Aufgaben ergeben, ist das besonders schwierig.

Auswertung der Dias

Bei der Auswertung der ersten fotografischen Ergebnisse ist es notwendig, dass man sich nicht zu viele Dias – projiziert – gemeinsam anschaut. Jede Schülergruppe sucht die ihrer Meinung nach gelungenen Fotos heraus, erklärt den anderen Gruppen, was ihr bei der Aufnahme wichtig gewesen ist und ob bzw. inwiefern die ursprüngliche Planung mit dem Ergebnis übereinstimmt. Wie viele Dias letztlich auf diese Art und Weise besprochen werden können, ist je nach Lerngruppe höchst unterschiedlich. Eine zu intensive Besprechung von vielfältigen Aspekten der Fotos übersteigt oft die Auffassungs- und Reflexionsbereitschaft von Schülerinnen und Schülern der Sekundarstufe I. Lieber sollten jeweils Einzelthemen in den Vordergrund gestellt werden (z. B. Bildausschnitt, Bildaufbau oder Lichtführung). Da diese ersten Fotos in aller Regel Anfängerfotos mit all ihren Problemen und Fehlern sind, sollten im Gespräch die ersten Erfolge hervorgehoben werden. Nur bei gravierenden Fehlern werden gemeinsam Verbesserungsvorschläge erarbeitet. Insgesamt kann die Frage (fast) immer nur lauten, ob man in der gegebenen Situation mit der verfügbaren Ausrüstung ein ausdrucksstärkeres und formal besseres Foto hätte machen können.

Folgende Themen stehen beim gemeinsamen Auswerten im Mittelpunkt und stellen zugleich auch die weiteren *Übungsbereiche* der Schülerinnen und Schüler dar:

1. Der Bildausschnitt

Beim ersten ungeübten Fotografieren wird oftmals die Kamera zu hoch gehalten. Außerdem wird meist auch das Motiv aus zu großer Entfernung aufgenommen. Diese Fehler sind beim Betrachten der Dias offensichtlich. Zugleich ist klar, dass formatfüllend ohne störendes Beiwerk fotografiert werden muss.

Aufgabe: ein klar definiertes Motiv (z. B. den einzelnen Baum auf dem Schulhof, den Schuleingang, die Fensterfront eines Geschäftes usw.) aus verschiedenen Entfernungen fotografieren.

Es muss klar werden, dass mit zunehmendem Aufnahmeabstand die Zahl der Bildinformationen (vermutlich) zunehmen wird. Dies ist beim Bildaufbau zu berücksichtigen.

2. Unschärfe durch Verwacklungen

Ein weiterer typischer Anfängerfehler ist die ungewollte Verwacklung einer Aufnahme. Die Kamera wird bei der Aufnahme entweder verrissen oder die eingestellte Belichtungszeit wird nicht beachtet oder ihre Bedeutung wird falsch eingeschätzt. Die Folge sind unscharfe und uninteressant wirkende Dias.

Aufgabe: die richtige Haltung der Kamera praktisch einüben. In den Bedienungsanleitungen der meisten Kameras finden sich dazu Hinweise und entsprechende Schaubilder. Die richtige und entspannte Haltung der Kamera ist auch in Verbindung mit der Belichtungszeit zu vermitteln (s. 5., Seite 57 f.).

Es ist sinnvoll, wenn die Schülerinnen und Schüler verschiedene Belichtungs-zeiten im Hinblick auf die Verwacklungsgefahr ausprobieren und so die entsprechenden Zeiten für eine „Normalaufnahme" aus der Hand für sich speichern (nicht länger als 1/125 maximal 1/60 Sekunde).

3. Die Freistellung des Motivs

Beim Fotografieren ist darauf zu achten, dass Vorder-, Mittel- und Hintergrund ein kompositorisch sinnvolles Ganzes bilden und dass nicht vom eigentlichen Hauptmotiv abgelenkt wird. Das bedeutet, dass z. B. auffällige Linien und Flächen, die sich im Hintergrund eines Bildes befinden, so platziert werden müssen, dass die Aufmerksamkeit von dem Hauptmotiv nicht abgelenkt wird. Dementsprechend versucht man, die Lage von störenden Gegenständen zu verändern oder den Standort der Kamera zu variieren. Ein leichtes Schwenken zur einen oder anderen Seite kann oftmals einen viel klareren Bildaufbau bewirken. Ein Baum z. B. sollte nicht aus dem Kopf einer porträtierten Person ragen. Genauso störend ist auch die Linie einer Raumecke, die Begrenzung eines Gebäudes etc.

4. Die Bedeutung der Blende

Es sollte zunächst ein Blendenwert gewählt werden, der eine Belichtungszeit zulässt, die ein Verwackeln der Aufnahme möglichst ausschließt. Außerdem ist bei der Wahl der Blende zu bedenken, welche Schärfentiefe für das Motiv notwendig ist. Die Schärfentiefe wird mit kleiner werdender Blendenöffnung immer größer. Auf dem oberen Objektivring neben der Entfernungseinstellung sind zur groben Einschätzung der jeweiligen Schärfentiefe in der Regel zwei Skalen links und rechts vom Entfernungsindex abgebildet. Ein Foto muss nicht von „vorne bis hinten" scharf sein. Oft ist eine so genannte selektive Schärfe sinnvoll, d. h., nur ein begrenzter Bereich wird scharf wiedergeben, um die Konzentration auf einen Hauptgegenstand zu verstärken. Durch unscharf gezeichnete Bildelemente kann darüber hinaus auch auf weitere Themen hingelenkt werden. Allgemeine Regeln für die richtige Verwendung der Schär-fentiefe aufzustellen ist nicht möglich. Es hängt immer davon ab, welche konkrete Wirkung der Fotograf erreichen will. Die jeweiligen spezifischen Umstände entscheiden, wie die gewünschte Wirkung zu erzielen ist.

Aufgabe: statische Motive mit unterschiedlichen Blendenwerten fotografieren, um die Wirkung der Schärfentiefe auf die Bildgestaltung kennen zu lernen. Es wird mit Stativ gearbeitet, damit eine bessere Vergleichbarkeit gegeben ist.

5. Belichtungszeit und Bewegung

Über die Belichtungszeit bestimmt der Fotografierende auch, wie scharf Ob-jekte und Personen, die sich bewegen, abgebildet werden. Die folgende prak-tische Übung verhindert bei den Schülerinnen und Schülern einen leicht zu vergessenden Zahlenwirrwarr von Belichtungszeiten, die unter bestimmten Bedingungen einzuhalten sind.

Aufgaben: Fotografiere einen Mitschüler mit unterschiedlichen Belichtungs-zeiten (etwa 1/15, 1/125 und 1/500 Sekunde) in konstanter Entfernung:
a) Die Person steht normal ruhig, macht nur leichte Gesten wie in einem Gespräch;
b) sie geht im normalen Schritt-Tempo vorbei, senkrecht zur Aufnahmerichtung;
c) sie läuft auf die Kamera zu.
Sinnvollerweise wird wiederum ein Stativ verwendet, um die Wirkung der Belichtungszeiten besser einschätzen zu können.

Die gewonnenen Erkenntnisse können auf weitere Situationen übertragen werden: Mitschüler beim Spielen, Rumlaufen in der Pause oder die vielfältigen Situationen im Sportunterricht; ebenso denkbar: vorbeilaufende Passanten in der Fußgängerzone, fahrende Autos in der Stadt, Tiere im Zoo etc.

Belichtungszeit 1/15 Sekunde   *Belichtungszeit 1/500 Sekunde*

Die sich ergebenden Fragen sind: Wann wird das sich bewegende Motiv noch scharf abgebildet? Welche Schärfe ist für das Motiv notwendig? Welche Rolle spielt die Entfernung zum Motiv, welche Rolle der Aufnahmewinkel? Wann stellt sich ein so genannter Verwischeffekt ein und verdeutlicht so die Bewe-gung des Objektes oder der Person?

Bei interessierten Schülergruppen kann auf weitere Techniken, um Bewegung fotografisch zu verdeutlichen, eingegangen werden, z. B. auf das Mitziehen der Kamera mit der Bewegung. Sehr effektvoll kann dabei der gleichzeitige Einsatz eines Blitzgerätes sein (verschiedene Belichtungszeiten ausprobieren).

6. Die Bildgestaltung

Möglicherweise sind die Regeln des „goldenen Schnitts" den Schülerinnen und Schülern aus dem Kunstunterricht bekannt und man kann auf dem vorhande-nem Wissen aufbauen. Durch eine Horizontlinie oder die obere Linie eines

Gebäudes, die genau durch die waagerechte Mitte eines Bildes verläuft, wirkt ein Bild oft langweilig und uninteressant. Die Kamera wird also so gehalten, dass diese Linie mehr in Richtung Bildrand verschoben wird. Sie verläuft im „goldenen Schnitt", wenn der Himmel im oben genannten Motiv oberhalb des fotografierten Gebäudes ein Drittel, das Gebäude selbst das mittlere Drittel und der Garten des Hauses im Vordergrund das untere Drittel einnehmen. Der markante Baum vor dem Haus oder die Menschengruppe werden so positioniert (falls möglich), dass sie etwa auf der Schnittstelle des ersten oder zweiten senkrechten Drittels des Bildes stehen. Dass diese Regeln nicht rechnerisch genau umzusetzen sind und gerade bewusst eingesetzte Abweichungen ein Foto erst interessant machen können, liegt dabei auf der Hand. Um aber individuelle Variationen dieser Bildaufteilung zu verwirklichen, ist es zunächst nötig, die gängigen Regeln zu beherrschen.

Eine gute Aufgabe, um sich den „goldenen Schnitt" zu verdeutlichen, ist folgende: Die zahllos ins Haus flatternden Fotos in Modeprospekten, Reisemagazinfotos und Werbebilder in Illustrierten können dazu verwendet werden, den Bildaufbau von professionell gemachten Fotos zu verdeutlichen. Mit Filzstift lassen sich leicht die Hauptlinien des Bildes eintragen und den Schülerinnen und Schülern wird meist klar, dass in vielen Fällen auf einen symmetrischen Bildaufbau verzichtet wird und stattdessen die Regeln des „goldenen Schnitts" angewendet werden.

2. Porträtfotografie

Ein häufiges Motiv von Schülerinnen und Schülern, sich mit Fotografie intensiver zu beschäftigen, ist der Wunsch nach einem ausdrucksvollen Bild von sich selbst. Die im Familien- und Freundeskreis entstehenden Fotos empfindet man selten als wirklich vorzeigbar und sie sind offensichtlich weit von den Idealen der Bilder etwa aus der Modewelt entfernt.

Ein fotografisches Porträt soll nicht nur eine bloße Abbildung eines Menschen sein, sondern man erwartet den Ausdruck von Gefühlen und besonderen Stimmungen, ebenso die Wiedergabe besonderer Eigenarten. Ob ein Foto die Persönlichkeit eines Menschen darstellen und damit der einzelnen Person als Individuum gerecht werden kann, sei hier dahingestellt. Formal ist ein Porträt die bildnerische Konzentration auf eine Person oder Personengruppe. Darüber hinaus muss der Ausdruck der porträtierten Person über das Banale und Zufällige hinausgehen. Auch ein situatives Porträt ist denkbar, das den Fotografierten in einer für ihn spezifischen Situation zeigt. Wenn man am Ende eines Projektes die Ergebnisse vergleicht und für eine schulinterne Ausstellung

Fotos auswählt, wird meist deutlich, dass vordergründig gaghafte und freundliche Posen Porträts belanglos wirken lassen. Überzeugt werden können die Schülerinnen und Schüler nur mit guten Fotos!

Folgendes Verfahren zur Einführung in die Porträtfotografie erweist sich als praktikabel: Die Schülerinnen und Schüler porträtieren sich in Zweier- oder Dreiergruppen arbeitend gegenseitig und probieren dabei verschiedene Varianten aus: Ausdruck, Körperhaltung beim Modell, Kameraperspektive. Wichtig ist, dass dies in aller Ruhe geschehen kann.

Die technischen Voraussetzungen

Spiegelreflexkamera mit einem 50-mm-Objektiv, (eventuell) Stativ, Diafilm. Ein leichtes Teleobjektiv (85 bis 135 mm) ist für ein vorteilhaftes Kopf-Brust-Porträt günstiger. Oftmals aber fällt den Schülern der Umgang mit einer solchen Brennweite am Anfang recht schwer und die Fehlerquote ist dementsprechend hoch (ungenaue Entfernungseinstellung, Verwacklung), sodass für den Anfang auf jeden Fall zu einem Normalobjektiv zu raten ist.

Die Lichtverhältnisse im Freien sind in der Regel für die Schülerinnen und Schüler einfacher zu erfassen, deshalb empfiehlt es sich, mit Außenaufnahmen zu beginnen. Da man sich aber den Zeitpunkt für das Fotografieren meist nicht aussuchen kann, ist zu überlegen, welche Grundregeln zum Thema „Licht in der Fotografie" vorher besprochen werden sollen, um grobe Fehler und Enttäuschungen zu vermeiden (Regeln s. u.).

Nach einem derartig gestalteten ersten Durchgang empfiehlt sich eine intensivere Auswertung der Ergebnisse. Dabei geht es nicht nur um die Qualität der Fotos, sondern auch um die jeweilige Selbstdarstellung der abgebildeten Person. Dazu ist viel Einfühlungsvermögen notwendig.

Es bietet sich an, gemeinsam mit den Schülerinnen und Schülern eine Kriterienliste für die „Porträtfotografie" zu erarbeiten. Allerdings können die folgenden Überlegungen – besonders zu den Themen „Licht" und „Technik" – immer nur für bestimmte Aufnahmesituationen gültig sein.

Praktische Hinweise

1. Kontakt zwischen Fotograf und Modell

Grundlegend ist, dass zwischen Fotografierendem und Modell ein guter Kontakt aufgebaut werden kann. Es kann sinnvoll sein, dass das Modell passende Requisiten in der Hand hält, sodass es in gewisser Weise beschäftigt ist, was oft eine ungezwungenere Körperhaltung und Mimik zur Folge hat. Da Regieanweisungen zur Mimik meist gar nicht oder nur unzureichend vom Schülermodell umgesetzt werden können, sie also nur zur Verunsicherung führen, sollen entsprechende Aufforderungen nur sehr zurückhaltend eingesetzt werden. Erst recht verbieten sich natürlich Kommentare zum Aussehen wie „Jetzt guck mal nicht so blöd!" und Ähnliches. Letztlich müssen beide Beteiligten, Fotograf und Modell, ausprobieren, wie sie am besten zusammenarbeiten können: mit Hintergrundmusik, im Gespräch, schweigend etc. Wichtige Hinweise kann der Fotografierende jedoch zur Körper- und Kopfhaltung geben, sodass das Modell gut in Szene gesetzt wird. Manchmal genügt eine leichte Wendung des Kopfes, um störende Schatten zu beseitigen, die Augen ausdrucksvoller erscheinen zu lassen oder nur um einfach einen Reflex auf der Brille zu beseitigen.

2. Eigenarten des Modells

Der Fotografierende muss genau studieren, wie sein Modell ausdrucksvoll abgebildet werden kann. Jeder hat seine fotografisch gesehen vorteilhaften und weniger vorteilhaften Seiten. Diese zu sehen ist vornehmlich Aufgabe des Fotografierenden. Der Fotografierende muss also auf die jeweilige Mimik und Gestik des Modells achten, in Sekundenschnelle prüfen, ob diese zu seinen Vorstellungen des geplanten Fotos passen, und klären, wie er sie fototechnisch wirkungsvoll einfangen kann. Entsprechende Probleme sind aber für den fotografischen Anfänger beim erstmaligen Fotografieren kaum erkennbar. Bei der Auswertung ist also auf entsprechende Fehler hinzuweisen und gegebenenfalls muss dann auch eine Lösung angeboten werden. Ein einfaches „Probier's noch mal!" reicht nicht aus.

3. Der Hintergrund

Der Hintergrund einer Porträtaufnahme sollte nicht von der abgebildeten Person ablenken. Am einfachsten erreicht man das, indem man sein Modell vor eine farblich neutrale Wand stellt. Falls sich irgendwelche störenden Dinge im Hintergrund befinden, werden diese nicht scharf abgebildet, da man seine Kamera ja stark abgeblendet hat (z. B. Blende 2,8) und somit das Foto nur eine geringe Schärfentiefe besitzen wird. Es ist darauf zu achten, dass nicht durch eine ungünstige Verteilung von hellen und dunklen Flächen die Aufmerksamkeit für das Modell verloren geht.

4. Fotografieren mit natürlichem Licht

Ein wesentlicher Faktor für das Gelingen eines Porträtfotos ist das Licht. Am einfachsten gelingen Porträts im Freien bei diffusem Licht, also leicht bedecktem Himmel. Das Modell braucht die Augen nicht zuzukneifen, es fallen keine Schatten über die Augenhöhlen und somit ist ein offener Blickkontakt zur Kamera möglich.

Falls die Sonne scheint, ist es für den Anfänger ratsamer, sein Modell im Schatten zu fotografieren. Aber auch dann muss der Fotograf aufpassen, dass sein Modell nicht von seinem Schattenplatz in die Sonne blinzelt. Zugleich muss er kontrollieren, ob durch helle Bereiche im Hintergrund die Belichtungsmessung nicht irritiert wird und dadurch die Person im Vordergrund zu dunkel auf dem Foto erscheint. Es sei denn, der Fotograf möchte sein Modell bewusst als dunkle Silhouette vor hellem Hintergrund abbilden. Dann muss er aber darauf achten, dass die äußeren Konturen die Person erkennbar zeigen.

Um direktem oder gar gleißendem Sonnenlicht zu entgehen, das unweigerlich tiefe Schatten im Gesicht erzeugt, kann man mit einem Blitzgerät die Schatten aufhellen. Allerdings muss man einige Erfahrungen haben, um zu guten Ergebnissen zu gelangen. Einfacher ist meist folgende Methode: Das Modell steht mit dem Rücken zum Licht, eine weitere Person hellt dann mit einer weißen reflektierenden Pappe oder Ähnlichem das Gesicht auf. Verzichtet man auf die Pappe, muss man die Möglichkeit haben, exakt das Licht vor dem Gesicht zu messen. Das Gesicht wird dann, ebenso wie der Hintergrund, etwas heller und pastelliger wiedergegeben. Also ein durchaus gewünschter Effekt. Wichtig dabei ist, dass nicht direkt gegen die helle Sonne fotografiert wird und dass das Objektiv durch eine Sonnenblende geschützt wird.

Da es für die Schüler recht schwierig ist, Lichtsituationen in ihrer Bedeutung zu erkennen, ist es notwenig, unter verschiedensten Lichtsituationen immer wieder Porträts zu machen, um die entsprechende Wirkung analysieren zu können. Durch diese verschiedenen – genau zu protokollierenden – Aufnahmevarianten hat man genügend Anschauungsmaterial zur Bewertung.

5. *Fotografieren in Räumen/künstliche Lichtquellen*

Eine lichtmäßig sehr interessante Variante ist das Fotografieren in Räumen. Die großen Klassenräume bieten sich geradezu dazu an. Ein großer Teil der in diesem Kapitel beschriebenen Beispiele und abgedruckten Fotos ist in Innenräumen entstanden.

Notwendige Voraussetzungen: eine Kamera mit einem lichtstarken Objektiv, ein Stativ und/oder ein hochempfindlicher Negativfilm. Bei einem normal hellen Tag und in einem hellen Raum reicht auch ein 100-ASA-Diafilm aus.

In der dunklen Jahreszeit fotografiert man sinnvollerweise in der Regel in der Nähe des Fensters. Da das Licht vornehmlich nur aus einer Richtung kommt, also gerichtet ist, kann man sehr effektvolle Porträts fotografieren. Falls die dem Licht abgewandte Seite des Modells nicht zu dunkel werden soll, kann man das Motiv mit einem weißen Karton aufhellen (vgl. folgende Fotos). Vorsicht allerdings bei zusätzlich eingeschalteter künstlicher Beleuchtung: Neonlampen färben das Foto grün, Glühlampenlicht dagegen gelb. Diese Farbverschiebung kann sehr eindrucksvoll wirken, nur muss man sie sinnvoll und richtig einsetzen können. Bei der Verwendung eines Farbnegativfilmes wird in der Regel ein Teil des Kunstlichtes weggefiltert, aber man kann sich darauf nicht verlassen. Bei Diafilmen muss auf eine richtige Belichtung geachtet werden. Eine Überbelichtung um eine halbe bis eine ganze Blende ist bei fast ausschließlichem Kunstlicht meist richtig.

Gegenlichtaufnahme im Raum: Das Gesicht und die Haare werden von links aufgehellt; (das Ergebnis dieser Aufnahme s. u.).

Das Gegenlicht ist als Lichtsaum zu erkennen; 85-mm-Objektiv, Blende 2,8; manuelle Belichtungsmessung vor dem Gesicht.

Natürliches Licht wirkt in der Regel bei Porträtbildern in Innenräumen am besten. Darüber hinaus lässt sich die Wirkung dieses Lichts auch am besten einschätzen. Da es einiger Übung und Erfahrung bedarf, um mit einem Blitz gute fotografische Ergebnisse zu erzielen, sollte man auf die Verwendung eines Blitzgerätes eher verzichten. Meist kann man mit einem durchschnittlichen Blitz den Raum nicht angemessen ausleuchten, also blitzt man die porträtierten Personen direkt an und erzielt damit unnatürlich wirkende Fotos, bei denen die Gesichter oder andere das Licht gut reflektierende Stellen überbelichtet wiedergegeben werden.

Wenn es nicht so sehr darauf ankommt, dass Porträts in realistischen Farben entstehen, kann man auch einen Overheadprojektor zur Beleuchtung benutzen. Da die Lichtintensität dieser Geräte recht hoch ist, muss man aufpassen, dass die Helligkeitskontraste nicht zu hoch werden. Ein direktes Anstrahlen des Modells kann zwar interessante, dramatisch wirkende Effekte hervorrufen, ist aber zugleich für den Film und für die Lichtmessung der Kamera schwer zu bewältigen. Also eher mit dem OHP indirekt beleuchten (Seitenwand anstrahlen) oder ihn dazu benutzen, die Grundhelligkeit in einem Raum zu erhöhen (gegen die Decke strahlen).

6. Porträtthemen

Statt klassischer Porträts ist es praktikabler, wenn die Schülerinnen und Schüler jemanden in einer bestimmten und für ihn typischen Situation fotografieren. Der Bildaufbau ist zwar meist schwieriger, das Modell kann sich dann aber viel ungezwungener bewegen, wenn es die Situation kennt und die Verhaltenserwartungen relativ klar sind.

Beispiele (vgl. die folgenden Fotos 1–3)

1. Die Schüler in typischen Situationen porträtieren, die sich im Klassenraum abspielen: der träumende, abgelenkte, interessierte, nachdenkliche, isolierte etc. Schüler in seiner Schulbank.
2. Unmittelbar darauf aufbauen kann man, wenn man zwei oder mehrere Schüler in ihrem Verhältnis zueinander porträtieren möchte: Freundschaft, Distanz, Gleichgültigkeit etc. könnten die Themen sein.
3. Im Rahmen einer fotografischen Hausaufgabe können die Schülerinnen und Schüler sich mit Hilfe von Stativ und Selbstauslöser selber porträtieren, z. B. wenn sie am häuslichen Schreibtisch sitzen, bei der Ausübung eines Hobbys etc.

Auch denkbar sind Porträtbilder, in denen die Schülerinnen und Schüler fremde Rollen einnehmen, mit ihnen spielen und diese etwa karikieren.

Foto 1

Foto 2

Foto 3

3. Fotoprojekte

Die im Folgenden vorgestellten Projekte sind am besten in Gruppen zu realisieren. Dabei sind nicht nur fotografische Aufgaben zu bewältigen, sondern auch passende Texte zu schreiben und Layoutprobleme zu lösen. Eine geeignete Arbeitsteilung dürfte deshalb nicht schwierig sein.

Projekt „Unsere Stadt"

Das Thema wird man vermutlich zunächst aus touristischer Sicht angehen: Die Schülerinnen und Schüler identifizieren sich meist sehr mit den Sehenswürdigkeiten und Vorzeigeobjekten „ihrer" Stadt. Zuerst werden die in Frage kommenden Motive gesammelt: Gebäude, Straßen, öffentliche Kunstwerke; Freizeiteinrichtungen und Ausflugsziele in der näheren Umgebung; eventuell besondere Ereignisse (Feiern, Märkte etc).

Die Auswahlkriterien müssen gemeinsam gefunden werden. Man sollte dabei nicht allzu streng selektieren, auch wenn die Schülerinnen und Schüler vielleicht auf „unpassenden" Motivthemen bestehen.

Die Motive sollten so zu verteilen sein, dass nicht mehr als drei Personen an einem Motiv arbeiten. Es ist wenig effektiv, wenn eine Großgruppe von Schülerinnen und Schülern den wunderbaren Kirchturm fotografieren will und nur zwei oder drei die eigentlichen Fotos machen können. Die nicht geforderten und sich nicht verantwortlich fühlenden Mitglieder der Gruppe werden sich langweilen. Wenn viele Schülerinnen und Schüler dasselbe Motiv fotografieren wollen, kann man dieses durch Betonung unterschiedlicher technischer oder inhaltlicher Aspekte in viele „Untermotive" aufteilen.

Die Filmwahl sollte entsprechend dem späteren Verwendungszweck bzw. der Präsentierung erfolgen.

Trotz guter Vorplanung sollen alle Gruppen ihr Motiv mehrfach, in verschiedenen Varianten (Perspektive, Brennweite, Schärfentiefe etc.) und zu unterschiedlichen Zeitpunkten fotografieren. Auf diese Weise kann man sicherstellen, dass einige schöne Fotos entstehen.

In der Besprechung der Fotos ist es sehr hilfreich, wenn vergleichsweise gelungene Fotos herangezogen werden können. Bilder aus städtischen Werbeprospekten, Ansichtskarten und Ähnliches sind geeignete Vorlagen, an denen sich die Schülerinnen und Schüler orientieren können. Auch der Versuch, diese professionellen Fotos nachzumachen, kann zu beachtenswerten fotografischen Lernergebnissen führen.

Präsentation der Fotoserie

- Schulische Ausstellung mit entsprechender Kommentierung,
- Diavortrag oder Ton-Dia-Reihe,
- Verarbeitung zu einer Bildcollage: Perspektiven einer Stadt (s. vergleichbare Poster der Werbung verschiedener Städte).

Bei besonders gelungenen Fotos ist zu überlegen, ob die Fotos der Stadt für Werbezwecke angeboten werden können.

Projekt „Besondere Orte"

Fotografisch interessant und motivierend ist oftmals die Auseinandersetzung mit einem besonderen Ort oder einem konkreten Objekt aus dem näheren Umfeld, das auf besondere Art dargestellt werden kann. Das kann z. B. ein Kunstwerk, ein besonderes Gebäude oder eine bestimmte Straße sein. Verschiedene bildnerische Sichtweisen dieses Motivs können durch die intensive fotografische Arbeit den Schülerinnen und Schülern deutlich werden, sodass letztlich auch die Subjektivität eines Fotos bewusst wird. Ein Objekt erlaubt sehr viele verschiedene Ansichten, die alle in bestimmter Weise zum bildnerischen Verstehen beitragen können.

Im Folgenden soll als Beispiel die fotografische Beschäftigung mit einem jüdischen Friedhof in einer Großstadt im Ruhrgebiet dargestellt werden (vgl. Foto nächste Seite). Ziel ist es, den besonderen historischen Charakter und die besondere Stimmung dieses Ortes fotografisch zu veranschaulichen, ohne dass die Fotos einen rein dokumentarischen Charakter haben.

Eine erste Lösungsvariante könnte darin bestehen, eine Bildserie als Reportage zu konzipieren. Also zunächst eine Gesamtansicht vom Friedhof, dann einzelne besondere Gräber bzw. Grabinschriften und letztlich die wenigen Besucher im Umfeld der Gräber.

Eine weitere Möglichkeit wäre, die besondere Atmosphäre dieses Friedhofs zu veranschaulichen (s. folgende Collage „Vergangen – Vergessen").

Fotografische Vorüberlegungen

Wünschenswert ist ein diffuses Licht (ein bedeckter Himmel), sodass keine auffälligen Licht- und Farbkontraste entstehen können. Beim Fotografieren sollte vornehmlich mit Teleobjektiv (und Stativ) gearbeitet werden, um bestimmte Einzeleindrücke hervorzuheben. Die einzelnen Fotos werden von vornherein farblich und vom Aufbau her so gestaltet, dass aus der ganzen Bildserie eine Fotocollage entstehen kann.

Fotocollage über einen jüdischen Friedhof.

Projekt „Die kleine Pause"/„Schulleben"

Besonders für jüngere Schülerinnen und Schüler ist die Frage, was eigentlich in der Schule passiert, außerordentlich spannend. Eigene Verhaltensweisen und Verhaltensmöglichkeiten im Rahmen des Unterrichts und in den Pausen lassen sich gut zu einem Projektthema machen (vgl. Foto). Auch die verschiedenen Varianten des Lehrerverhaltens, besonders in Konfliktsituationen, sind ein unerschöpfliches fotografisches Thema.

Schabernack in der kleinen Pause. Natürliches Licht von links, von rechts das indirekte Licht eines OHPs; zusätzlich wurde ein Blitzgerät-Reflektor gegen die Decke gerichtet – eingesetzt; 50-mm-Objektiv, Blende 8.

Verschiedene Situationen aus dem Schulalltag sollten zunächst – wirklichkeitsgetreu oder karikierend – nachgespielt werden. Für Schülerinnen und Schüler ist es meist einfach, sich diese Situationen auszudenken und sie sich genau vorzustellen. Schwierig dagegen ist die fotografische Umsetzung: Wie lassen sich z. B. eine Konfliktsituation im Unterricht oder ein Scherz zwischen Schülern fotografisch so darstellen, dass sie für den Betrachter erkennbar werden, das einzelne Bild also pointiert diese Geschichte erzählt?

Projekt „Schulweg"

Verschiedene Situationen des morgendlichen Schulweges einer (nahe der Schule wohnenden) Schülerin oder eines Schülers werden zunächst gemeinsam antizipiert. Nachdem eine grobe Festlegung der einzelnen Bildthemen feststeht, sollte die Projektgruppe nach einer Besichtigung der in Frage kommenden Aufnahmeorte versuchen, den Bildaufbau der einzelnen Fotos erst einmal zu skizzieren und eventuell die Reihenfolge der Bilder mit einem gewissen Spannungsbogen festzulegen.

Ein Ergebnis des Projektes „Schulweg".

Literaturhinweise

Koshofer, Gert: So macht man bessere Fotos. Niedernhausen 1991.
Spitzing, Günter: Neue Porträtfotografie. Augsburg 1996.
Time-Life: Grundlagen der Fotopraxis. Amsterdam 1994.

Die ausgewählten Bücher sind relativ preiswert, praxisorientiert aufgebaut und durch viele gut ausgewählte und passend kommentierte Fotos recht anschaulich und lehrreich. Sie sind gut für die Unterrichtspraxis geeignet.

Heinz Handschuh

Kapitel 3

Arbeit mit Video

1. Methodische Hilfen für die Videopraxis

Videoarbeit hat durch ihren hohen produktiven Anteil für viele Pädagogen im Rahmen produkt- und handlungsorientierter Medienarbeit einen hohen Stellenwert. Dafür gibt es mehrere Gründe: Videoarbeit ist stark motivierend, das Videografieren ist in seinen Grundzügen relativ schnell zu erlernen und lässt eine unmittelbare Kontrolle über die Aufnahmen zu, Video kommt mit seinen ästhetischen Präsentationsformen den Rezeptionsgewohnheiten und -erfahrungen der Schülerinnen und Schüler mit dem Fernsehen am ehesten entgegen. Dem stehen allerdings, was die praktische Umsetzbarkeit angeht, erhebliche Schwierigkeiten gegenüber, die z. B. mit der mangelnden apparativen Ausstattung der Schulen (Geräte für Videoaufnahme, -schnitt und -bearbeitung), mit dem häufig fehlenden Know-how der Lehrerinnen und Lehrer, mit zeitlich-dispositorischen Problemen und einer bloßen Technikfixierung der Zielgruppe zu tun haben.

Im Folgenden finden sich einige methodische Hilfen und Tipps für die praktische Videoarbeit. Dabei soll deutlich werden, in welchen Arbeitsschritten sich in verschiedenen Fächern und Themenbereichen eine (Video-)Film-Erstellung realisieren lässt. Vor allem Methodenbewusstsein für eine gezielte Planung der Videoarbeit kann so gefördert werden.

Arbeitsschritte bei der Erstellung eines Videofilms

Ideenfindung

Für die Ideenfindung sind unterschiedliche Wege denkbar:

- reine Assoziation ohne Themen- und Genrevorgabe,
- konkreter, alltäglicher Anlass aus dem Schul-, Familien-, Stadtteil-... Alltag
- offene Vorgabe: Stichwort, Schlagzeile, Musiktitel, Farbe ...,
- enge Vorgabe: Zeitungstext, Kurzprosa, Romanauszug, lyrischer Text.

Tipps ✔ Jede Idee ist willkommen, jede Idee ist erlaubt!

✔ Keiner sollte sich entmutigen lassen: Es ist normal, dass am Anfang keiner eine Idee hat – oder sich nicht traut, sie zu äußern!

Ausgehend von der Idee, werden Thema, Absicht, Dramaturgie, Zielgruppe und Zielsetzung des Videofilms besprochen.

Eine grobe Charakterisierung des geplanten Videofilms sollte schon jetzt vorgenommen werden: fiktional, dokumentarisch, experimentell, improvisierend, spielerisch, ironisch, satirisch, bekannte Genres adaptierend oder karikierend … Eventuell können verschiedene Gruppen mit parallelem Auftrag (gleicher Plot, gleiche Machart, gleiche Vorlage) oder entsprechenden kontrastierenden Varianten gebildet werden.

Präproduktion

Unabhängig von der Filmsparte und vom Genre wird die Idee in mehreren Stufen entwickelt und textlich umgesetzt. Die hierbei entstehenden Zwischenergebnisse haben für die eigentliche Produktion nicht unbedingt bindenden Charakter, sondern dienen – neben der Simulation realer Prozesse bei der Filmproduktion – der genauen gedanklichen, ästhetischen, planerischen und dispositorischen Vorbereitung der Aufnahmen.

Audiovision wird somit als ein stufenweiser Prozess erfahren, der ziel- und interessengeleitet kaum Zufälle zulässt und in allen Produktionsphasen jeweils seine Mittel reflektiert.

Exposee: Die Filmidee, der Plot, der Grundkonflikt, die wichtigsten Figuren und das grobe Handlungsgerüst (Beginn, Was passiert?, Ende) werden fixiert.

Treatment: Hier formuliert man den narrativen Kern und das dramaturgische Konzept, Intention, sequenzielle Einheiten (zusammengehörige Sinnabschnitte), Personencharakterisierung und -entwicklung, Atmosphäre, den intendierten ästhetischen Eindruck. Die Szenen, die Handlungseinheiten durch Ort und Zeit, werden (in etwa) festgelegt. Bei offenen Formen, etwa im dokumentarischen und experimentellen Bereich, dient das Treatment als Orientierungsrahmen für die Aufnahmen und die anschließende Bearbeitung.

Drehbuch: Hier wird das filmische Geschehen genau festgelegt.

Die Gruppe bespricht genau die einzelnen Szenen, prüft die Logik des Ablaufs, die Glaubwürdigkeit des Geschehens. Dies gilt auch vor allem für die Personen, ihre Dialoge, ihre Sprache, ihre Charakterisierung.

> **Tipps** ✔ Ein gutes Drehbuch erspart eine Menge Arbeit und Ärger!
>
> ✔ Probelesen und Vorspielen der geschriebenen Szenen geben ein Gefühl dafür, ob ein Text „stimmt".

Die Personenkonstellation sollte Aufschluss über das Geflecht der Beziehungen, über Parallelen, Korrespondenzen und Konflikte geben. Orte, Requisiten, Ortswechsel werden in Bezug auf ihre Funktion fixiert und beschrieben. Die geplanten Szenen werden weiter aufgelöst bis zur Abfolge der einzelnen Einstellungen, der kleinsten filmischen Einheit zwischen zwei Schnitten bzw. Blenden. Diese Abfolge der Einstellungen wird durchnummeriert. Eine Information über Schauplatz, Zeit und Personen wird vorangestellt. Dann erfolgt eine Aufteilung der Drehbuchseiten in eine Bild- und eine Tonspalte. Erstere enthält Informationen zum Bildinhalt und zur visuellen Gestaltung jeder Einstellung (z. B. Einstellungsgröße, Kameraperspektive, Bewegung, Bildkomposition), die Tonspalte – differenziert nach On- und Off-Ton – gibt den genauen Schauspielertext, Geräusche und Musikelemente an.

Zur Form des Drehbuchs: Es gibt keine einheitliche Norm, in der Praxis finden sich in mehreren Variationen Angaben zu Ort und Zeit und Regieanweisungen zu den Figuren und ihrem sprachlichen und nichtsprachlichen Handeln.

Drehplan: Hier werden die einzelnen Einstellungen nach organisatorisch-dispositorischen Gesichtspunkten zusammengestellt.

Es empfiehlt sich, schon von den Arbeiten am Exposee an die Fragen der technisch-ästhetischen Umsetzung jeweils mit zu überlegen und arbeitsteilig festzulegen. Die Gruppen bestehen aus maximal drei bis vier Schülerinnen und Schülern und haben einen für alle Beteiligten klaren Arbeitsauftrag:

- *Kamera:* Welche Kleingruppe übernimmt die Kameraarbeit und bereitet sich entsprechend vor?
- *Casting:* Wer übernimmt welche Rollen? Welcher Typus kann besonders treffend von wem dargestellt werden?
- *Ton/Licht:* Welche besonderen dramaturgischen und technischen Einsatzmöglichkeiten von Ton und Licht verlangt der Film/die einzelne Szene? Wer kümmert sich um die Technik?
- *Skript/Klappe:* Wer sorgt für eine Entsprechung von textlicher Vorlage und deren Umsetzung? Wer erinnert dabei an die dramaturgischen Zusammenhänge: Was geht der Szene voran, was folgt? Welche Änderungen im Text erfolgten beim Dreh? Passen die Anschlüsse? Was ist schon gedreht, was ist noch offen?
- *Ausstattung:* Wer wählt Requisiten, Kleidung etc. aus?

■ *Location/Drehort-Checking:* Sichten (z. B. in Bezug auf Licht, Requisiten) und mögliches Präparieren des Drehortes. Die eigentlichen Aufnahmen werden den örtlichen Gegebenheiten entsprechend vorbereitet.

Für alle, vor allem für den „technischen Stab", ist eine Einführung, ein Sich-vertraut-machen mit den jeweiligen technischen Geräten unerlässlich. Bei der notwendigen Arbeitsteilung empfiehlt sich ein paralleles Arbeiten der einzelnen Gruppen.

Der Drehplan legt – notwendigerweise in anderer Reihenfolge als beim Drehbuch – fest, wo, wann, mit welcher Technik und welchen Utensilien und Requisiten gedreht wird und welche Personen in welcher Funktion daran beteiligt sind. Er dient als Checkliste für das gesamte Aufnahmeteam. In den meisten Fällen dürften die örtlichen und räumlichen Gegebenheiten allen unbekannt sein. Hier gibt eine vorherige Ortsbesichtigung des Sets – vielleicht mit Hilfe kurzer Videoaufnahmen oder von Polaroid-Fotos – dem Team die nötige Orientierung, in die auch schon Skizzen von aufnahmetechnischen Besonderheiten für Bild und Ton sowie von Kamerapositionen eingehen können.

Tipps ✔ Vor dem eigentlichen Dreh Checkliste und benötigte Utensilien überprüfen!

✔ Alle Geräte vor dem Dreh komplett überprüfen!

✔ Genügend Akkus besorgen und aufladen!

Produktion

Drehen

Nach der intensiven Vorbereitung kann es mit der eigentlichen Aufnahme losgehen. Das von den Profis abgeguckte Verfahren, mit einer Klappe zu arbeiten, macht absolut Sinn:

Regie: Kamera ab! – Kamera läuft? – *Kamera gibt ihr O. k.* – Ton? – *Tonprobe o. k.* – Klappe! – *Klappe mit Szenen-/Einstellungs-Nummer, aktuellem Take wird ins Bild gehalten und geschlagen.* – Ruhe am Set! – *zwei bis vier Sekunden warten* – Action! ... Danke! – *Aufnahme-Ende.*

Schon beim Drehen sollte man unbedingt an den montierten Film denken, d. h., die aufgenommenen Szenen sollten jeweils ein Stück der vorangegangenen und der folgenden Szene enthalten, sie sollten früher ein- und später aussetzen. Die Schauspielerinnen und Schauspieler sind besser in der Szene, das punktgenaue Schneiden nach jeder Einstellung ist vor allem wegen des Tons meistens nicht möglich.

Vor der Aufnahme ist das Bild zu gestalten. Im Überblick einige Gestaltungsmittel:

Raumtiefe: Mittel-, Hinter- und Vordergrund; Rahmung des Bildes: Die „dritte Dimension" vermeidet flache, langweilige Bilder.

Raumaufteilung: muss ausgewogen sein.

Perspektive: Normal-, Vogel-, Froschperspektive, schräg gestellte Kamera …

Brennweite: vom Super-Weitwinkel bis zum Super-Tele; betrifft auch die Tiefenschärfe und den Bildaufbau.

Bildausschnitt/Einstellungsgröße: total, halbtotal, halbnah, nah, groß, Detail.

Einstellungslänge

Kameraführung

Zoom: Nur einsetzen, wenn unbedingt nötig!

Kameraschwenk: Anfang und Ende einer Einstellung müssen ohne Kamerabewegung stehen bleiben!

Kamerafahrt

Ist eine Szene „im Kasten", sollte man sie sich direkt gemeinsam anschauen und eventuell direkt nachdrehen. Das erspart unnötigen Aufwand.

Tipps ✔ Auf die nötige Ausleuchtung achten! Trotz der Blendenautomatik kann es Probleme bei Gegenlicht geben.

✔ Kamera ganz ruhig halten, nach Möglichkeit mit Stativ arbeiten!

✔ Solange wie möglich aufnehmen! („Luft geben"). Für das Schneiden hinterher braucht man oft mehr Band als für die eigentliche Einstellung.

✔ Bei der Einstellungslänge an den Zuschauer/Hörer denken!

✔ Bei den Tonaufnahmen Stör- und Fremdgeräusche vermeiden! Nach Möglichkeit mit einem externen Mikrofon direkt vor der Tonquelle arbeiten!

✔ Sparsame, immer nur zielgerichtete Verwendung der digitalen Trickschalter des Camcorders!

Postproduktion

Rohband-Sichtung und -Protokoll: Das gesamte Material muss gesichtet und auf seine Verwertbarkeit überprüft werden. Ein Protokoll jedes Bandes mit genauer Angabe der Dauer wird mit Hilfe des Bandzählwerks erstellt.

Ideen für Vor- und Nachspann und Musik werden skizziert.

Jetzt folgen der Schnitt und die Montage des gesichteten Bild- und Tonmaterials. Vor der ersten Einstellung wird Schwarzbild für Vorspann und Titel frei gelassen.

In folgender Reihenfolge vom Originalband(!) arbeiten:

1. *Assemble-Schnitt* von Bild und Hi-Fi-Ton: Einstellung für Einstellung wird nach dem Drehbuch montiert. Dialoge und andere O-Töne werden dabei mit aufgenommen (Aussteuerung beachten!).
2. *Audio-Dub:* Geräusche, „Atmo" und Musik werden unterlegt. Bei der Musik nicht zu viele, vor allem nicht zu unterschiedliche Titel benutzen und darauf achten, dass Bild, Ton und Musik zueinander passen müssen. Eine Korrektur von unverständlichen, verrauschten Tonpassagen ist an dieser Stelle möglich. Unter Umständen ist eine Nachsynchronisation von Dialogen notwendig. Geräusche, „Atmo" oder Musik „vertuschen" Tonprobleme und gleichen Sprünge aus.
3. *Insert-Schnitt:* Dem bespielten Band werden nachträglich andere Bilder eingefügt.

Synchro-Edit-Anlagen erleichtern das Schneiden. Je nach technischen Möglichkeiten und nach Anspruch sind auch ohne eine Schnittsteuereinheit die grundlegenden Prinzipien des Filmschnitts nachvollziehbar zu machen. Video-„schnitt" heißt immer, dass bestimmte Bild-(Ton-)Sequenzen überspielt, kopiert werden.

2. Videos digitalisieren und am PC bearbeiten

Voraussetzungen

Hier soll nur ein kleiner Hinweis darauf erfolgen, dass der professionelle Videoschnitt mit PC jetzt schon möglich ist. Es müssen folgende Voraussetzungen gegeben sein (Stand: März 1997):

■ Die Videobearbeitung stellt relativ hohe Anforderungen an die Hardware: Ein Pentiumprozessor mit PCI-Bus-System sollte vorhanden sein. Die

Festplatte muss mindestens eine Speicherkapazität von 2 Gigabyte haben, besser wären 4 Gigabyte. Sie sollte dabei so schnell wie irgend möglich sein. Bei der Speicherkapazität ist zu beachten: Wenn im PC ein Videoclip erzeugt wird, so muss bei VHS-Qualität mit einer Dateigröße von 30 bis 40 MB pro Filmminute gerechnet werden.

▪ Des Weiteren ist eine Digitalisierkarte (auch bekannt als Videodigitizer-karte) erforderlich, die ein mit Camcorder aufgenommenes Bild in Echtzeit digitalisiert, also in eine PC-Datei umwandelt. In Videomagazinen finden sich immer wieder Tests von solchen Karten im Preisniveau zwischen 500 und 2000 DM. Solche Karten liefern für schulische Verhältnisse eine akzeptable Qualität.

▪ Soundkarte.

▪ Geeignete Software. Mit jeder Digitalisierkarte wird geeignete Software – meist in der Lite-Version – mitgeliefert.

Ein beispielhafter Videoschnitt

Die folgende Abbildung zeigt die Bildschirmoberfläche einer geeigneten Videoschnittsoftware (Adobe Premiere). Hier werden die Videoszenen und Musiktitel mittels Maus angeordnet. Prinzipiell könnte sich ein Projekt so entwickeln:

▪ Die zu dem zukünftigen Film gehörenden Elemente werden in ein Projektfenster geladen.

▪ Zuerst wird der Musiktitel in Form einer *.WAV-Datei vom Projektfenster auf die Audiospur A bewegt. Er kann dann durch Doppelklicken abgespielt werden. Dabei können Marken an signifikanten Musikstellen gesetzt werden, an der später die Videoclips ausgerichtet werden können.

▪ Videoclips werden in der vorgeplanten Abfolge – gegebenenfalls orientiert an den Musikmarken – auf die Videospuren A und B abwechselnd so bewegt, dass sie sich überlappen.

▪ An die Überlappungsbereiche (Videospur T) können dann aus dem Überblendfenster geeignete Überblendungen mit der Maus gezogen werden. Die Länge der Überblendung passt sich automatisch der Überlappungslänge an. Durch Mausdruck auf das Überblend-Icon kann eine Vorschau des Überblendeffekts abgerufen werden, der noch nachjustiert werden kann.

▪ Auf die einzelnen Videoszenen können dann außerdem aus zahlreichen vordefinierten Bildbearbeitungsfiltern einzelne oder mehrere gleichzeitig ausgewählt werden.

▪ Auf die Videospuren S1 und folgende können weitere Videoclips platziert werden, die frei und variantenreich wählbar mit den Clips auf den Spuren A und B *gemischt* werden können.

▪ Zuletzt wird der Film „erstellt" (Menüpunkt). Das kann bei einem dreiminütigen Videoclip allerdings (je nach Komplexität der Komposition) fünf bis sechs Stunden Prozessorarbeit kosten.

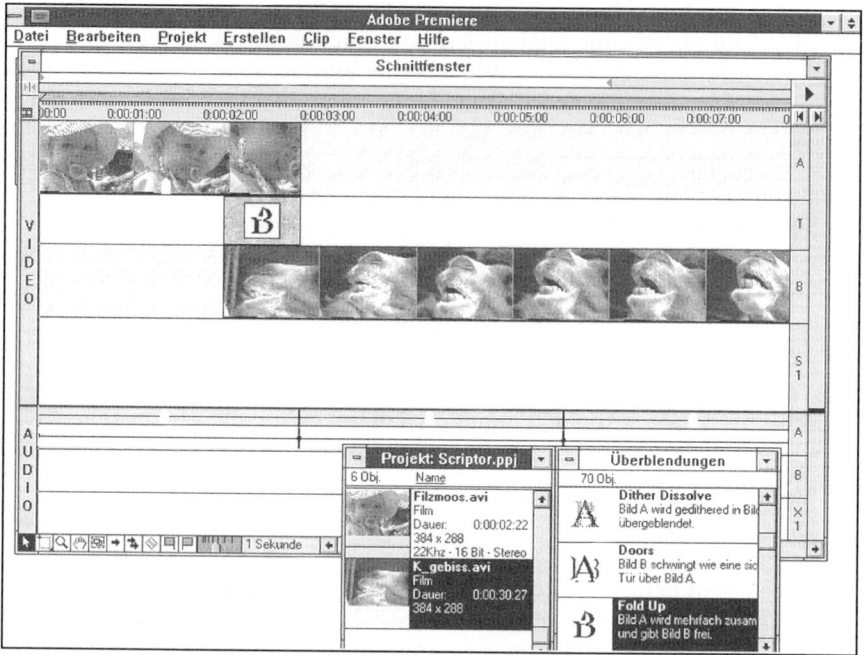

Die Abbildung soll helfen, die skizzierte Projekterstellung nachzuvollziehen.

Vorteile des Video-PC-Schnitts

Als Fernsehkonsumenten sind wir wie selbstverständlich an kunstvolle Schnitte gewöhnt, z. B. von Werbespots, Musikvideos oder den Trailern zahlreicher Magazinsendungen. Der eigene Videofilmschnitt ohne PC wirkt dagegen sehr amateurhaft und lässt kaum oder gar nicht den gewohnten Trickstandard zu.

Die oben genannte Software bietet *alle* professionellen Schnitt- und Trickmöglichkeiten in VHS- bzw. bei sehr guter PC-Ausstattung auch in SVHS-Qualität. Hier nur einige dieser Möglichkeiten:

Filmszenen können

- beliebig ineinander geblendet werden,
- sehr variantenreich überblendet werden,
- auf vordefinierten Bahnen in skalierter Größe durch eine andere Szene „fliegen",
- in der Bildmitte ablaufen und oben, unten, rechts und links von weiteren Filmszenen umgeben sein,
- langsamer oder schneller abgespielt werden und
- mit Fotos, Grafiken, Titeln, Rolltiteln etc. beliebig kombiniert werden.

Video am PC – auch in der Schule möglich und sinnvoll?

Wir sollten hier mutig ja sagen. Der Projektgedanke ist im Grunde sogar einfacher realisierbar als der hier auch veröffentlichte (s. Kapitel 7) über ein semiprofessionelles Zeitungsprojekt. Dazu drei Überlegungen:

Ausbildung der Schülerinnen und Schüler

Wenn wir uns die Bildschirmoberfläche von Adobe Premiere anschauen, bietet es sich geradezu an, diese Oberfläche auf OH-Folie zu simulieren. Es kann hier gewissermaßen eine Art Storyboard in Form von Folienelementen entstehen. Der Projektentwurf ohne Bildschirm ist deshalb so wichtig, weil ein Ausprobieren am Bildschirm wegen der sehr langen Rechenzeiten (auch bei besten PCs) ausscheidet. Ansonsten ist die Bedienoberfläche intuitiv.

Der erste Videoclip von Schülerinnen und Schülern

Die Hauptarbeit liegt zunächst natürlich in dem Aufnehmen von geeigneten Videoszenen. Liegen diese vor, können sie sehr einfach in PC-Dateien überführt werden. Die Übertragung des Storyboards auf die Bildschirmoberfläche kann dann allerdings nur noch von zwei bis drei Schülerinnen und Schülern einer solchen Projektgruppe erfolgen, weil die Rechenkapazität möglicherweise nicht ausreicht, um mehrere Übertragungen zu realisieren. Wenn man das angestrebte Projekt aber geschickt in Unterprojekten anlegt, kann doch wieder jede Kleingruppe ihren Beitrag zum Gesamtprojekt liefern.

Die mediendidaktische Bedeutung

Die Auseinandersetzung mit Filmmanipulation als Voraussetzung für eigene absichtsorientierte kreative Filmverfremdung, der praktische Einblick in die vielfältigen Trickmöglichkeiten und das eigene Erleben ihrer Wirkungen schaffen Medienkompetenz. Die von der Fernsehwelt ausgehende Suggestivkraft kann aus eigener Handlungserfahrung entlarvt, analysiert und dadurch in ihrer Wirkung entschärft werden.

Im Positiven wird hier die Voraussetzung für eine bewusstere Wahrnehmung der „Sprache der Bilder" geschaffen, sowohl im ästhetischen als auch im technischen Sinne.

Hartmut Stolp

Literaturhinweise

Kluth/Ferling/Thier: Medienpädagogik in Öffentlichen Bibliotheken – Beispiel Video. Berlin 1990.

Landesinstitut für Schule und Weiterbildung (Hrsg.): Sinnvoller Umgang mit Medien. Projekt- und Unterrichtsbeispiele zur alternativen Medienerziehung. Soest 1986.

Ribbeck von, Dietrich: Filmproduktion verstehen. München 1990.

Schell, Fred: Aktive Medienarbeit mit Jugendlichen – Theorie und Praxis. Opladen 1989 (v. a. S. 180 ff.).

Schild, Walter: Besser Videofilmen – Moderne Technik für perfekte Videos. Niedernhausen 1994.

Schild/Pehle: Videofilmen wie ein Profi – Technik, Motive, Filmaufbau, Nachbearbeitung. Niedernhausen 1991.

Webers, Johannes: Handbuch der Filmtechnik (4. verbesserte Auflage). Feldkirchen 1993.

Kapitel 4

Arbeit mit Film

1. Filmarbeit = Filmgespräch?
Ideen zur Verarbeitung von Film

Traditionell die bekannteste und auch heute noch am weitesten verbreitete Methode beim Umgang mit Film in der Schule dürfte das Filmgespräch sein, bei dem versucht wird, den Film zu analysieren oder die kognitiven und emotionalen Verarbeitungsprozesse zu explizieren – mit dem Medium der Sprache. Es ist zu bezweifeln, dass diese rein sprachliche Auseinandersetzung mit dem Filmmaterial und dem Filmerleben der Tatsache gerecht wird, dass die Audiovision eine Form von hochgradig symbolischer Vermittlung von Realität(-en) darstellt. Die audiovisuelle Wahrnehmung geht über die logischen Gesetzmäßigkeiten der Sprache hinaus. Der Film ist eher mit den Prozessen zu vergleichen, die für Träume, Riten und Mythen, die für die bildende Kunst typisch sind. Film und seine Wirkung sind deshalb in großen Teilen nicht mit rein sprachlichen Mitteln zu erschließen. Dies gilt ebenso für die psychischen Prozesse der Identifikation, der Übertragung, der Regression und der Assoziationen, die der Film beim Betrachter auslöst.

Da die allgemein verbreitete Dominanz des Verbalsprachlichen im Unterricht weder dem filmischen Material noch den rezeptiven Verarbeitungs- und Erlebnisweisen im Umgang mit audiovisuellen Produkten gerecht werden kann, sind für die Filmdidaktik Methoden verlangt, die in experimentierender Weise nichtsprachliche Zugangsweisen zum Film und zum Filmerleben erschließen.

Im Folgenden werden neben den konventionell sprachlich ausgerichteten Methoden einige Beispiele für anders akzentuierte Ansätze vorgestellt. Dabei wird deutlich, dass Mischformen von sprachlichen, handlungsbezogenen und gestalterischen Techniken denkbar sind, die sowohl film- als auch rezeptionsbezogene Zugangsweisen ermöglichen. Hierbei handelt es sich zum Teil um eine Auswertung von verbreiteten Techniken des Kreativitätstrainings, die für die Filmarbeit modifiziert werden. Im Vordergrund steht der spielerisch-kreative Umgang mit Filmmaterial. Aber auch die ersten Schritte zu einer mehr analytischen Annäherung an das Medium Film werden angeregt, zum Teil sind hierin Vorarbeiten für analytisch-interpretatorische Zugangsweisen zu sehen.

Der Bezugsrahmen für die jeweilige Methode ist in einem vollständig vorge-
führten Film oder in Ausschnitten zu sehen. Die meisten Ideen beziehen sich
dabei auf die Arbeit mit Spielfilmen, mit fiktionalen narrativen Formen des
Kino- und Fernsehfilms. Sie eignen sich jedoch auch für andere audiovisuelle
Genres, etwa für den Kurzfilm, für Werbe- und Nachrichten-Spots oder für
Videoclips. Der Fantasie für eine entsprechende Umsetzung sind dabei keine
Grenzen gesetzt.

Auf Hinweise für einen alters- oder jahrgangsstufengemäßen Einsatz der
Methoden wurde verzichtet. Die Frage einer adäquaten Umsetzung obliegt den
Fachlehrerinnen und Fachlehrern auf der Grundlage der Kenntnis ihrer Schülerinnen und Schüler, der jeweiligen Unterrichtsreihe oder -sequenz sowie des
jeweiligen Themas. Grundsätzlich dürften die meisten Vorschläge mit entsprechendem Anspruchsniveau in allen Jahrgangsstufen Anwendung finden.

Übungen zum Einstieg

Die folgenden Übungen zielen darauf ab, nach dem ersten Sehen eines Films
oder eines Filmausschnitts den Schülerinnen und Schülern zu ermöglichen,
sich über die ersten Eindrücke, über unmittelbare (kognitive und emotionale)
Verarbeitungsweisen auszutauschen und Impulse für eine weitergehende Beschäftigung mit dem Filmmaterial zu geben bzw. aufzunehmen.

Methode 66

Sechs Personen fassen jeweils sechs Minuten erste Eindrücke zusammen und
entwickeln weitergehende Fragestellungen.

Brainstorming

Alle Schülerinnen und Schüler reagieren spontan auf den Film bzw. die
Filmausschnitte oder auf bestimmte Problemstellungen, die mit dem Film zu
tun haben. Jegliche Kritik oder Bewertung der geäußerten Reaktionen sind
ausgeschlossen. Jeder Beitrag, sei er auch scheinbar noch so abgelegen, ist
erwünscht. Jede Assoziation, unabhängig von Vernunft und Logik, wird als
bereichernd angesehen. Die geäußerten Ideen werden für das Plenum in
Stichworten an der Tafel/auf Flip-Charts/auf OH-Folie festgehalten.

Stopp-Technik

Im Gegensatz zur vorhergehenden Übung wird hier das Brainstorming nach
kurzer Zeit (ca. fünf Minuten) unterbrochen. Die Schülerinnen und Schüler
erhalten Gelegenheit, über die einzelnen Einschätzungen zu reden und die
Beiträge zu strukturieren. Danach wird das Brainstorming fortgesetzt.

Assoziationsmethode

Auf Kärtchen/Flipcharts werden Assoziationen formuliert und für alle sichtbar fixiert. In einem zweiten Schritt werden die Kärtchen sortiert und nach gewissen Prinzipien geordnet.

Assoziationen-Wettbewerb

Die Klasse wird in vier bis fünf Gruppen eingeteilt. Zu einer Filmsequenz oder zu einem ganzen Film sollen innerhalb einer vorgegebenen Zeit – etwa zehn Minuten – möglichst viele Assoziationen in Stichworten formuliert werden. Die Bewertung und Ermittlung der Siegergruppe erfolgen in drei Phasen mit jeweils unterschiedlichen Kategorien: Bei der ersten Phase geht es um die Menge an Assoziationen, bei der zweiten um Originalität und Außergewöhnlichkeit der Assoziationen, bei der dritten um die Assoziationen, die nach Meinung der Klasse besonders gut zum Film passen. Dabei fungiert entweder die gesamte Klasse als Jury, was eine intensive Auseinandersetzung mit den jeweiligen Positionen nach sich zieht, oder eine von vornherein „unabhängige" Jury fällt eine Entscheidung und diskutiert diese mit der Rest-Klasse.

Konnotationen-Wettbewerb

wie beim Assoziationen-Wettbewerb. Der Bezug hierbei ist ein Einzelbild, dessen verschiedene Konnotationen auf der Ebene von Bildelementen, vom Bildaufbau (Vorder-, Mittel- und Hintergrund) und vom Bildensemble ermittelt werden sollen.

Andere Perspektive

Wie beim Brainstorming und der Assoziationsmethode. Nur werden jetzt bestimmte Perspektiven vorgegeben (wie etwa die einer Filmfigur), aus denen heraus assoziiert werden soll. Bei konfliktträchtigen Konstellationen können in mindestens zwei Gruppen die jeweiligen Standpunkte/Charaktere/Typen dargestellt und kontrastiert werden. Denkbar sind auch Hypothesen über Handlungsalternativen.

Blitzlicht

Der Reihe nach äußert sich jede Schülerin bzw. jeder Schüler kurz – nach Verabredung in ein oder zwei Sätzen – unmittelbar nach der gemeinsamen Filmrezeption. Eine Bezugnahme auf Vorredner etwa in kommentierender Weise ist ausgeschlossen.

Stummer Dialog

Aussagen/Fragen zum Film werden von den Schülerinnen und Schülern ohne Kommunikation untereinander auf Karteikärtchen fixiert. Danach werden die Kärtchen gemeinsam nach gleichen oder ähnlichen Aussagen sortiert.

Analogien

Die Schülerinnen und Schüler nennen möglichst viele Situationen, Dinge, Konflikte aus dem Film, die sie aus anderen Zusammenhängen kennen oder die sie erlebt haben. Als Variante oder Erweiterung dient die Auseinandersetzung mit den Filmfiguren: Welche Menschen, wie sie im Film vorkommen, kenne ich? Welche Verhaltensweisen kommen mir bekannt vor? Mit welcher Figur habe ich die meiste (äußere/persönliche) Ähnlichkeit?

In der folgenden Phase gilt die Umkehrung: Was ist für mich neu/ungewohnt/fremd? Was kann ich mir nicht vorstellen?

Film-Sprichwörter

Unmittelbar nach der Rezeption eines Films oder Filmausschnitts werden „passende" Sprichwörter gesucht, die zur Handlung, zu den Figuren oder den Schlüsselthemen des Films einen unmittelbaren oder einen nicht sofort auffälligen Bezug haben.

Brainwriting/Methode 635/335

Nach der Filmpräsentation bilden sich Gruppen zu sechs/drei Personen, die ein dreispaltiges Arbeitsblatt fünf Minuten lang ausfüllen. Danach wird das Arbeitsblatt an die anderen Gruppenmitglieder mit der Aufgabe weitergegeben, die Eintragungen weiterzuentwickeln, zu modifizieren. Während dieser Phase sollte nicht miteinander gesprochen werden. Ist das Arbeitsblatt gefüllt, wird es für das Plenum zugänglich gemacht. Spontane Ideen können dann hinzugefügt werden. Die Grundlage für eine weitere themenbezogene Auseinandersetzung mit dem Film ist gelegt. Alle Schülerinnen und Schüler haben sich somit schon einmal an den betreffenden Fragestellungen beteiligt.

Mögliche Arbeitsblätter dazu mit Beispielen für Vorgaben in den drei Spalten:

Eindrücke	Fragen	Stellungnahme

oder

Was hat mir an diesem Film gefallen?	Was hat mir nicht gefallen?	Was würde ich anders drehen?

oder

Kinder/Jugendliche wurden realitätsnah dargestellt	Ich hätte es genauso gemacht wie (Filmfigur X)	Die Gewaltdarstellung fand ich ...

Clustering

Ein bestimmter filmbezogener Begriff wird vorgegeben und zu einem *Cluster*, einem Ideen-Netz, aufgefächert, das die unterschiedlichsten Bezüge zu dem Begriff aufweist. Die Vorgabe kann eine Filmfigur sein, deren (Vor-)Geschichte, Beziehungen, Motive, Emotionen, Handlungen in Stichworten, die einen bestimmten Zusammenhang ergeben, verdeutlicht werden können. Andere Beispiele: ein thematischer Schwerpunkt und seine Behandlung im Film, ein immer wiederkehrendes, vielleicht variiertes optisches oder akustisches Motiv, Motivationsstränge einer Filmfigur ...

Form eines Clusters

Verständnissichernde Übungen

Die folgenden Übungen dienen der gemeinsamen Vergewisserung des Verständnisses inhaltlicher Zusammenhänge. Dabei werden in der Regel unterschiedliche Rezeptions- und Verstehensleistungen deutlich. Die Aussprache darüber bildet die Grundlage für eine weitere Auseinandersetzung mit dem Filmbeispiel.

Fünf-Zeilen-Plot

Die Schülerinnen und Schüler fassen in maximal fünf Zeilen den Plot des Films zusammen.

Nacherzählen

Die bloße Wiedergabe von inhaltlichen Zusammenhängen führt schnell zu einer Auseinandersetzung über unterschiedliche Sichtweisen und Interpretationen des Films bzw. von Filmsequenzen („Das habe ich aber anders gesehen"). Auch ein lehrerseitiger Impuls kann einen anderen Zugang, einen anderen Akzent geben.

Plot-Kontexte

Der Inhalt des Films bzw. Filmausschnitts, sein Plot, wird in unterschiedlichen Textsorten und Situationen reproduziert. Dazu wird eine Kommunikationssituation simuliert, die mündlich oder schriftlich ausgefüllt wird, z. B.: Ich erzähle einem Freund/einer Freundin/meinen Eltern/... den Filminhalt; eine Schlagzeile mit Untertitel; eine Zeitungsmeldung; eine Radionachricht; eine Fernsehnachricht ...

Reporter-Bericht

Ein (Zeitungs-/Rundfunk-)Reporter berichtet über einzelne Filmsequenzen, die einen besonders dramatischen Kern haben. In Form einer Livereportage beschreibt und kommentiert er im typischen Reporterstil das Geschehen, das, was zu sehen und zu hören ist.

Filmprotokoll

Mit Hilfe des Videorekorders verfassen die Schülerinnen und Schüler ein – je nach Anspruch und Beschreibungsintensität – unterschiedlich genaues Protokoll einer kurzen Filmsequenz. Die Segmentierung erfolgt dabei nach Einstellungen, die durch einen Schnitt oder eine Blende markiert sind. Das Protokoll enthält eine Reihe von Beschreibungen der Handlung, des Bildes und des Tones und versucht eine Transkription der Dialoge. Das Protokollieren vor allem visueller Information mit Hilfe von Sprache verdeutlicht die wesentlichen kommunikativen Unterschiede von Bildsprache und gesprochener bzw. geschriebener Sprache. Außerdem bedeutet die Reproduktion von visuellen Texten einen ersten, ganz wesentlichen Schritt in Richtung auf Analyse und Deutung von Filmsprache.

Beispiel für mögliche Kategorien eines Filmprotokolls:

Einstellung		Geschehen/ Handlung	Dialog/ Sprache	Bild					Ton	
Nr.	Länge			Kamera (-perspek- tive/-be- wegung)	Bild- kompo- sition	Licht	Farbe	Dekor/ Requisiten	Musik	Geräusche

Szenenübersicht

Diese Übung ist eine Sonderform des Filmprotokolls, bei der nicht jede einzelne Einstellung festgehalten, sondern der gesamte Film in Szenen aufgeteilt wird. Diese Übersicht lässt Aufschlüsse über die Handlungsabfolge, über die dramaturgische Gestaltung (Aktaufbau, Spannungsaufbau, -abbau, Konfliktaufbau, -lösung, Zeit- und Ortssprünge ...) zu.

Beispiel für eine Szenenübersicht:

Szenen-Nr.	Anzahl der Einstellungen	Handlung	Funktion von Szeneneinheiten
1	5	...	Einführung, Exposition
2	6	...	(überraschender) Wendepunkt
3	3	...	
4	16	...	Konfliktaufbau/Konfrontation
5	8	...	
...	...	...	...
			(überraschender) Wendepunkt
			Konfliktlösung

Identifikation

Die Schülerinnen und Schüler übernehmen die Rolle bestimmter Filmfiguren und erzählen und kommentieren mündlich oder schriftlich bestimmte Filmszenen oder einen kompletten Film aus der Sicht von Betroffenen. Neben der subjektiven Darstellung der äußeren Handlung sind vor allem innere Monologe über Bewertungen und Einschätzungen der Handlung, der eigenen Rolle und der der anderen Figuren interessant.

Übungen zur Filmdramaturgie

Die folgenden Übungen sollen das Gespür für dramatisches Handeln, für dramaturgische Zusammenhänge in den filmischen Vorlagen wecken.

Filmfigur-Treffen

Bestimmte dramatische Höhepunkte, besonders dialogische Situationen des Films werden nachgespielt, indem zwei bis drei Schülerinnen und Schüler sich treffen und den jeweiligen Typus mit den charakteristischen Eigenschaften der imitierten Figur, ihrer Sprechweise, ihrer Mimik und Gestik, ihrer besonderen „Ticks" darstellen sollen.

Variante: Ein fiktives Telefongespräch zwischen zwei Figuren, in dem eine Filmszene mit den besonderen Mitteln eines Telefonats nachgespielt wird.

Soziogramm

Eine Grafik verdeutlicht die Personenkonstellation: Welche Figuren stehen mit welchen anderen in welcher Beziehung? Gruppen und Pfeile (mit unterschiedlicher Dicke) mit entsprechenden Stichworten charakterisieren Qualität und Intensität der jeweiligen Beziehung. Das Soziogramm ermöglicht darüber hinaus einen Überblick über parallele, analoge, divergierende oder konfligierende Figurenentwicklungen.

Spannungskurve

Die Schülerinnen und Schüler zeichnen die Spannungskurve des Films in Form eines Graphen, dessen horizontale Achse die Dauer des Films – etwa in Filmminuten oder im Fünf-Minuten-Takt –, dessen vertikale in einer Prozentskala den Grad an Spannung markiert. Die Entwicklungslinie ist dabei von „turning points", von Umschlagsmomenten der Handlung, gekennzeichnet. Diese beziehen sich z. B. auf das Auf und Ab der Überlebenschancen der Hauptfigur, das Glücken eines Plans, das Zusammenkommen der Liebenden etc. Mit Hilfe einer Legende werden die wesentlichen inhaltlichen Zusammenfassungen der Umschlagspunkte aufgelistet. Die Spannungsdramaturgie des Films kann so verdeutlicht werden.

Spannungsbogen

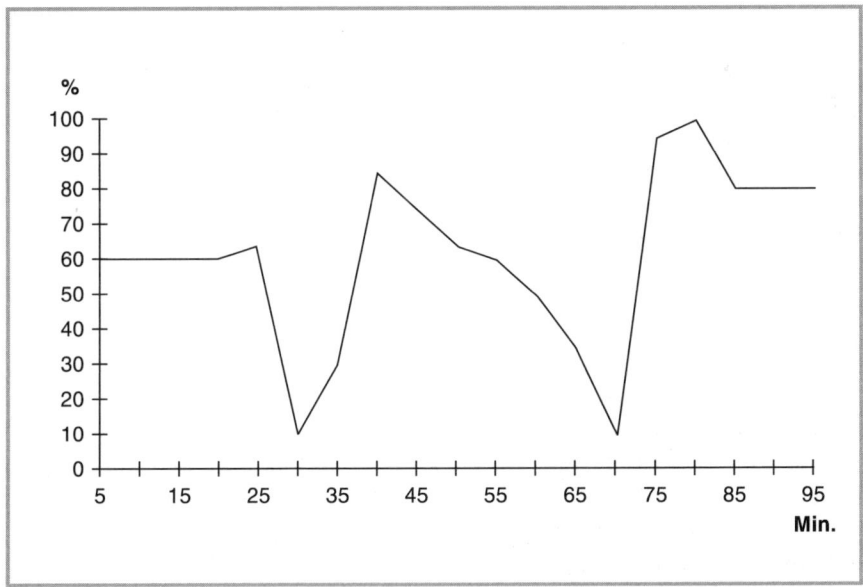

Übergreifende sprachliche, spielerische und gestalterische Übungen

Sprachliche Verarbeitungen

Unterrichtsgespräch nach Impulsen

Die „klassische" Form der unterrichtlichen Auseinandersetzung mit Film. Nach bestimmten Impulsen entwickelt sich ein Unterrichtsgespräch über inhaltlich-thematische, dramaturgische, filmspezifische Fragen sowie über die Wirkung und Rezeption des Films.

Schlüsselmethode

Eine Schlüsselszene wird noch einmal kommentarlos präsentiert und dient als Auslöser für spontane Reaktionen. Noch wirkungsvoller ist eventuell ein von der Lehrperson vorher zusammengestellter Trailer mit gezielt ausgewählten Szenen und Einstellungen. Das können z. B. verschiedene Schlüsselszenen, thematisch zusammengehörige Szenen oder ein Leitmotiv dokumentierende Einstellungen sein.

Kleingruppensplitting

In kleinen Gruppen werden bestimmte film-, rezeptions- oder rezipientenbezogene (Teil-)Aspekte besprochen, auf Karten fixiert und dem Plenum vorgestellt.

Interview

Die Schülerinnen und Schüler interviewen sich mit Hilfe von Video- oder Kassettenrekordern gegenseitig: zu unmittelbaren Eindrücken, zu bestimmten Szenen/Sequenzen/Personen/Konflikten/Themen ... des Films, zum Verständnis, zur eigenen emotionalen Verarbeitung oder hypothetisch zu der von anderen (Alters-/Ziel-)Gruppen.

Kugellagerdiskussion

Die Gruppe wird in zwei Hälften geteilt, die eine bildet einen inneren, die andere einen äußeren Kreis. Jeweils zwei Teilnehmer sitzen sich gegenüber und reden, diskutieren oder streiten über den Film bzw. Filmausschnitt, über eine bestimmte Fragestellung, über die Wirkung auf sie, ihre Eindrücke. Nach ca. fünf Minuten dreht sich einer der Kreise um einen Stuhl weiter, wodurch sich neue Paare bilden, die wiederum ca. fünf Minuten miteinander diskutieren. Dabei kann ein neuer Aspekt angesprochen oder das vorhergehende Gespräch aufgegriffen werden, indem bei starkem Interesse ein Standpunkt oder ein Thema und die unterschiedlichen Positionen referiert und besprochen werden.

Sequenzmethode

Der Film wird nach der Gesamtpräsentation noch einmal in überschaubaren Abschnitten mit Unterbrechungen vorgeführt, sodass jeweils die Gelegenheit zu kurzer Besprechung gegeben werden kann. Diese kann sich auf bestimmte Filmsequenzen oder auf Einzelbilder beziehen, die jeweils als Videostandbild festgehalten werden.

„Was wäre, wenn ...?"

Die Schülerinnen und Schüler stellen Hypothesen zu alternativen Handlungssträngen des Films auf. Daran schließen sich Überlegungen an, welche Handlungsstränge im Sinne der Filmaussage bzw. -logik wahrscheinlicher, überzeugender, interessanter wären.

Vor-Film/Nach-Film

Die Vorgeschichte(n) des Films werden mündlich oder schriftlich aus dem Film oder einer Filmsequenz entwickelt. Informationen, die der Film dazu liefert, werden zunächst gesammelt und systematisiert, im Anschluss wird über mögliche, unmögliche, wahrscheinliche, unwahrscheinliche, sichere Wurzeln der Handlung, der Figurenzeichnung spekuliert.

Das gleiche Verfahren lässt sich auf die „Nachgeschichte(n)" übertragen: Wie kann der Film weitergehen? Wie verlaufen Weiterentwicklungen von bestimmten Figuren? Welche erwartbaren Entwicklungen und überraschenden Wendungen kann die Geschichte nehmen?

Ins Gegenteil verkehren

Bestimmte Elemente des Films werden „umgepolt" und auf ihre Wirkung hin befragt. Beispiele: Der positive Held wird zu einem negativen, das *Happy End* zu einem tragischen, Tagszenen werden Nachtszenen, Mann wird Frau und umgekehrt, hierarchische Verhältnisse werden umgedreht etc.

Chronologie-Würfel

Die Handlungsstruktur wird modifiziert, indem man die Abfolge der Szenen „durcheinander würfelt", wodurch ein anderer Erzählfluss, andere Handlungsverknüpfungen, andere Rhythmen, andere Wirkungen entstehen. Über die Wirkungen wird im Plenum diskutiert, wobei ein Gespür für filmspezifische Erzählweise und Dramaturgie entwickelt wird.

Auf der *Mikro-Ebene*: Die typische Erzählkonvention, die die Rezipienten zunächst in einer Totalen über das Ensemble einer Handlung orientiert (establishing shot) und dann in immer kleiner werdenden Bildausschnitten die

Ebene der eigentlichen Handlung von Einzelfiguren (Nah-Einstellung) zeigt, wird gebrochen, indem die Reihenfolge umgedreht wird. Besonders witzige Effekte lassen sich durch einen Bruch der Erzähllogik erzielen: z. B. im Schuss-Gegenschuss wird der Dialog von A und B gezeigt, A und B begrüßen sich, dann kommt B und setzt sich an den Tisch zu A, A sitzt allein, B sucht A im Raum ...

Auf der *Makro-Ebene*: Der Höhepunkt wird mit den ihn vorbereitenden spannungserzeugenden Sequenzen vertauscht oder Anfang und Ende werden verkehrt, die Zeitebenen werden durcheinander gebracht, die Einführung von neuen Figuren erfolgt erst nach deren handlungsstarken Sequenzen. Ursache und Wirkung werden vertauscht. Erzähltempi werden variiert: Langsame Szenen werden gestrafft, schnelle gedehnt.

Filmanfänge

Vor der Gesamtpräsentation eines Films werden ausschließlich die ersten Sequenzen (ca. zehn Minuten) gezeigt. Die Schülerinnen und Schüler bekommen den Auftrag, über den weiteren Verlauf der Geschichte, über mögliche Konflikte, über die Entwicklung der Figuren Vermutungen anzustellen.

Variante: die weitere Geschichte schriftlich erzählen lassen.

Filmtitel erfinden

Vierergruppen überlegen sich für unterschiedliche Zielgruppen einen neuen Titel des gesehenen Films. Im Plenum werden die einzelnen Vorschläge besprochen und auf ihren Bezug zum Film („Passt der Titel?"), zum jeweiligen Zielpublikum, auf die suggerierten Erwartungen hin geprüft.

Filmkritik

Für unterschiedliche Medien verfassen Schülergruppen eine Filmrezension. Die Textsorten-Merkmale „Information über den Film", „Vergleich mit anderen Filmen, mit anderen Filmen desselben Regisseurs oder mit derselben Schauspielerin bzw. demselben Schauspieler", „Bewertungen" sollten den Schülerinnen und Schülern vor dem Verfassen in groben Zügen bekannt sein. Interessant dürfte im Anschluss die Besprechung von authentischen Filmrezensionen zu dem Referenzbeispiel sein.

Gruppenrezension

Der erste Satz einer Rezension wird vorgegeben, der Reihe nach schreibt jede Schülerin und jeder Schüler einen Satz weiter. Die fertig gestellte Rezension wird laut vorgelesen und gemeinsam besprochen.

Steckbrief

Von einer Filmfigur wird ein Steckbrief erstellt, der ihre besonderen Eigenschaften festhält. Dabei sind neben dem Aussehen charakteristische Eigenschaften des Verhaltens, der Sprache, der Mimik und Gestik gefragt.

Biografien

Von ausgesuchten Figuren wird eine Biografie erstellt, die die biografischen Daten, die im Film vorkommen, benutzt, diese aber frei weiterentwickelt. Die Biografie kann sich bis zum Zeitpunkt der beginnenden Filmhandlung erstrecken und/oder die Weiterentwicklung der Protagonisten behandeln. Entweder beschäftigen sich unterschiedliche Gruppen mit der gleichen Figur und vergleichen ihre jeweilige Version, oder die Gruppen entwerfen die Biografie verschiedener Filmfiguren, wobei anschließend gemeinsam geprüft wird, ob diese im Sinne ihres Filmhandelns „passen".

Brief

Die Schülerinnen und Schüler schreiben einen (fiktiven) Brief an eine Person aus dem Filmteam (Darsteller, Regisseur, Drehbuchautor, Produzent …). Entweder überlässt man ihnen dabei Anlass und Inhalt des Schreibens oder gibt ihnen einen Themenaspekt vor.

Hitliste

Nach bestimmten festgelegten Prioritäten legen die Schülerinnen und Schüler fest, welche ihre Lieblingsszenen, Lieblingsschauspielerinnen und -schauspieler sind. In einem möglichen zweiten Durchlauf begründen sie ihre Wahl.

Simulationsspiele

Programmplanergespräch

Simulation einer Konferenz in der Spielfilmredaktion eines Fernsehsenders über den Einsatz des betreffenden Films: Soll der Film gezeigt werden, warum, in welcher Programmschiene, zu welcher Zeit, mit oder ohne Werbung, für welches Publikum, mit Schnitten, mit Vor- und Nachspann, mit Zusatzsendungen …

TV-Zeitschrift

Simulation einer Redaktionssitzung bei einer Fernsehzeitschrift, bei der über die Präsentation des Films in der nächsten Ausgabe beraten werden soll. Fragen dabei: Wie intensiv soll informiert werden, mit welchem Aufmacher, mit welchen Fotos, welchen Texten, in welchem Layout ...? Anhand eines DTP-Programms werden die Ideen ausprobiert und umgesetzt (s. Kapitel 7.2).

Experten im Studio

„Externe" Sichtweisen werden erprobt wie z. B. in der Simulation einer Fernsehdiskussion „Experten im Studio": Eine Gruppe mit festgelegten Rollen diskutiert über den Film, über Sequenzen, über thematische, inhaltliche oder formale Fragen, die der Film aufwirft. Neben den Teilnehmerinnen und Teilnehmern der Diskussion bildet eine andere Gruppe das Publikum, eine zusätzliche Beobachtungsgruppe notiert sich den Gesprächsverlauf und entsprechende Besonderheiten. Das Plenum – bestehend aus allen drei Gruppen – diskutiert abschließend weniger über den Film selbst als über die (öffentliche) Meinungsbildung und die Rezeption des Films.

Pressekonferenz

Hierbei handelt es sich um ein Simulationsspiel, bei dem der Film die Grundlage für eine Pressekonferenz bilden soll. Es werden verschiedene Gruppen gebildet, die sich vor Spielbeginn auf ihre Schwerpunkte, Fragen und besondere Interessenlage einigen. Mögliche Gruppen: die Filmcrew (Regisseur, Produzent, Hauptdarsteller), die Presse (Filmkritiker verschiedener Tageszeitungen, von Rundfunk und Fernsehen), Kinobetreiber, „Normalpublikum".

Filmtexte

Eine der beteiligten Filmfiguren – so die Simulationsaufgabe – schreibt einen Text (Brief, Tagebuchnotiz, Zeitungsartikel ...), der sich auf eine bestimmte Filmszene bezieht. Diese wird erklärt, kommentiert, ausgeschmückt, wobei der Standpunkt der Filmfigur, ihre subjektiven Sichtweisen und Besonderheiten deutlich werden sollen.

Utopiespiel

Die Schülerinnen und Schüler formulieren Fantasiereisen im Sinne von: „Wenn ich Darsteller/Regisseur/Autor ... wäre?"

Gestalterische Verarbeitung

Standbilder

Die Klasse oder mehrere Schülergruppen stellen in einem Standbild eine von der Mehrheit als Schlüsselszene anerkannte Szene dar. Das Standbild friert die Szene ein, d. h. bestimmte mimische, gestische, pantomimische Darstellungen, eine bestimmte Personenkonstellation charakterisieren die dargestellte Szene.

Fotoserie

Die Abfolge von Einstellungen einer Filmsequenz wird mit Hilfe des Fotoapparates festgehalten. Die Änderung der Einstellungsgröße und -länge, ihre Beschreibung und jeweilige dramaturgische Funktion können so verdeutlicht werden. Außerdem bietet die Fotoreproduktion eine gute Basis für einen analytischen Zugriff auf das Einzelbild und die Bildabfolge.

Ratespiel

Eine Kleingruppe spielt Filmsequenzen nach, die Klasse errät den filmischen Zusammenhang. Im Anschluss bietet sich die Möglichkeit, die grundsätzlichen Unterschiede von Theaterarbeit und Film zu reflektieren.

Zeichnen von Storyboards

Eine Filmszene wird in der Abfolge der Einstellungen bildlich-zeichnerisch reproduziert. Dabei kommt es weniger auf eine grafisch genaue Nachahmung des jeweiligen Filmbildes an als vielmehr auf eine comicartige grobe Skizze mit Strichmännchen, die die wesentlichen Bild- und Handlungselemente wie Bildkomposition, Anordnung der Personen und Requisiten etc. erfasst. In diesem Sinne handelt es sich dabei um ein Bildprotokoll von Sequenzen, das durch ein visuelles Nachempfinden ein Gespür für das Erzählen mit Bildern gibt. Die Storyboards können auf OH-Folien gezeichnet oder per Kopie auf sie übertragen werden, um der gesamten Klasse präsentiert werden zu können.

Mischformen

Orts-, Zeit-, Milieuwechsel

Von einer Filmsequenz werden bestimmte örtliche, zeitliche oder milieube-stimmende Merkmale der Handlung variiert, neu gestaltet und nachgespielt. Die Beobachtung und Reflexion des Spiels führt zu der Überlegung, welche Auswirkungen die Änderungen auf die Aussage der Filmsequenz, auf die Darstellung, auf die Figuren, auf die Verständlichkeit und Akzeptanz haben.

Gedankenlesen

Bei einer Filmszene mit rein äußerer Handlung wird überlegt, was die beteiligten Figuren in dieser Situation denken, fühlen, welche Tagträume und Fantasien sie haben. Zu diesem Zweck schreiben die Schülerinnen und Schüler comicartige Sprechblasen und ordnen sie den Figuren zu, die als Strichmännchen gezeichnet werden.

Variante I: Sie sprechen die Texte auf die Tonspur oder arbeiten mit dem Kassettenrekorder synchron zum Videoband.

Variante II: Statt der notwendigerweise relativ kurzen Comics schreiben sie längere Texte in Form eines inneren Monologs.

Zwischen-Montage

Die örtlichen, zeitlichen, logischen, handlungsbezogenen „Sprünge", die zwischen zwei Einstellungen gedacht bzw. impliziert sind, werden für geeignete Stellen des Films schriftlich ausgeführt. Die für das filmische Erzählen typische Montagetechnik kann somit verdeutlicht werden. Die Schülerinnen und Schüler suchen sich entsprechende Szenen oder die Szenenwechsel aus, bei denen sich eine schriftliche Ausführung anbietet. Hierbei geben sie beispielsweise Erklärungen für das Handeln von Figuren oder füllen die Leerstelle eines Orts- und/oder Zeitwechsels mit einer Zwischen-Geschichte. Diese kann der Erzähllogik des Films entsprechen oder andere „verrückte" Geschichten einbauen.

Turning the turning-point

Bestimmte Schlüsselszenen mit einer unverhergesehenen Wende, einem dramaturgischen „Umkippen" der Situation, werden umgeschrieben: Was würde passieren, wenn die Figur nicht *dieses*, sondern *jenes* machte, erführe ...? Wie würden sich die Geschichte, der Film und seine Wirkung, die eigene Einschätzung und Wertung des Films verändern?

Schlüsselbilder

Die Schülerinnen und Schüler reproduzieren per Foto, als Collage oder im Computer Schlüsselszenen einschließlich dazugehöriger Protagonisten, wichtiger Schauplätze des Films. Ein dazugehöriger Text gibt in Ausschnitten den filmischen O-Ton wieder und/oder kommentiert die Bilder impressionistisch.

Bildserie

Bestimmte Szenen, die einen thematischen Zusammenhang haben, aber im Film nicht aufeinander folgen, werden in einer Serie als Abfolge von Einzelbildern vom Bildschirm abfotografiert (Belichtungszeit nicht kürzer als 1/30 Sekunde und mehrere Aufnahmen pro Einstellung machen!).

Zufallsanregung

Aus dem Kreativitätstraining bekannte Methode, nach der festgefahrene Denk- oder Verhaltensmuster dadurch aufgebrochen werden sollen, dass völlig andere, zufällig hinzugezogene Reizwörter, Lexikon-Artikel, Erfahrungsbereiche zur Problemlösung herangezogen werden. Auf die Filmarbeit übertragen, ist denkbar, eine Filmsequenz mit einer aus einem anderen, willkürlich herausgegriffenen – unbekannten – Film zu vergleichen. Je verschiedener dabei die Genres, Entstehungszeiten, Machart … sind, desto besser. So ist beispielsweise eine Kontrastierung der Filmsequenz mit einem Nachrichten- oder Werbespot besonders ergiebig.

Filme aus Film

Bestimmte Sequenzen bilden die Grundlage dafür, einen anderen Film zu konzipieren. Personen, Konflikte, Handlungsorte … der ausgesuchten Sequenz sind die „Zutaten" für eine ähnliche oder auch ganz andere Geschichte, für die ein Plot entwickelt werden soll.

(Filmtitel) II/III/IV …:

Die Schülerinnen und Schüler nehmen einen Film zum Anlass, eine Fortsetzung oder eine Serie zu planen. Ein entsprechender Plot oder ein Treatment werden entwickelt. Besonderes Interesse liegt dabei auf der Frage, welche Handlungsstränge, welche Figuren und welche Motive für eine Fortsetzung besonders interessant sind. Was ist interessant für die Schülerinnen und Schüler selbst, und was könnte für ein anderes Publikum interessant sein?

Gestalterische Weiterentwicklung

Inszenierung

Filmszenen bilden die Grundlage für eine Inszenierung in der Klasse. Szenen werden nachgespielt, variiert, verfremdet, Übergänge erfunden, das Personenensemble wird erweitert, verändert … Alle Ideen für eine theatralische Umsetzung von der möglichst genauen Imitation über Pantomime bis hin zur szenischen Improvisation sind zugelassen.

Inspirationsquelle Film

Der Film oder die Filmsequenz dienen als Anregung für eine nicht-filmische Gestaltung: Die Schülerinnen und Schüler malen ein Bild, erstellen eine Plastik, fotografieren … Der Bezug zum Filmbeispiel kann dabei mehr oder weniger direkt sein, er sollte aber im Klassenplenum besprochen werden.

Video zum Film

Der Film oder einzelne Motive des Films dienen als Inspirationsquelle für die Erstellung eines eigenen Videos. Eine Nähe zum Filmbeispiel ist nicht unbedingt intendiert, eher das Gegenteil.

Trailer

Die Schülerinnen und Schüler entwerfen einen Werbetrailer zu dem Film. Dabei arbeiten sie ausschließlich mit authentischen Filmsequenzen, die sie entsprechend montieren. Je nach den vorhandenen technischen Möglichkeiten kann sich dies darauf beschränken, die entsprechenden Sequenzen hintereinander zu kopieren oder mit Hilfe von Computer-Tricks zu bearbeiten bzw. zu verfremden. Unabhängig von den visuellen Bearbeitungsformen kann dabei dem unterlegten sprachlichen Kommentar eine besondere Rolle zukommen.

Filmplakat

Für eine Werbekampagne entwickeln die Schülerinnen und Schüler nach Möglichkeit mit Hilfe eines DTP-Programms ein Foto bzw. ein Filmplakat. Adaption, Bearbeitung, Verfremdung und Persiflage des Originalplakats sind denkbar.

Collage

Anhand von Bild- und Textausschnitten z. B. aus Programm-, Video- oder Filmzeitschriften und eventuell von eigenem Material (gescannte und entsprechend verarbeitete Bilder, Foto-Reproduktionen von Filmausschnitten) wird eine Bild-Text-Collage zu dem Film erstellt. Das Thema und der Bezug zum Film sollten möglichst offen gehalten sein.

Hörbild

Der Original-Ton des Films wird weiterverarbeitet, indem man z. B. mit den O-Tönen eine Hörcollage erstellt, das Ausgangsmaterial verfremdet, andere Geräusche und unterschiedliche Musikstile untermischt. Über die jeweils unterschiedliche Wirkung tauscht man sich in der Klasse aus.

O-Töne – Oh Töne!

Die Bilder einer Filmsequenz werden mit anderen Tönen, mit anderer Sprache unterlegt, z. B. mit einer anderen „Atmo", einer anderen Sprache, einem anderen Sprachstil, einer anderen Stimme, anderer Musik (passend – unpassend – verfremdend zu grotesker, ironischer, karikierender Wirkung).

Die Umkehrung bietet ebenfalls eine Reihe von Transformationen: Den O-Tönen werden Filmbilder zugemischt, die entweder aus demselben Film oder aus Fremdmaterial stammen, das man gezielt oder wahllos aus dem alltäglichen Fernsehprogramm entnehmen kann.

Bilder-Puzzle

Die Bilder einer Filmsequenz werden durch Inserts, durch Dehnung oder Straffung, durch Zumischung von Fremdmaterial, durch Computeranimationen bearbeitet, sodass ein neuer Film entsteht.

Mediamorphose

Die Zeichendramaturgie des Films bzw. der Filmsequenz wird transformiert in grafische Formen, Farbskalen, Zeichnungen, Bilder, Tonfolgen, Geräusche, Lieder, Gedichte, Kurztexte … Hierbei kommt es weniger auf eine Reproduktion der filmischen Vorlage an. Vielmehr sollen Aussagen, Assoziationen und Stimmungen der Vorlage mit anderen gestalterischen Möglichkeiten aufgegriffen und umgesetzt werden.

2. Filme sehen und verstehen: z. B. *Der Club der toten Dichter*

Filmbetrachtung

In der Regel wird über Filme spontan geurteilt, durch beifällige oder abschätzige Bemerkungen, durch Äußerungen wie: „Das ist aber ein blöder/langweiliger/toller/spannender Film." Befragt nach den Gründen, warum sie diesen oder jenen Film gut oder schlecht finden, äußern die meisten Sympathie für oder Abneigung gegen bestimmte Genres, Schauspieler, Stoffe – oder es bleibt beim Achselzucken. Stilistische Merkmale und Besonderheiten eines Film spielen bei solchen spontanen Geschmacksurteilen erfahrungsgemäß nur dann eine Rolle, wenn sie als dominante, auffällige Gestaltungsmerkmale auftreten. So steht etwa bei der durchgehend positiven bis enthusiastischen Rezeption eines Film wie *Spiel mir das Lied vom Tod* (Regie: Sergio Leone, 1968) die suggestive Filmmusik von Ennio Morricone an vorderster Stelle aller Äußerungen zum Film.

Jenseits solch unmittelbarer Geschmacksurteile „aus dem Bauch" sollte es Ziel einer medienpädagogischen Beschäftigung mit Filmen sein, sich mit ihnen auf eine intensivere und genauere Art zu befassen, als das bei schnellem Urteilen möglich ist. Ein erster und wichtiger Schritt dazu besteht darin, subjektive Befindlichkeiten und spontane Reaktionen zunächst einmal außen vor zu lassen und sich möglichst vorurteilsfrei auf einen Film einzulassen. Dieses Sich-Einlassen ist methodisch nichts anderes als ein genaues Hinsehen, eine Art der gezielten Aufmerksamkeit für Details, die bei der „normalen" Zuschauersituation vor der Leinwand oder dem Bildschirm nicht herzustellen ist.

Eine solche Art des konzentrierten Hinsehens wird in der Medienpädagogik bei Filmen erst durch den Videorekorder möglich, der es gestattet, Szenen und Einstellungen zu wiederholen und einzelne Einstellungen als Standbild zu analysieren. Damit ist im Medium Film erst jetzt etwas möglich, was es im Kunstunterricht schon lange gibt: das genaue Betrachten eines Bildes. Filmbetrachtung als Blickschulung könnte man das Ziel dieses Verfahrens nennen, wobei bewusst der Begriff der Filmanalyse vermieden wird: Analyse ist zum einen mehr als Betrachtung, zum anderen liegen inzwischen so viele unterschiedliche Analysemodelle für Wissenschaft und Unterricht vor, dass sie in der Unterrichtspraxis eher desorientieren als dass sie praktische Handlungsanleitung sind. Die folgende Filmbetrachtung versteht sich also weniger als modellhafte Filmanalyse, sondern mehr als Anregung und Ermunterung, sich auf eine bestimmte Art der Filmbetrachtung am Beispiel eines Films einzulassen. Damit einher geht der Anspruch, dass es sich hier auch um ein geeignetes und auf andere Filme übertragbares Verfahren handelt, wie man sich im Unterricht mit Filmen auseinander setzen kann. Bevor es in medias res geht, sind aber noch einige Begriffserklärungen notwendig.

Film als Text

Bei allen Unterschieden in der wissenschaftlichen Beschäftigung mit Filmen herrscht im Sprachgebrauch weitgehende Übereinstimmung darin, von Filmen als von Texten zu sprechen. Damit ist gemeint, dass Filme, genauso wie literarische Texte, ein gegliedertes, nach bestimmten Regeln und Codes strukturiertes Zeichensystem darstellen, dessen wesentliche Funktion darin besteht, für den Nutzer des Textes, den Leser oder Zuschauer, Bedeutungen herzustellen. Dabei kann die Bedeutung für alle Nutzer sehr eindeutig sein, wie das bei einer Gebrauchsanweisung der Fall ist: Ihre einzige Bedeutung besteht in der Regel darin, die Funktionsweise eines Gerätes zu erklären. In solch einem Fall spricht man von einem pragmatischen Text.

Anders verhält es sich mit Texten, die in ihrer Bedeutung nicht so eindeutig festgelegt sind, die keine abgeschlossenen Bedeutungen haben, die man „objektiv" aus dem Text ableiten könnte. Das gilt für alle so genannten fiktionalen oder offenen Texte wie Gedichte, Romane oder Spielfilme, die sich durch mehr als eine Bedeutung auszeichnen. Um dieses Mehrdeutigkeitspotential von offenen Texten analytisch „in den Begriff" zu bekommen, bedient sich die wissenschaftliche Filmanalyse schon seit längerem der Unterscheidung zwischen manifesten und latenten Bedeutungen. Die Bedeutungsvielfalt eines offenen filmischen Textes wird dabei als ein Zusammenwirken zwischen offen zu Tage liegenden und „versteckten" Bedeutungen verstanden, als ein Zusammenspiel von Text und Subtexten.

Filmische Subtexte

Mit dem Begriff des Subtextes kommt die praktische Filmbetrachtung ins Spiel. Mit Subtexten sind diejenigen Ebenen eines offenen Textes gemeint, die der Zuschauer in der Regel nicht bewusst wahrnimmt, die aber dennoch seine Rezeption steuern. Subtexte sind nachweisbar Teil der Komposition eines offenen Textes, d. h., dass sie nicht in den Text „hinein"-interpretiert werden können, sondern im Zuge einer intensiven „Lektüre" rekonstruiert werden müssen. Das ist wie eine detektivische Recherche nach latenten Strukturen, die beim Film, beim filmischen Text fast immer audiovisueller Natur sind. Filmische Subtexte entfalten ihre Bedeutung über Lichtführung, Position der Kamera, räumliche Perspektive, Farbgebung, Geräusche, Musik etc.

Je weniger ein Film mit solchen Subtexten operiert, um so mehr wirkt er atmosphärisch steril, um so stärker vertraut er auf den Dialog und auf die Schauspieler. Subtexte garantieren Vielschichtigkeit und Mehrdimensionalität oder, um es mit einem plastischen Begriff zu sagen: Sinnlichkeit. Filmbetrachtung besteht weitgehend darin, solche Subtexte aufzuspüren. Das sei im Folgenden am Beispiel von *Der Club der toten Dichter* demonstriert.

Ein Film, genauer betrachtet

Da der 1988 in den USA unter der Regie von Peter Weir entstandene *Dead Poets Society* ein Film ist, der sowohl bei Schülern wie bei Lehrern bekannt und beliebt ist, lässt er sich vorzüglich als Referenzfilm zur genaueren Betrachtung nutzen. Thema und Handlung des im Folgenden kurz *Club* genannten Films werden als bekannt vorausgesetzt – was auch bedeutet, dass die kontroverse und gerade in Lehrerkreisen beliebte Diskussion um die Figur des von Robin Williams verkörperten Lehrers mit dem alternativen Charisma, John Keating, hier nicht Thema ist. Es sei in diesem Zusammenhang nur so viel angemerkt, dass der Hollywood-Star Robin Williams in der Rolle des umschwärmten Lehrers die mit dieser Figur verbundenen pädagogischen und moralischen Fragwürdigkeiten erst gar nicht anklingen lässt: Als Vertreter des komischen Fachs betont er eher die clownesken und turbulenten Facetten der Rolle als andere denkbare Aspekte. Ein anderer Schauspieler hätte vielleicht stärker das Porträt eines in akademische Mittelmäßigkeit versackten Lehrers herausgearbeitet, der die unkonventionelle Lebensweisheit anpreist, nach der er selbst nicht gelebt hat.

Bleiben wir aber auf der audiovisuellen Ebene des Films, die bei genauer Durchleuchtung allerdings stichhaltige Hinweise für solche und andere Interpretationen liefern kann. Mit dem Begriff der Durchleuchtung ist schon ein zentrales Gestaltungsmerkmal nicht nur dieses Film angesprochen: Die Insze-

Robin Williams als John Keating: ein Lehrer mit alternativem Charisma.

nierung des Lichts ist überall dort von überragender Bedeutung, wo Filme gezielt und kalkuliert mit den atmosphärischen Möglichkeiten des Lichts arbeiten. Um es in der zu Beginn erläuterten Terminologie zu formulieren: Licht kann ein wichtiger Subtext des filmischen Textes sein.

Subtext Licht

Im *Club* ist das Licht nicht irgendwie da, sondern wird in den einzelnen Szenen planvoll eingesetzt. Das betrifft in erster Linie das künstliche Licht, das Studiolicht bei Innenaufnahmen. Bis zum Abend der Theaterpremiere herrscht warmes Licht vor, das die Strenge des Internatslebens mildert: Es ist ein Licht, das von Tischlampen und Stehlampen verbreitet wird. Das erste Licht, das im Film angemacht wird, ist ebenfalls eine warmes Licht, das Licht einer Kerze. Es ist das Licht des Wissens, wie der Schulleiter vor den versammelten Eltern und Schülern zu Beginn des neuen Schuljahres erläutert.

Es erleuchtet vor allem einen zentralen Schauplatz des Films, das Klassenzimmer. Obwohl selbst bei herbstlichem Tageslicht alle Deckenlampen an sind, ist der Raum nicht durch das elektrische Licht bestimmt (wie das in fast allen Fernsehfilmen in vergleichbarer räumlicher Umgebung der Fall wäre), sondern

Weir nutzt in dieser Schlüsselszene Kunstlicht und natürliches Licht sowie die dynamische Kraft der Vertikalen virtuos aus.

durch eine *Mischung* von Kunstlicht und natürlichem Licht, das durch die auffällig großen Fenster des Klassenzimmers in den Raum flutet. Es ist ein gleichzeitig klares wie warmes Licht, ein atmosphärisches Licht. Es ist eine kalkulierte Lichtstimmung, die sich als Subtext vom Beginn des Films bis zum dramaturgischen Wendepunkt der Theatervorstellung durchzieht.

Dieser Subtext wird am Ende der Theatervorstellung durch einen neuen Subtext, eine neue Lichtstimmung abgelöst, die bis zur triumphalen Schluss-Szene im Klassenzimmer durchgehalten wird. Als der den Puck aus Shakespeares *Sommernachtstraum* spielende Schüler Neil nach dem Schlussapplaus vor den Vorhang tritt, liegt das Licht eines Scheinwerfers voll auf seinem Gesicht wie auf dem seines zornigen Vaters. Das macht die Gesichter hart und starr. Später sieht man Neil dann kurz vor seinem Selbstmord in ein blaues, kaltes, seinen nackten Oberkörper plastisch modellierendes Licht getaucht, das aus der Dunkelheit ins Zimmer fällt. Es ist dasselbe Licht, in das in Horrorfilmen nächtliche Friedhöfe getaucht sind.

Am Tag nach dem Selbstmord sitzt John Keating im verlassenen Klassenzimmer, den Kopf vor Gram gebeugt. Die Deckenbeleuchtung ist zum ersten Mal im Film ausgeschaltet, sodass trübes und kaltes Winterlicht ungehindert durch die Fenster einfallen kann. Erst in der auftrumpfenden Schluss-Szene ist die Deckenbeleuchtung wieder voll eingeschaltet.

Subtext Natur

Ein ähnlich atmosphärischer Subtext wie beim Licht wird im Film auch in den Außenaufnahmen aufgebaut. Es ist der Wechsel der Jahreszeiten, der hier einen wichtigen stimmungsmäßigen Subtext ausmacht. Die glühenden Farben des Herbstes, des nordamerikanischen Indian summer, dominieren die Landschaftsaufnahmen bis zum Abend der Theaterpremiere, als es zum ersten Mal leicht zu schneien beginnt. Als Neil vor dem Theater ins Auto seines Vaters verfrachtet wird, hat schon heftiger Schneefall eingesetzt. Im Verlauf dieser Nacht, in der Neil sich aus Verzweiflung das Leben nimmt, setzt der Winter plötzlich und heftig ein. Als die Mitschüler aus dem Geheimbund des „Clubs der toten Dichter" am nächsten Morgen von Neils Selbstmord erfahren, treten sie ins Freie: Die Natur ist in konturloses Weiß gehüllt, wie von einem Leichentuch bedeckt. Als einer der Schüler in die weiße Weite taumelt, um mit seinem Schmerz allein zu sein, sieht man ihn in einer Bildtotalen als kleine schwarze Figur im Hintergrund des Bildes, verloren in der Schneewüste. Wie ein fernes Echo des „Wanderers im Nebelmeer" von Caspar David Friedrich wirkt diese Einstellung, die zusätzlich noch mit einer melancholischen Flötenweise unterlegt ist.

Das Wetter gehorcht hier einer Regie, die aus Naturlandschaften Seelenlandschaften macht. Das ist im Kino wie in der Malerei und der Literatur ein vertrautes atmosphärisches Mittel, um Gemütszuständen und seelischen Stimmungen durch entsprechende Naturstimmungen gesteigerte Intensität zu verleihen. Immer dann, wenn dieser Subtext so auffällig inszeniert wird, dass er seinen Status als Subtext verliert, ist die Gefahr des Kitsches, der Rührseligkeit nahe. Ein Subtext definiert sich ja gerade dadurch, dass er unter der Schwelle der bewussten Wahrnehmung in einen Text eingebaut ist. Wird er in der spontanen und nichtanalytischen Rezeption als solcher bewusst wahrgenommen, funktioniert er schon nicht mehr als Subtext. Was die zur Handlung passenden jahreszeitlichen Stimmungen im *Club* betrifft, ist es eine Sache der individuellen Rezeption, ob solche symbolischen Umschläge von Herbst und Winter nicht schon als zu plakativ, d. h. zu auffällig inszeniert, empfunden werden.

Keine Frage dürfte das in der Szene etwa in der Mitte des Films sein, in der die Schüler ihren verehrten Lehrer auf Händen über den Sportplatz tragen. In leuchtend rote Trikots gekleidet, mit einer blutrot untergehenden Sonne im Hintergrund, schwingt sich der Film zu einer wahren Orgie von flammendem Rot, der Farbe der Leidenschaft, auf. Als wäre es noch nicht genug der aufwallenden Freude, ertönt auch noch Beethovens „Freude, schöner Götterfunken". Diese hochgradig emotional inszenierte Szene, deren Wirkung man sich vor allem im Kino kaum entziehen kann (auf dem Bildschirm verkümmert sie ziemlich), ist alles andere als ein Subtext. Ebenso wie die auf emotionale Effekte hin inszenierte Schluss-Szene ist sie dramaturgisch exponiert und wirkt um so stärker, als der Rest des Films weitgehend mit Subtexten arbeitet. Neben den Licht- und Naturstimmungen sei als drittes Beispiel für einen atmosphärischen Subtext auf die visuelle Komposition der Einstellungen hingewiesen, die vor allem das Raumgefühl stimulieren.

Subtext Raum

Schüler und Lehrer agieren im *Club* in einem räumlichen Umfeld, das vor allem durch Enge gekennzeichnet ist. Gänge, Flure, Zimmer – alle Räumlichkeiten in dieser einem klassischen englischen College nachempfundenen Schule haben eine bedrückende Enge, die dem Bewegungsdrang der Schüler enge Grenzen setzt. Diese räumliche Enge passt zur hierarchischen und autoritären Struktur der Welton Academy, die im wahrsten Sinne des Wortes kaum jemandem Raum zur Entfaltung lässt. Die einschränkende und einschüchternde Aura dieser Erziehungsanstalt wird noch dadurch verstärkt, dass bei feierlichen Zeremonien wie den Szenen in der Aula der Schule, im Speisesaal und im Verhörzimmer am Schluss mit symmetrisch angeordneten Bildtotalen gearbeitet wird, die Strenge und Kälte ausstrahlen – nicht zuletzt auch durch die Verwendung von Weitwinkelobjektiven, die die natürliche Raumwahrnehmung, die keineswegs symmetrisch ist, perspektivisch verfremden. Aus der Wahrnehmungslehre ist bekannt, dass die Waagerechte die konstitutive Bezugslinie der Wahrnehmung ist, die die Psyche stabilisiert. Die natürliche Wahrnehmungsachse ist der Horizont. Wo er ins Rutschen kommt, wie bei starkem Wellengang auf dem Meer, stellt sich Seekrankheit ein.

Der Mensch nimmt horizontal, nicht vertikal wahr. Demgegenüber ist die Vertikale als unnatürliche Wahrnehmungsachse angstbesetzt. Viele Thriller und Horrorfilme bedienen sich der dramaturgischen Dominanz der Vertikalen, weshalb so viele dramatische Szenen in Fahrstühlen, auf Hochhausdächern oder auf Felsenklippen spielen. Auch die vertikale und darüber hinaus auch noch symmetrische Komposition der Bilder im *Club* bedient sich dieser Beklemmung auslösenden Kraft der Vertikalen. Es sind allerdings statische Arrangements, die diesen Subtext bilden. Dort, wo sie in Bewegung geraten, wird deutlich, dass die Vertikale nicht nur angstbesetzt, sondern auch dynamischer als die Horizontale ist.

Wenn Peter Weir die Schüler im Klassenzimmer mehrmals auf die Pulte steigen lässt, was er dann in der Schluss-Szene als Protestakt der Schüler wiederholt, bedient er sich effektvoll der dynamischen Kraft der Vertikalen. Fraglich ist allerdings, ob vertikale Auf- und Abwärtsbewegungen wie Steigen, Klettern,

Die kraftvolle Wiederholung der Schlüsselszene „trägt" den bewegenden Schluss des Films.

Fallen oder Springen noch einen Subtext bilden können, da ihre auffällige Dynamik sehr direkt wahrgenommen wird. Da das Auge viel stärker auf Bewegungsreize als auf Statik reagiert, sind Subtexte fast immer visuelle Arrangements von Einstellungen, in denen Bewegung als ein Phänomen der Oberfläche des filmischen Textes abläuft, während die zu Grunde liegenden Strukturen durch Subtexte aufgebaut werden.

Subtexte und Filmbetrachtung

Mit den konträren Lichtstimmungen, dem jähen Wechsel der Jahreszeiten und den engen und strengen vertikalen Strukturen der Innenräume sind drei visuelle Subtexte dieses Films herausgearbeitet worden, die eine wichtige dramaturgische Funktion erfüllen: Sie akzentuieren und verstärken in der Tiefenstruktur auf nonverbale, sinnliche Art und Weise das filmische Geschehen an der Oberfläche des „Textes". Die Subtexte ziehen sich durch Teile des Films wie ein roter Faden durch eine textile Struktur. Sie sind für die Stimmung, die Atmosphäre eines Films von eminenter Bedeutung. Aber sie entziehen sich der unmittelbaren Identifizierung, da ihre Bestimmung gerade darin liegt, nicht bewusst wahrgenommen zu werden. Es ist wie beim Hundertmarkschein: Erst wenn man ihn gegen das Licht hält, erkennt man das Wasserzeichen. Subtexte, so sie im Text vorkommen, erkennt man, indem man – metaphorisch gesprochen – den Text durchleuchtet. Der *Club* ist ein Film, bei dem sich diese Durchleuchtung lohnt, denn er operiert mit einer Reihe von Subtexten, von denen noch längst nicht alle vorgestellt worden sind. Entscheidend ist dabei, dass sich diese Subtexte ohne Zusatzwissen über Kontextbedingungen erschließen lassen. Dies ist auch Ausdruck und Bestätigung der anfangs erwähnten Definition von Filmbetrachtung als der detektivischen Suche nach latenten Strukturen. Ein genaues mehrfaches Hinsehen und ein Sortieren der Beobachtungen lassen den Film in einem ganz anderen Licht erscheinen. Damit ist man immer noch auf der rein deskriptiven Ebene, aber auf einer sehr gesicherten, durch die Wahrnehmung des zweiten, des analytischen Blicks gewonnenen Grundlage. Dazu im Folgenden noch ein paar praktische Tipps!

Man schaue sich eine Videokassette des *Clubs* an und versuche, die drei eben „herauspräparierten" Subtexte nachzuvollziehen, indem man regen Gebrauch von der Pausentaste, den Vor- und Rücklauftasten macht. Wer den Film noch nicht kennt, ist gut beraten, die vorliegenden Anregungen zu vergessen und sie sich erst nach Anschauen des ganzen Films wieder vorzunehmen. Auf die Art und Weise ergibt sich wahrscheinlich schon ein Gespür dafür, wie genau und gezielt man hinschauen muss.

Man nehme sich dann seinen Lieblingsfilm, soweit er auf Kassette verfügbar ist, und notiere sich Einstellung für Einstellung, Szene für Szene mit der entsprechenden Angabe des Zählwerks am Videorekorder, alles das, was einem irgendwie auffällt. Dabei geht es weniger um Handlung und Dialoge, sondern um solche Dinge wie Helligkeit, Kameraperspektive, Einstellungsgröße, Rauminteriers, Farben, Geräusche, Töne und Musik, aber auch solche Polaritäten wie Horizontale und Vertikale, hell und dunkel, innen und außen, oben und unten. Auch hier gilt: Übung macht den Meister. Je häufiger solche Filmbetrachtungen vorgenommen werden, umso schärfer wird der Blick für jene inszenatorischen Feinheiten, die in Form von Subtexten den atmosphärischen Resonanzboden eines Films ausmachen können.

Dabei kann es methodisch sehr hilfreich sein, den Film als einen Text mit Subtexten zu begreifen, dessen Strukturen es transparent zu machen gilt. Von den „Schöpfern" des Films – Regisseur, Schauspieler, Kameramann etc. – wird abstrahiert und der Film als ein Regelwerk begriffen, das man sich erarbeiten kann. Diese Regeln dann in einem zweiten Schritt auf Personen, Intentionen, Traditionen und Konventionen zurückzuführen ist ein Prozess der filmischen Analyse, der nur mit Kontextwissen geleistet werden kann. Auf den *Club* bezogen, hieße das etwa, bestimmte Motive des Films als typisch für den Regisseur Peter Weir aufzuzeigen – was erst bei Kenntnis seiner vorhergehenden Filme möglich wäre. Oder den Einfluss der Produktionsfirma Touchstone, einer Tochter des Disney-Konzerns, auf den Film deutlich zu machen: Es ist kein Zufall, dass der Film sich peinlich genau bemüht, jeden auch nur vagen Anschein einer homoerotischen Komponente im Verhältnis von John Keating zu seinen ihn anhimmelnden Schülern gar nicht erst aufkommen zu lassen. Und und und …

Filmbetrachtung ist zwar weniger umfassend als Filmanalyse, dafür lässt sie sich aber ohne wissenschaftlichen Apparat durch übende Betrachtung erlernen. In Zeiten der audiovisuellen Reizüberflutung kann das Ziel des genauen Hinsehens aber durchaus ein sinnvolles Ziel medienpädagogischer Aktivität sein. Insofern verstehen sich diese Ausführungen auch als Ermunterung, es mit der Filmbetrachtung einmal im Unterricht zu versuchen. Sehr ergiebig ist die Untersuchung der Subtexte anderer audiovisueller Genres wie Werbespots und Videoclips.

Ernst Schreckenberg

3. Schauplatz Schule – Ein Streifzug durch Filme zum Thema Schule

Die Schule ist ein immer wiederkehrender Schauplatz in Spielfilmen, sodass man fast schon von einem eigenen thematischen Genre sprechen kann. Als ein Raum mit eigenen Regeln und Hierarchien zwischen Lehrern und Schülern und zwischen Schülern untereinander eignet sich die Schule bestens zur Inszenierung dramatischer Konflikte, aber auch komischer Verwicklungen. Wobei der Begriff des Raums eine sehr konkrete Bedeutung hat: Vieles spielt sich im Klassenzimmer ab, oft ein zentraler Ort des Geschehens. Wem fielen da nicht sofort Filme wie *Die Feuerzangenbowle* oder *Das fliegende Klassenzimmer* ein, die das Bild von Schule im deutschen Film stark geprägt haben.

Im Mittelpunkt vieler Schulfilme steht ein Lehrer oder eine Lehrerin, die sich in schwieriger, oft auch feindseliger Umgebung durchsetzen müssen. Den meisten gelingt es im Verlauf des Films dann auch, missgünstige Kollegen und widerborstige Schüler für sich und damit auch für ein von ihnen vertretenes pädagogisches Konzept einzunehmen. Musterbeispiel eines solchen Pädagogen ist John Keating in *Der Club der toten Dichter* (siehe Kapitel 4.2). Gerade das amerikanische Kino liebt auch jene optimistischen Lehrer, die sich, bevorzugt in sozialen Brennpunkten, der Getto-Kids annehmen, um aus ihnen doch noch wertvolle Mitglieder der Gesellschaft zu machen. Ein früher Vertreter dieser Filme war *Blackboard Jungle* von 1955, der unter dem Titel *Saat der Gewalt* seinerzeit im deutschen Kino Furore machte. Zum ersten Mal kam hier

Gewalt in der Schule auf die Leinwand, angeheizt noch durch den legendären Titelsong des Films, Bill Haleys „Rock around the clock". Die von Glenn Ford verkörperte Rolle des unerschrockenen Lehrers, der sich auch von Gewalt nicht einschüchtern lässt, wurde in zahlreichen Filmen immer wieder variiert. Jüngstes Beispiel ist Michelle Pfeiffer in *Dangerous Minds*, die sich, anders als ihre altjüngferlichen Vorläuferinnen im amerikanischen Kino, bei ihren Getto-Kids mit Karatekenntnissen und Rap-Musik Respekt verschafft.

Wie aus einer anderen Welt wirken demgegenüber jene Lehrer, die sich in unzugänglichen Regionen, weitab jeder urbanen Zivilisation, um die elementarste Vermittlung von Wissen bemühen. Davon erzählt etwa der sowjetische Film *Der erste Lehrer* (nach dem gleichnamigen Roman von Tschingis Aitmatow), der in den Zwanzigerjahren in einem kirgisischen Bergdorf spielt. Ein ganz ähnlicher Film ist *Eine Saison in Hakkari*, in dem ein Lehrer in ein während der Wintermonate völlig von der Außenwelt abgeschlossenes kurdisches Bergdorf strafversetzt wird. Dieselbe Konstellation findet man auch im chinesischen Film *König der Kinder*, in dem der Lehrer gegen die Trägheit und Lethargie der Verhältnisse in einem chinesischen Dorf ankämpft, indem er die Kinder in der primitiv eingerichteten Dorfschule zu Fantasie und Kreativität ermuntert. Alle diese Filme, zu denen auch einige neuere afrikanische und iranische Filme zählen, sind weit vom unverwüstlichen und sehr amerikanischen pädagogischen Optimismus der Filme aus Hollywood entfernt. Auch ihre Erzählweise, ihr Erzählrhythmus sind ganz anders, viel langsamer und ausholender, sodass der Zuschauer sich intensiver auf sie einlassen muss. Nicht dass sie unbedingt realistischer wären – aber sie entwickeln eine eigene filmische Poesie.

Neben dem idealistischen Lehrer gibt es auch noch den gebrochenen Lehrer, wie ihn Emil Jannings in *Der blaue Engel* so eindrucksvoll verkörpert hat. Ein zumindest im angelsächsischen Raum berühmtes Beispiel ist *Konflikt des Herzens (The Browning version)*, in dem Michael Redgrave das faszinierende Porträt eines vom Leben und von seinen Schülern enttäuschten Lehrers entwirft. Es kommt selten vor, dass ein Remake die Qualitäten des Originals erreicht, doch auf den 1994 gedrehten Film mit Albert Finney in der Hauptrolle trifft das zu. In deutschen Kinos lief er unter dem Titel *Schrei in die Vergangenheit*.

Neben den um Anerkennung ringenden Lehrern ist es vor allem ein institutionelles Modell von Schule, das vielen Schulfilmen zu Grunde liegt: die Schule als autoritäre Zuchtanstalt. Den Grundton dazu hat einer der berühmtesten französischen Filme angeschlagen, der 1933 entstandene *Zéro de conduite (Betragen ungenügend)* von Jean Vigo. Im Mittelpunkt steht die Revolte der Schüler in einem französischen Provinzinternat gegen die autoritäre Schulleitung. Gerade das Modell des gegen die Außenwelt abgeschotteten Internats hat Filmemacher immer wieder gereizt, hinter diesen Mauern die grundlegenden gesellschaftlichen Konflikte von Autorität und Rebellion, von Unterdrückung und Gegenwehr durchzuspielen. Bekanntestes Beispiel dürfte immer noch Lindsay Andersons 1968 gedrehte satirische Attacke *If* ... sein, die die Rebellion der Schüler in einem britischen Elite-Internat in einem blutigen, fast surrealistischen Finale enden lässt. Wenn Peter Weir im *Club der toten Dichter* den schüchternen Schüler, der zum Schluss des Films als erster zum Zeichen des Protests auf sein Pult steigt, Anderson nennt, so ist das eine Reverenz an den Regisseur von *If* ...

Deutsche Internatsfilme können nicht auf diese in Jahrhunderten gewachsene, durch strenge Rituale geregelte Welt der Internate und Kadettenanstalten zurückgreifen, die einen idealen dramaturgischen Rahmen für Rebellion abgeben. In deutschen Filmen ist das Internat eher Schauplatz gedämpfter pubertärer und erotischer Konflikte, wie etwa in der Musil-Verfilmung *Der junge Törless* von Volker Schlöndorff. Weniger gesellschaftskritisch als psychologisch greift Schlöndorff das Thema der gruppendynamischen Gewalt gegen Außenseiter und des schuldhaften Mitläufertums auf. Ein bis heute in der Inszenierung unerreichter Internatsfilm ist allerdings *Mädchen in Uniform* von 1931 (nicht das Remake von 1958), in dem der Drill einer preußischen Erziehungsanstalt für Mädchen mit der schwärmerischen Liebe eines Mädchens für ihre Lehrerin in Konflikt gerät. Ansonsten wurden Rebellionen von Schülern in deutschen Filmen von Theaterregisseuren inszeniert, wie 1968, auf dem Höhepunkt der Studentenrevolte, *Ich bin ein Elefant, Madame* von Peter Zadek, oder 1982 von Peter Stein, der mit dem doppeldeutigen Titel *Klassen Feind* schon das Parabelhafte seiner Inszenierung betont.

Rebellionen ganz anderer Art sind da schon viel zugkräftiger im deutschen Kino gewesen. Wir sind beim urdeutschen Genre des Paukerfilms angelangt, dessen unerreichten Gipfel immer noch die *Die Feuerzangenbowle* darstellt. Das Vergnügen am „Pfeiffer mit drei f" entzündet sich vor allem an den vorzüglichen Schauspielern, die die verschrobenen Pauker verkörpern. In die Niederungen des Paukerfilms steigen dann die *Lümmel-von-der-ersten-Bank*-Filme ab, von denen zwischen 1968 und 1972 sieben Stück produziert wurden. Schulische Autoritätskonflikte drücken sich hier in Pennälerstreichen aus, die keine Peinlichkeit auslassen. Von da ist es dann nur noch ein kleiner Schritt zu den 13 Schulmädchen-Reports der Siebzigerjahre.

Spannende schulische Stoffe findet man seitdem eher in Fernsehproduktionen wie *Tod eines Schülers* oder *Der Schüler Gerber*. Ein berühmtes Beispiel der deutschen Fernsehgeschichte war Anfang der Achtzigerjahre der Tatort *Reifeprüfung*, in dem ein dynamischer Junglehrer den erotischen Verlockungen seiner Schülerin Sina (Nastassja Kinski) verfiel. Hier schließt sich wieder der Kreis zum Kino, da der Regisseur dieses Tatorts, Wolfgang Petersen, später eine große Karriere in Hollywood machen sollte.

Eine letzte Gruppe bilden die Filme, in denen Schüler große Schwierigkeiten haben, von ihren Mitschülern akzeptiert zu werden. „Kinder können ganz schön grausam sein" ist das Motto dieser Filme. Als Horrorfilm hat es Brian de Palma in *Carrie – Des Satans jüngste Tochter* inszeniert, in dem eine von allen gehänselte und verlachte Schülerin beim Schulball blutige Rache übt. Als überzeugende Tragödie eines um die Anerkennung ihrer Mitschüler kämpfenden Mädchens ist eine in der Grundkonstellation ähnliche Geschichte im sowjetischen Film *Vogelscheuche* zu sehen, einem kleinen Juwel des Genres Schule im Film. In Louis Malles *Auf Wiedersehen, Kinder* kommt eine politische Konstellation hinzu: Während der deutschen Besatzung versucht ein jüdisches Kind, sich in einem französischen Internat zu verstecken, bleibt aber von Beginn an der Außenseiter.

Ernst Schreckenberg

Chronologische Liste der zitierten Filme

Der blaue Engel
Josef von Sternberg, Deutschland 1930

Mädchen in Uniform
Leontine Sagan, Deutschland 1931

Betragen ungenügend (Zéro de conduite)
Jean Vigo, Frankreich 1933

Die Feuerzangenbowle
Helmut Weiss, Heinz Rühmann,
Deutschland 1944

Konflikt des Herzens
(The Browning version)
Anthony Asquith, England 1951

Das fliegende Klassenzimmer
Kurt Hoffmann, BRD 1954

Saat der Gewalt (Blackboard jungle)
Richard Brooks, USA 1955

Der junge Törless, Volker Schlöndorff,
BRD/Frankreich 1965

Der erste Lehrer
Andrej Michalkow-Kontschalowskij,
UdSSR 1966

If ...
Lindsay Anderson, England 1968

Ich bin ein Elefant, Madame
Peter Zadek, BRD 1968

Schulmädchen-Report
BRD 1. Teil (1970) bis 13. Teil (1980)
1. bis 8. und 11. Teil Ernst Hofbauer;
9., 10., 12. und 13. Teil Walter Boos

Carrie – Des Satans jüngste Tochter
Brian de Palma, USA 1976

Der Schüler Gerber
Wolfgang Glück,
BRD/Österreich 1980

Klassen Feind, Peter Stein, BRD 1982

Eine Saison in Hakkari
Erden Kiral, Türkei 1982/83

Vogelscheuche
Rolan Bykow, UdSSR 1983

Auf Wiedersehen, Kinder
Louis Malle, Frankreich 1987

König der Kinder
Chen Kaige, VR China 1987

Der Club der toten Dichter
Peter Weir, USA 1988

Schrei in die Vergangenheit
(The Browning version)
Mike Figgis, England 1994

Dangerous minds
John N. Smith, USA 1995

Adressen, Online- und Offline-Hilfen für die Filmarbeit

Filmlexika auf CD-ROM

	Cinemania 1997	Lexikon des internationalen Films	MovieLine	Motion Picture Guide	Cremer Filmdatenbank V. 3.0
	USA 1996	D 1996	D 1996	USA 1994	D 1996
Basis der Daten	4 Lexika	Printausgabe	Datenbank des Internet-Angebots	Printausgabe	Filmlexika, Handbücher, Zeitschriften
Anzahl Filme	20 671 Kurz-kritiken	ca. 41 000	35 000	ca. 35 000	15 099
Sprache	englisch	deutsch	deutsch	englisch	deutsch
Beson-derhei-ten	USA-lastig, kommerzielle Ausrichtung, Online-Mög-lichkeit: (http://cinemania.msn.com)	begrenzte Suchfunk-tionen	gute Such-funktion	USA-dominiert, differenzierte Suchmöglich-keiten	reine Datenbank, vierteljährliche Update-Möglichkeit

Internet

http://www.movieline.de/
Movie Line: Diese deutschsprachige Datenbank erlaubt die gezielte Recherche nach Filmtiteln, Regisseuren, Schauspielern, Genres etc.

http://uk.imbd.com
Internet Movie Database: Auch in dieser umfangreichen englischsprachigen Filmdaten-bank ist eine gezielte Recherche möglich.

http://www.stadt-frankfurt.de/dfm/
Deutsches Filmmuseum: Das sehr schöne Filmmuseum stellt seine Arbeit, seine ständigen und aktuellen Ausstellungen vor. Auch die Bibliothek des Filmmuseums stellt einige Informationen zur Verfügung.

http://voyager.paramount.com/
Paramount Filmstudios: Paramount wird stellvertretend für einige der im Internet vertretenen großen amerikanischen Filmstudios genannt. Es geht hier natürlich in erster Linie um die Unterstützung der hauseigenen Produkte. Dabei werden aber immerhin einige Informationen zur Geschichte des Studios sowie zu aktuellen Serien und Spielfilmen geliefert.

Hilfreiche Adressen und Literaturhinweise

Für die Filmarbeit in der Schule bietet der *Bundesverband für Jugend und Film e.V.* nicht nur nützliche Bücher und Materialien (Schriftenverzeichnis anfordern!) zum Kauf, sondern auch rund 250 Dokumentar- und Spielfilme in 16-mm-Kopien zur Ausleihe an.

Bundesverband für Jugend und Film e.V.
Kennedyallee 105 a
60596 Frankfurt am Main
Telefon: 0 69/6 31 27 23
Fax: 0 69/6 31 29 22

Deutsches Filmzentrum e.V.
Medienzentrum für den Staatsbürger
Dorotheenstraße 239
53119 Bonn
Telefon: 02 28/9 85 59 11
Fax: 02 28/9 85 59 22

Kinder- und Jugendfilmzentrum in der Bundesrepublik Deutschland (KJF)
Küppelstein 34
42587 Remscheid
Telefon: 0 21 91/79 42 33
Fax: 0 21 91/79 42 30

Beim *Bundesverband Jugend und Film e.V.* (Adresse s.o.) zu beziehende Materialien (Auswahl):
Teenie-Kino: Filmarbeit zwischen Kindheit und Jugend. 1993 (175 Seiten, 15,– DM).
Kamera läuft ...!: Handlungsorientierte Medienarbeit mit Kindern und Jugendlichen. 1993 (315 Seiten, 15,– DM).
Medienkompetenz: Handlungsmöglichkeiten für Kinder und Jugendliche. 1996 (144 Seiten, 28,– DM).
Darüber hinaus sind Filmbesprechungen sowie Biografien von Schauspielern und Regisseuren gegen Versandkostenerstattung erhältlich.

Faulstich, Werner: Einführung in die Filmanalyse. Tübingen 1995[5].
Fiege/Hartmann: „Zur Didaktik und Methodik der Filmanalyse in der Jugendarbeit", in: medien praktisch (1997) H. 3, S. 48–53.
Gast, Wolfgang: Film und Literatur (Grundbuch) – Einführung in Begriffe und Methoden der Filmanalyse. Frankfurt am Main 1993.
Hickethier, Knut: Film- und Fernsehanalyse. Stuttgart/Weimar 1993.
Monaco, James: Film verstehen – Kunst, Technik, Sprache, Geschichte und Theorie des Films. Reinbek 1995 (Erstausgabe 1980).
Silbermann, von/Schaaf/Adam: Filmanalyse – Grundlagen, Methoden, Didaktik. München 1980.
Schulz, Werner: Methoden der Filmauswertung – „Diskussionsmethoden, schriftliche und spielerische Methoden" – 1. Teil, in: medien praktisch (1986) H. 1, S. 22–24; 2. Teil, in: medien praktisch (1986) H. 2, S. 21–23.

Kapitel 5

Ideen zur Medienpraxis

1. Übungen zur AV-Dramaturgie und zum Drehbuchschreiben

Übungen zur Dramaturgie der Audiovision und zum Drehbuch (u. a. zum Drehbuchschreiben und -lesen) werden in der schulischen Medienerziehung zu selten praktiziert, bedenkt man, welche Möglichkeiten sie bieten: Die Schülerinnen und Schüler können hier Erfahrungen machen mit den wichtigsten Elementen des Zusammenwirkens von Bild, Text und Ton.

Für die Arbeit mit der „zwitterhaften" Textsorte Drehbuch, die schriftlich fixiert, aber für eine audiovisuelle Umsetzung gedacht ist, drängt sich eine Vielzahl von – in der Unterrichtspraxis zum Teil leicht umsetzbaren – Ansätzen für die Auseinandersetzung mit den Gestaltungsmöglichkeiten und der dramaturgischen Logik der Audiovision geradezu auf. Die wesentlichen Eckpfeiler für das Erzählen einer Filmgeschichte (Handlung, Figuren, Dialoge, Bilder, beschreibende/erklärende Passagen, dramatische Struktur) werden in dem Drehbuch festgelegt. Die Planung und Antizipation filmischen Erzählens vermittelt Erkenntnisse über die narrativen und dramatischen Strukturen, die der Audiovision zu Grunde liegen, und intensivieren das Verständnis für audiovisuelle Erzählweisen. Übungen zur Dramaturgie und zum Drehbuch sind eine ergiebige Quelle für Formen kreativen und szenischen Schreibens und für eine Vielzahl von rezeptiver und produktiver Arbeit mit erzählenden, dramatischen, journalistischen und audiovisuellen Texten.

Im Folgenden werden einige Ideen dafür vorgestellt, wie Drehbuchschreiben im Unterricht umgesetzt werden kann. Die Bandbreite dabei reicht von ersten kleinen Übungen zur Ideenfindung bis hin zu einem „filmreifen" Drehbuch. Je nach Anspruchsniveau und Zeitbudget sind die vorgestellten Konzepte für alle Klassen der Sekundarstufe I und II einsetzbar. Im Vordergrund steht die Arbeit mit (fiktionalen) Geschichten, wobei es Schülerinnen und Schülern klar sein sollte, ob das geplante Drehbuch sich auf einen Spielfilm der gängigen 90-Minuten-Länge, auf bestimmte Filmteile (wie Filmanfang, -ende) oder Szenen, auf bestimmte Planungsphasen und ihre entsprechenden Textsorten (Exposee, Treatment, Episodenplan, Drehbuch) oder etwa auf Kurzfilme bezieht.

Ideenfindung für ein Exposee

Die folgenden Übungen dienen der Ideenfindung für den Plot eines Films, für die Grundidee einer Filmgeschichte. Die Begriffe „Story" und „Filmgeschichte" werden im Folgenden synonym verwandt: Sie bezeichnen die detaillierte Ausarbeitung eines groben Handlungsrahmens: des Plots. Am Ende der Übungen steht das Exposee, das wie eine Inhaltsangabe den Filminhalt in wenigen Sätzen kurz zusammenfasst. Das fertige Exposee wird dann in der Klasse daraufhin überprüft, ob es sich um eine interessante Geschichte mit interessanten Figuren handelt, die sich zu einem interessanten Film weiterentwickeln lassen könnte. Da kaum eine Geschichte objektiv und vollkommen uninteressant ist, geht es natürlich auch um die Frage, welche Art der Umsetzung zu einem interessanten Film führt.

Bei der Ideenfindung für eine Filmgeschichte bieten sich selbstverständlich zum Teil auch die Methoden an (z. B. Brainstorming, Brainwriting, Clustering, Kugellager, Was wäre, wenn …, Zufallsanregung, Filme aus Film), die in Kapitel 4.1 (Seite 81–99) skizziert werden.

Ein Satz für den Einsatz

Der erste Satz(-teil) eines Exposees wird vorgegeben. Aus diesem Kern soll die Idee für die gesamte Filmhandlung entwickelt werden. Der erste Satz kann dabei entweder sehr allgemein gehalten sein oder schon konkrete Angaben über Ort, Zeit, Personen und Handlung enthalten.

Drei-Wort-Idee/Drei-Satz-Idee

Mehrere Gruppen beschriften jeweils mehrere Karteikarten: Auf jeder Karte stehen drei Wörter bzw. Sätze. Die Karten werden nach dem Zufallsprinzip in der Klasse verteilt. Der Text einer jeden Karte bildet die Grundlage zu einer Filmgeschichte. In Einzel-, Partner- oder Gruppenarbeit wird auf dieser schmalen Grundlage eine Filmgeschichte schriftlich (zumindest in Stichwörtern) konstruiert.

Was würde geschehen, wenn …

Eine kurze Idee wird den Schülerinnen und Schülern auf einer Karteikarte vorgegeben, sie entwickeln daraus eine Kette von Konsequenzen. Entweder haben alle die gleiche Idee als Ausgangsbasis, woraus sich dann viele, möglicherweise recht unterschiedliche Entwicklungen einer Idee ergeben. Oder das Arrangement sieht eine Vielfalt unterschiedlicher Settings vor. Bei ersterem Vorgehen – in einer nicht allzu großen Lerngruppe – bietet sich auch ein Gruppen-Brainstorming an.

Von der Story zu den Figuren

Zur grundlegenden Idee einer Story werden zunächst eine Hauptfigur, dann dazu entsprechende andere Figuren (maximal zwei bis drei) erfunden, ohne die die Story nicht funktionieren könnte. Die Frage dabei: Wer ist X, wie sieht X aus, was tut X, was muss X für Eigenschaften besitzen, damit die Geschichte funktioniert?

Von den Figuren zu der Story

Hier steht zunächst eine Figur im Vordergrund der Überlegungen, aus ihrem Typus, ihrem Charakter formt sich eine Story. Dazu zunächst die Übung: Ein bis zwei Schülerinnen oder Schüler stellen der Klasse Fragen, die die Eigenschaften einer Figur immer konkreter bestimmen. Die Klasse reagiert durch Zuruf, Vorschläge können von der gesamten Klasse weiterentwickelt oder verworfen werden. Auf diese Weise soll gemeinsam ein Persönlichkeitsprofil einer Figur entwickelt werden, das genügend Stoff für eine Filmhandlung bieten kann. Eine Protokollgruppe notiert alle Vorschläge, auf die man sich geeinigt hat, auf einer Wandzeitung oder Folie.

Die initiierenden Fragen dazu könnten z. B. lauten:

- Mann/Frau?
- Woher kommt er/sie?
- Wie alt ist er/sie?
- Was macht er/sie?
- Wie soll er/sie heißen?
- Welcher Schauspieler-Star könnte ihn/sie am besten verkörpern?

Es folgen Fragen zum persönlichen Umfeld der Figur:

- Vorgeschichte, Kindheit, Elternhaus, Geschwister, Schule, Ausbildung;
- Verwandte, Kolleginnen und Kollegen, Nachbarn;
- persönliche Vorlieben, Hobbys, Charakter, Beziehungen;
- Beruf, finanzielle Situation.

Welche Gegenspielerinnen bzw. Gegenspieler sind denkbar? Wo gibt es mögliche Konflikte? Welche Geschichte kann sich daraus entwickeln?

Filmidee-Variationen

Einer Filmrezension, einem Filmlexikoneintrag oder einer Kurzbeschreibung aus einer Fernsehzeitschrift entnimmt man einen Plot und variiert entscheidende Handlungsparameter z. B. im Personeninventar, in den Handlungsmotiven, in Bezug auf Ort und Zeit oder den Ausgang der Geschichte etc.

Titel-Geschichten

Den Schülerinnen und Schülern wird eine Reihe von (wirklichen oder fiktiven) Filmtiteln vorgegeben. Fünf bis sechs Gruppen suchen sich entsprechende Titel aus und konstruieren daraus eine Geschichte.

Plotpourri

Aus einem Filmlexikon oder einer Fernsehzeitschrift werden verschiedene Plots so miteinander vermischt, dass ein neuer entsteht. Erlaubt sind die kuriosesten, witzigsten und auch „unpassendsten" Neu-Zusammenstellungen. Im nächsten Schritt soll diese Rohmischung zu einem Plot zurechtgeschliffen werden, die eine überzeugende, spannende Geschichte erzählt.

Sprichwörter

Aus einem Sprichwort wird eine Filmgeschichte. Die Schülerinnen und Schüler denken sich einen Plot aus, der der Aussage eines Sprichwortes entspricht.

Ideendreieck

Ein Stichwort, ein Zitat, ein Satz, ein Bild … bildet das Zentrum einer Bearbeitung in einer Dreiergruppe. Jede Gruppe hat ein DIN-A3-Blatt mit einem ca. 15 cm großen Dreieck in der Mitte, in dem das entsprechende Zitat oder Stichwort aufgeschrieben wurde. Jeder Schüler bzw. jede Schülerin schreibt an einer Ecke dieses Dreiecks den Anfang einer Geschichte, die mit der zentralen Idee etwas zu tun hat. Nach fünf Minuten wechseln die Schülerinnen und Schüler die Ecke des Dreiecks und führen die Geschichte weiter, wobei sie auch die Möglichkeit haben, die Ideen der Vorgänger zu verändern oder zu verwerfen. Insgesamt sind drei bis vier Durchgänge sinnvoll. Am Ende lesen sich die drei gemeinsam die Geschichten vor und verändern eventuell gemeinsam Textstellen. Im Plenum werden alle Geschichten präsentiert. Eine wird zur Weiterbearbeitung ausgesucht.

Schlagzeile

Eine Schlagzeile aus der Tageszeitung dient dazu, eine Geschichte zu erfinden und weiterzuentwickeln. In einem weiteren Schritt lassen sich auch ähnliche oder bunt gemischte Schlagzeilen zu einer Geschichte verbinden.

Sensationstexte

Wie bei der Schlagzeile: (Mehr oder weniger) reale Sensationsgeschichten, Anekdoten, Skurrilitäten aus der Presse werden aufgegriffen und zu einer Geschichte verarbeitet.

Ideenkette

Mehrere Grundideen einer Geschichte (erster Satz, zwei Figuren, markanter Handlungsort ...) sind auf verschiedenen Blättern oder Karteikarten fixiert. Sie werden an unterschiedliche Kleingruppen von maximal sechs Schülerinnen und Schülern verteilt. Diese Gruppen formulieren der Reihe nach im Abstand von jeweils fünf Minuten die Geschichte weiter, d. h., nach jeweils fünf Minuten wird ein Vorschlag an die Nächste bzw. den Nächsten der Gruppe weitergegeben. Der Vorschlag wird aufgenommen, verändert oder fortgeschrieben. Nach mehreren Durchläufen wird die Geschichte gemeinsam abgerundet und der Klasse vorgetragen.

Konflikt-Pole

In Kleingruppen wird im Brainstorming versucht, eine möglichst umfangreiche Liste zu erstellen mit Konflikten, mit Situationen, Personen, Eigenschaften etc., die sich möglichst in einfachen Gegensatz-Polen gegenüberstehen:

- jung – alt,
- oben – unten,
- Freundschaft – Feindschaft,
- Miteinander – Gegeneinander,
- spät – früh etc.

In einem zweiten Schritt soll überlegt werden, für welchen Konflikt oder welche Konflikte man eine Geschichte weiterentwickeln möchte.

Dramaturgischer Setzkasten

An der Tafel/auf Folie/auf Karteikarten werden bestimmte Vorgaben gemacht, die für eine Geschichte bestimmend sind und aus der eine Geschichte konstruiert werden soll. Dies kann beispielsweise sein: ein Ort oder ein Milieu (z. B. Bahnhof, Kneipe, Disko, Computer-Laden, Luftkurort, Dorf in den Alpen ...), eine Zeitangabe, eine bestimmte Personenkonstellation (z. B. die Clique, Junge und Mädchen ...), ein Beispiel aus der unmittelbaren Umgebung auf die nähere Zukunft projiziert (unsere Schule, unser Viertel, unsere Stadt in fünf Jahren), ein bestimmtes Thema (Liebe, Krankheit ...), eine Berufsgruppe ...

Alltagssituationen

Aus der Lebenswelt der Schülerinnen und Schüler werden bestimmte Alltagssituationen für eine Filmgeschichte vorgeschlagen: Schule, Eltern, Freunde oder Freundinnen, Freizeit ...

Arbeit mit literarischen Vorlagen

Romananfang

Die Schülerinnen und Schüler bekommen einen Romananfang zur Vorlage mit der Aufgabe, die angefangene Geschichte zu einer zusammenhängenden Filmhandlung weiterzuentwickeln. Welchen Umfang der zur Verfügung gestellte Romananfang haben sollte, ist natürlich von Roman zu Roman unterschiedlich und von den allgemeinen Rahmenbedingungen abhängig.

Roman

Ein Roman oder bestimmte Handlungselemente und Ausschnitte eines Romans dienen dazu, eine eigene (Film-)Geschichte zu entwickeln, die mit dem Roman selber, mit seinem Handlungsgerüst nicht mehr unbedingt in Beziehung zu stehen braucht. Statt einer möglichst getreuen Literaturadaption ist dabei eher daran gedacht, den Roman(-ausschnitt) als Impuls für eigene kreative Weiterentwicklungen zu nutzen.

Klappentext

Der Klappentext einer literarischen Neuerscheinung wird zu einer Filmgeschichte umgeformt. Dabei wird besonders auf die Spezifika einer filmischen Erzählweise Wert gelegt.

Kurzgeschichte/Kurzprosa

Ein kurzer literarischer Text (z. B. Märchen, Kurzgeschichte, Fabel, Parabel ...) dient als Grundlage für eine filmische Erzählung. Auch hier sollte den Schülerinnen und Schülern klar sein, dass die literarische Vorlage für die filmische Erzählung interpretiert und modifiziert werden kann und dass eine vollkommen werktreue Umsetzung nicht möglich ist.

Drama

Von einem dramatischen Text wird ein Plot erstellt. Dabei überprüft man besonders seine Eignung für eine filmische Umsetzung. Die Frage dürfte entscheidend sein, inwieweit die Besonderheiten des Films und seine technischen Möglichkeiten andere dramaturgische Alternativen und damit Optionen für eine andere Geschichte eröffnen.

Lyrik

Lyrische Texte mit „erzählendem" Charakter (z. B. Balladen, Lieder) oder lyrische Bilder werden zu einer Filmhandlung verwandelt, wobei der Bezug zur literarischen Vorlage – je nach Reihenkontext – nicht sehr direkt sein muss.

Arbeit mit audiovisuellen Vorlagen

Bild

Beispiele aus der bildenden Kunst werden projiziert und zu einer Filmgeschichte transformiert. Hierbei bieten sich (zunächst) „handlungsstarke" Bilder mit eher gegenständlichem Charakter an. Je nach Kontext sind auch Beispiele aus der abstrakten Malerei denkbar, die einen eher assoziativen Zugang zu einer Geschichte ermöglichen.

Tagesschau/Magazin

Ein Nachrichten-Spot oder ein Beitrag einer Magazinsendung, der einen Konflikt darstellt oder von einer überraschenden, skandalösen, skurrilen Begebenheit berichtet, bilden die Grundlage für eine Filmhandlung, wobei neben den eigentlichen Handlungselementen zusätzlich die Bilder – als Standbild projiziert – eine wichtige Inspirationsquelle sein sollen.

Hörfunk-Nachricht

Aus einer Hörfunk-Nachricht wird eine Geschichte. Bieten sich hierfür zunächst Nachrichten aus dem Bereich „Vermischtes", „Klatsch und Tratsch" an, so sind auch Nachrichten aus dem „Weltgeschehen" als Grundlage für eine Filmgeschichte denkbar, die etwa die Auswirkungen der „großen" Politik im „kleinen" Alltag oder die Banalität der „großen" Politik aufzeigen könnte.

Filmanfang

Der Klasse wird ein Filmanfang (die ersten Filmsequenzen) präsentiert, aus dem eine Filmhandlung entwickelt werden soll.

Aktueller Musikhit

Der Text eines bekannten, aktuellen Musikhits wird zu einer Geschichte umgeformt, die die Grundstimmung, die möglichen Konflikte, die Personencharakteristika der Vorlage erfassen soll.

Foto/Fotoserie

Zu einem Foto wird eine entsprechende Geschichte assoziiert. Eine stärkere Vorgabe bedeutete eine Fotoserie, die bereits eine narrative Abfolge, eine Entwicklung von Handlungselementen markierte.

Werbespot/Videoclip

Der narrative Kern eines Werbespots oder Videoclips bietet sich für ein „Weiterspinnen" an. Dies gilt auch – und vielleicht gerade – für solche

Beispiele, die eher mit assoziativen Mitteln arbeiten und kaum oder keine Ansätze von linearen „erzählbaren" Elementen aufweisen.

Trailer

Der Spielfilm-Trailer, der meist in schneller Schnittfolge Bruchstücke einer Filmhandlung und bestimmte Pointen montiert, ohne dass in der Regel der Zusammenhang der Geschichte klar würde, wird zum Anlass genommen, über die Geschichte, über Handlungslinien, über die Protagonisten und Antagonisten, über die Konflikte zu spekulieren und eine eigene Story zu verfassen. Der Anspruch dabei ist nicht, möglichst genau den Plot des beworbenen Films zu treffen, sondern auf unterschiedlichen Entscheidungspfaden das dramatische Potential der Story zu erkunden. Ein anschließender Vergleich der eigenen Vorschläge für den Plot mit dem Originalfilm lässt unterschiedliche Möglichkeiten zu, über die dramaturgischen Entscheidungen des Films und ihre Wirkungen zu reflektieren.

Weiterverarbeitung der Filmidee

Die im Exposee formulierte Grundidee des Films kann in unterschiedlichen Schritten weiter aufgefächert werden.

Treatment

Das Treatment stellt eine Ausformulierung des Exposees dar. Hier werden bestimmt: der Kern einer Filmgeschichte und ihr dramaturgisches Konzept, die Intention und Abfolge der einzelnen Szenen, die genaue Beschreibung und Charakterisierung der Personen und ihre weitere Entwicklung, die Atmosphäre, insgesamt der intendierte ästhetische Eindruck. Die Szenen, die Handlungseinheiten durch Ort und Zeit, werden (in etwa) festgelegt.

Personenbeschreibung, -charakterisierung, -inventar und -konstellation

Diese Aufgabe soll einen Überblick über die Figuren der Filmhandlung verschaffen: über die Hauptperson(en), die Konstellationen, über Handlungsmotive und Vorgeschichte(n), die das aktuelle Handeln der Protagonisten erklären. Anknüpfungspunkte ergeben sich aus der oben geschilderten Übung zum Persönlichkeitsprofil einer Filmfigur. Ansetzen kann man mit einem „Steckbrief":

Figur X: äußere Merkmale (Aussehen, Verhaltensweisen, Ticks, Beruf, Beziehungen, Privatleben ...), innere Merkmale (Charaktereigenschaften, Motive, Biografie, Vorgeschichte ...). Mehrere solcher Steckbriefe lassen sich mit entsprechenden Beziehungen verbinden, indem Pfeile die unterschiedlichen Verhältnisse, die unterschiedlichen Bedürfnisse, die unterschiedlichen (parallelen oder gegenläufigen) Interessen und Zielsetzungen beschreiben. Es entsteht ein Netz von Personen, das in einer möglichen weiteren Bearbeitung die Grundlage für die entsprechende Handlung bieten kann.

Episodentabelle

Hier geht man mehr von den Handlungen aus, die die Geschichte in eine entsprechende Richtung bis zum Endpunkt vorantreiben. Zunächst werden die Fragen geklärt: Welche Konflikte hat die Geschichte, welche (Auf-)Lösung wird angestrebt? Eine Tabelle entwickelt dann die Vorwärtsbewegung von äußerer physischer und/oder psychischer und emotionaler Handlung. Diese folgt einem klaren roten Faden, bei dem das Ziel, die Auflösung der Geschichte, konsequent und logisch angestrebt wird. Daraus ergibt sich die Reihung der Episoden: „… dann und dann und dann, weil und dann, obwohl und dann, inzwischen, aber und dann, während und dann, plötzlich und dann, darum …"

Grafiken

Übersichten und Grafiken erleichtern die Arbeit und lassen für die Klasse die nötige Transparenz der Geschichte entstehen. Dies gilt für ein qualitativ aussagefähiges *Soziogramm* bei der Personenkonstellation oder für ein *Diagramm über den Gang der Handlung*, der etwa in einer Art *Partitur* mit den entsprechenden Szenen visualisiert werden kann. Dazu werden in einer horizontalen Achse die Laufzeit des Films (z. B. 90 Minuten) eingetragen, darüber in unterschiedlichen Farben die Entwicklungslinien der Hauptfiguren, der Antagonisten, Spannungskurven, in Symbolen besondere Handlungsmomente wie Actionszene, Gefahr, Liebesszene, Unglück … Dies gibt einen Überblick über Entwicklungslinien der Geschichte, über Nebenfiguren und -handlungen, über Erzählrhythmus, über noch zu füllende „Löcher" der Geschichte, über Zielgerichtetheit der Handlung, aber auch über Schwachstellen der Erzählung.

Das Drehbuch

Generell gilt: In einem Drehbuch findet sich – anders als bei dem Treatment – nur das, was in dem geplanten Film zu hören und zu sehen sein soll, d. h., Erklärungen über Motive, Hintergründe, Vorgeschichte, Einschätzungen der jeweiligen Figuren, Charakterisierungen, Psychologisierungen etc. sind nur indirekt über das sprachliche und nichtsprachliche Handeln der Figuren zu erschließen und in der Regel nicht durch entsprechende Explizierungen. Beim Drehbuchschreiben ist deshalb darauf zu achten, dass die Vorstellungen des (Film-)Betrachters oder (Drehbuch-)Lesers über die Figuren, über die Umstände des Handelns ausschließlich aus der sprachlichen und nonverbalen Kommunikation, aus den konkreten Handlungen, aus Mimik und Gestik und dem Handlungskontext abzuleiten sind. Übrigens, das Drehbuch bezieht sich immer auf das „Jetzt" der Kameraaufnahme, das Tempus ist deshalb immer das Präsens.

Eine einheitliche oder verbindliche *Form* für Drehbücher gibt es – zumindest in Europa – nicht. Im Prinzip enthalten aber alle Drehbücher – zum Teil in unterschiedlicher Reihenfolge – folgende Elemente:

- Szenennummer und eventuell Szenenbeschreibung: Im Film ist eine Szene dadurch gekennzeichnet, dass eine dramatische Handlung oder mehrere Handlungsfolgen innerhalb einer Ort- und Zeit-Einheit ablaufen. Eine Veränderung von Zeit- und/oder Ort-Parametern markiert den Beginn einer nächsten Szene; genaue Ortsangabe, innen/außen, Tageszeit.
- Regieanweisungen, Angaben zu Requisiten, eventuell Erklärungen, die beim Filmdrehen zum Verständnis der Szene beitragen können, unter Umständen Angaben zu dem, was im Hinter- und im Vordergrund passiert, gegebenenfalls Informationen zu Geräuschen …
- Figurennamen (großgeschrieben): genauer Text der einzelnen Sprechakte (eventuell mit kurzen Regieanweisungen).

In der Regel enthält das Drehbuch keine Angaben zu kameratechnischen und -ästhetischen Möglichkeiten und zur Filmmusik, die Entscheidungen dafür obliegen den entsprechenden Fachleuten bei der Umsetzung.

Die Konzeption des Drehbuchs für einen langen Spielfilm bedeutet intensive und langwierige Arbeit, die unter schulischen Bedingungen kaum zu leisten ist. Deshalb muss man sich in der Regel auf exemplarisches Arbeiten beschränken, indem lediglich für bestimmte Szenen (etwa für Schlüsselszenen oder die des Filmbeginns und -endes) die entsprechenden Drehbuchseiten ausformuliert werden.

Filmdramaturgie und Drehbuchlesen

Während die oben aufgeführten Übungen dazu dienen, in den entsprechenden Schritten ein Drehbuch oder Elemente von Drehbüchern zu konzipieren und damit durch das eigene Handeln ein Gespür für dramaturgische Fragen zu entwickeln, beschäftigen sich die folgenden mehr auf der Ebene der Verarbeitung und Analyse mit Fragen der Filmdramaturgie und der Filmrezeption. Dass die dabei gewonnenen Erkenntnisse vor allem im Bereich der dramaturgischen Grundstruktur und der Dialoge auch für die Prozesse des Selbermachens äußerst fruchtbar sind, steht außer Frage.

Titel, Vorspann, Filmanfang

Die Klasse guckt sich einen Filmanfang einschließlich des Vorspanns an und überlegt, woran es liegt, dass einem der Film gefällt oder nicht, mit welchen Mitteln Titel, Vorspann, die ersten Sequenzen der Filmhandlung uns in ihren Bann schlagen – oder nicht.

Exposition

Anhand der Exposition eines Filmbeispiels wird geprüft, welche Hintergründe und Voraussetzungen eine Geschichte entfaltet, wie Personen eingeführt werden. Woran erkennen wir die Hauptfigur? Welche anderen Figuren werden im weiteren Verlauf eine Rolle spielen? Welche Rolle? Welche Informationen und Anzeichen werden für den weiteren Ablauf der Handlung gegeben, welche dramaturgischen Törchen werden dafür geöffnet?

Höhepunkt

Aus einem – im Idealfall unbekannten – Film wird ein Höhepunkt präsentiert. Festzuhalten ist, was diesem Höhepunkt vorausgegangen sein muss oder kann, welche Personen mit welchen Eigenschaften eine Rolle spielen, anhand welcher Mittel der Filmerzählung (Straffung, Verdichtung, Parallelhandlung, Vorwissen und Hintergrundwissen des Zuschauers …) und der Filmtechnik (Kamera, Schnitt, Bewegung, Musik, Geräusche …) deutlich wird, dass es sich um eine Höhepunkt-Szene handelt. Ist bei der Szene erkennbar, dass ein Konflikt gelöst wird? Welcher?

Dialoge

Ein Drehbuch lebt von den Dialogen. In ihnen vollzieht sich ein wesentlicher Teil der Handlung, (Hintergrund-)Informationen werden gegeben. Die Sprache charakterisiert die Figuren und lässt Rückschlüsse auf ihr Gefühlsleben zu, Dialoge zeigen Beziehungen zwischen den Figuren bzw. stellen diese her. Schließlich gibt das Sprechen der Protagonisten die Möglichkeit, lebendige, typische, natürliche und authentische Figuren zu zeichnen. Das Hauptproblem beim Verfassen von Dialogen besteht darin, eine möglichst authentische Sprache der einzelnen Figuren zu (er-)finden, die von einer bunten Vielfalt geprägt ist statt von Monotonie.

Monolog

Die Schülerinnen und Schüler schreiben einen Monolog „ihrer" Figur auf und versuchen dabei, Sprachduktus, Jargon, Tempo der Figur zu treffen, sodass sie allein durch die Sprache „ihre" Figur charakterisieren.

Dialoge

In Gruppen wird ein kleiner Dialog zu einer vorgegebenen Szene entwickelt. Dieser Dialog soll die beteiligten Figuren, vor allem aber ihr jeweiliges Verhältnis untereinander bestimmen. Besonderes Augenmerk sollte dabei auf den Subtext, auf das nicht Gesagte, aber eigentlich Gemeinte, gelegt werden.

„Dem Volk aufs Maul schauen"

Die Schülerinnen und Schüler sollen zu bestimmten Situationen (z. B. auf dem Markt, in der Straßenbahn, an der Einkaufstheke oder Kasse ...) O-Töne mit dem Kassetten- oder Videorekorder und/oder mit Hilfe von Notizen sammeln und die jeweils benutzte Sprache auf ihre Besonderheit sowie ihre charakterisierende und typisierende Funktion hin analysieren. Mögliche Fragen dabei: Wie viel und welcher Jargon/Dialekt wird benutzt? Nenne einige charakteristische Beispiele! Passt die Sprache zum jeweiligen Typus? An welchen Stellen wird klar, dass keine Schriftsprache benutzt wird? Welche sprachliche Rolle der Sprecherinnen und Sprecher wird deutlich? Was dringt von ihrem Innenleben nach außen? Wie viel Smalltalk und Redundanz enthält die Rede, was ist davon für die Kommunikationssituation nötig? Was ist Bestandteil einer „lebendigen" Kommunikation? Danach schreiben die Schülerinnen und Schüler einen Dialog mit fiktiven Personen in der gleichen Situation.

Schwarzbild-Aufnahmen

Von einem den Schülerinnen und Schülern möglichst unbekannten Film werden bestimmte Sequenzen (dramaturgisch entscheidende, dialoglastige ...) ohne Bild, auf dem Kassettenrekorder präsentiert. Die sprachlich handelnden Figuren sollen auf Grund ihrer Sprache und ihres Sprechens charakterisiert und ihre in der Sequenz deutlich werdende Beziehung soll bestimmt werden. Wie viele und welche Informationen der Dialog enthält, wird ebenfalls herausgearbeitet. Anschließend kann man darüber spekulieren, wovon wohl der gesamte Film handelt, in welchem Milieu er spielt etc. Zum Schluss guckt man sich den so analysierten Dialog gemeinsam an und wertet die vorher entwickelten Annahmen entsprechend aus.

Sprache in anderen Medien

Zur Sensibilisierung für Sprache im Film ist es hilfreich, die Mittel der Dialogführung in anderen Medien zu vergleichen: etwa in einem Roman, einem Drama, einem Comic oder einem Hörspiel. Anschließend die Aufgabe: Wie müsste die gleiche Szene für eine Filmsequenz umgeschrieben werden, was wäre beizubehalten?

Dramaturgische Grundmuster

Das dramaturgische Grundmuster eines Spielfilms geht von einem relativ konstanten Aufbau und von immer wiederkehrenden Grundelementen aus, die als Struktur bei der Mehrzahl von Filmen mit entsprechendem Variationsreichtum wiederzufinden sind. Im Folgenden eine Skizze und Erläuterung dieser Struktur:[1]

1. Akt		2. Akt		3. Akt
Exposition S. 1–30		Konfrontation S. 30–90		Auflösung S. 90–120
	Plot Point 1 S. 25–27		Plot Point 2 S. 85–90	

Bei dieser Struktur geht man von einer Gesamtlänge des Drehbuchs von ca. 120 Seiten aus. Jeder Akt bezeichnet eine Einheit der dramatischen Handlung. Die *Exposition* führt in die Handlung ein, sie stellt die Hauptfigur, ihr Ziel, die grundlegenden Parameter der Handlung, ihre Stimmung und ihr Genre vor. Als Faustregel gilt: Etwa auf den ersten zehn Seiten eines Drehbuchs entscheidet sich, ob das Entfalten einer Filmhandlung glückt, ob sie interessiert, ob man „in den Sog der Geschichte" gerät. Am Anfang sollte dabei ein „Hook", ein Haken, stehen, ein Ereignis, eine Situation, in der etwas Überraschendes, Eigenartiges passiert, das unsere Aufmerksamkeit und Neugier weckt. Am Ende der Exposition taucht wieder ein unerwarteter Vorfall oder ein entsprechendes Ereignis, ein Plot Point, auf, in dem die Geschichte eine neue, verblüffende Wendung nimmt.

Plot Points haben die wesentliche dramaturgische Funktion, die Gradlinigkeit und damit Vorhersehbarkeit einer Geschichte zu durchbrechen und sie in eine neue spannende Richtung zu bringen. Das Spiel mit dem Zuschauer besteht darin, die Erwartungen an den weiteren Gang der Filmhandlung, die in der Exposition aufgebaut werden, zu (ent-)täuschen und neue Fährten auszulegen, auf deren weiteren Verlauf der Zuschauer dann gespannt sein kann.

Im 2. Akt vollzieht sich die hauptsächliche Filmhandlung. Hierbei kommt es vor allem darauf an, den Konflikt der Hauptperson, die Hindernisse, in die sie gerät, logisch und zielgerichtet aufzubauen. In der Regel besteht eine Filmgeschichte daraus, dass ein Protagonist ein bestimmtes Ziel durch Überwinden einer Reihe von Hindernissen erreicht. Dies geschieht in der Entfaltung der Geschichte, ihrer Haupt- und Nebenstränge, der Protagonisten und der Antagonisten. Auch dieser Akt sollte mit einem Plot Point abgeschlossen sein, der

---

1   Vgl. dazu *Field u. a.* (1988), S. 104 und *Field* (1991), S. 39.

der Geschichte einen neuen Höhepunkt gibt und beschleunigt die Auflösung oder Konfliktlösung anstrebt.

Im 3. Akt wird nach dem Höhepunkt der Krise der Konflikt gelöst, die Geschichte kann aufgelöst werden. Je nach Vorbereitung des Zuschauers wird dessen Erwartung auf ein Happy Ending, ein Bitter-sweet-Ending oder ein tragisches Ende erfüllt oder getäuscht – mit den nötigen Überraschungsmomenten.

Die in den Seitenzahlen angegebene Relation von 1:2:1 für die drei Akte hat natürlich nur den Charakter einer Faustregel, sie kann allerdings schon eine grobe Orientierung geben für die Struktur des Filmdramas und die Gewichtung seiner einzelnen Elemente. Braucht beispielsweise die Exposition einen längeren Raum, ist ihr Gelingen im Gesamtkontext der Filmhandlung fraglich.

Viele Filme (berühmtes Beispiel: *Casablanca*) sind nach dem Muster des klassischen 5-Akt-Dramas, der „geschlossenen Form" des Dramas, aufgebaut, wie sie G. Freytag 1863 in stark schematisierter Form strukturiert:

Exposition: Einführung in Ort, Zeit, Vorgeschichte, Handlung, wesentliche Personen	*Steigender Aufbau:* Verknüpfung der Handlungsfäden, Aufbau von Konflikt und Spannung	*Höhepunkt/ Tiefpunkt/Klimax:* Protagonist in entscheidender Auseinandersetzung
1. Akt	2. Akt	3. Akt

Umschlag: Peripetie Fallende Handlung, Verzögerung im retardierenden Moment, Umkehr	*Auflösung:* Konfliktlösung, Katastrophe, Untergang, Sieg, Verklärung des Helden, Happy Ending
4. Akt	5. Akt

Übungen zur Analyse der dramaturgischen Struktur

Hooks im Vergleich

Die ersten zehn Minuten unterschiedlicher Filme werden präsentiert und verglichen. Die entscheidende Frage dabei: Wie – unterschiedlich – wird in das Filmgeschehen eingeführt (z.B. action-betont, langsam und ruhig, in unterschiedlichen Handlungssträngen, die noch nicht aufeinander bezogen sind, durch eine Rahmenhandlung, linear-chronologisch, mit einem Flashback, einer dramatischen Schlüsselszene aus der Vorgeschichte der eigentlichen Filmhandlung ...)? Wie werden dabei Neugier und Interesse geweckt? Welche Erzähllinien werden angelegt?

Plot

Nach der Präsentation des gesamten Films wird das Fundament der erzählten Geschichte bestimmt:

- ▓ Plot,
- ▓ Protagonist(en) – Antagonist(en),
- ▓ Konflikt.

In zwei, drei Sätzen wird der Verlauf der Geschichte festgehalten, der Protagonist mit seinen dominanten Eigenschaften und Zielen, seine Gegenspieler, Widersacher werden bestimmt, der offensichtliche „materielle" und der eventuell dahinter liegende psychologische, emotionale oder geistig-philosophische Konflikt wird formuliert.

Plot Points

Die Wendepunkte in einem Film werden bestimmt, wobei besonders die am Ende des 1. und 2. Aktes von Interesse sind, weil bei ihnen jeweils ein Höhepunkt markiert wird, der für den folgenden Akt eine bestimmende Wirkung hat.

Dramaturgisches Muster

Entsprechend dem oben dargestellten Muster soll der Aufbau der Filmgeschichte nachvollzogen werden: Wo endet die Exposition, worin besteht der Plot Point, wie entwickelt sich die Geschichte im 2. Akt, wie werden dabei Konfrontation und Konflikt aufgebaut, wie werden sie im 3. Akt gelöst? Die Schülerinnen und Schüler erhalten eine entsprechende Vorlage, in die sie die Handlungselemente und ihre Funktion eintragen. Im Plenum tauscht man die einzelnen Markierungen der Handlung aus und diskutiert sie.

Handlungsverlauf in Kurzformen

Ist eine Auseinandersetzung mit einem kompletten Film nicht möglich, können dramaturgische Grundmuster auch anhand von kurzen epischen und dramatischen Texten (wie z. B. Fabel, Parabel, Märchen, Sketch ...) behandelt werden. Beispielsweise anhand der meisten Grimm'schen Märchen lassen sich wegen ihres klaren Aufbaus und der typisierten Figuren sehr gut Aufbau und Gliederung einer Geschichte, ihre „Dramaturgie", verdeutlichen.

Aufgabenbereiche dazu:

- Beginn der Handlung, Vorstellen der Ausgangssituation: Ort, Zeit, Personen,
- Gliedern des Textes: Aufbau,
- Bestimmen des Konfliktes, Konflikt- und Spannungsaufbau,
- Erarbeiten des Schlusses: Glückserfüllung am Ende.

Eine Skizze kann die „Aufs und Abs" der Hauptfigur grafisch verdeutlichen und damit eine Übersicht über den Handlungsverlauf geben.

Vom Drehbuch zum Storyboard

Ein weiterer Schritt von der schriftlichen Struktur der Filmidee zu ihrer filmischen Umsetzung bedeutet das Storyboard, bei dem die Szenen des Drehbuchs in einfachen Zeichnungen skizziert und somit visualisiert werden.

Reformulierung von Filmsequenzen zum Drehbuch

Ein Filmausschnitt wird mehrfach vorgestellt. Die Schülerinnen und Schüler haben die Aufgabe, die gezeigte Szene in eine Drehbuchfassung zu bringen und in diesem Sinne den Film zu „transkribieren". Wichtig dabei ist die Abstraktion von allen Leistungen der filmischen Umsetzung wie z.B. der Kameraarbeit. Die Szene soll „pur" mit den drehbuchüblichen Angaben (s. o.) fixiert werden.

Drehbuchlesen

Die Analyse von Drehbüchern und entsprechenden Ausschnitten erlaubt eine Reihe von Einsichten in die Filmdramaturgie und das filmische Erzählen. In Analogie zur Analyse von Dramentexten können so die Merkmale des Dramatischen wie Sprechsituation, Figurenrede, Zeichenvielfalt, Einbeziehung des Rezipienten behandelt werden. Als Charakteristikum der Textsorte „Drehbuch" kommt hinzu, dass die visuelle Komponente gegenüber dem mehr an Sprache gebundenen Theater-Drama eine wichtigere Rolle spielt.

Ein Gespür für die „Geschichte in Bildern", für das „Lesen von visuellen Texten" kann durch das Drehbuchlesen erreicht werden. In unterrichtlichen Zusammenhängen sollte besonderer Wert darauf gelegt werden, dass die Rezeption von Drehbüchern immer auch die Möglichkeiten der optischen Umsetzung miteinzubeziehen hat.

Die Kernfragen dabei:
Was erfahren wir über eine Figur, über ihre Geschichte? In welchen Bildern können wir uns die Umsetzung vorstellen? Welche filmischen Techniken und/oder Tricks bieten sich dabei besonders an?

Vergleich Drehbuch – Film

Aufschlussreich ist der Vergleich eines Drehbuchs mit seiner filmischen Umsetzung, bei dem die (visuelle) Idee von bestimmten Szenen und ihre Realisierung verdeutlicht werden können. Ebenso zeigt ein entsprechendes Beispiel auf, welche Code-Vielfalt in der filmischen Gestaltung liegt („Ein Bild sagt mehr als 1000 Worte"). Ein technisches Problem stellt sich hierbei in der Beschaffung von Drehbüchern, weil die auf dem Buchmarkt gängigen „Drehbücher" meist Transkriptionen der fertig gestellten und oft genug auch synchronisierten Filme sind.

Tipps ✔ Bei den Filmproduktionsfirmen und Fernsehanstalten kann man versuchen, Drehbücher zu erhalten. In der Regel muss man dies ziemlich überzeugend begründen.

✔ Importe von Original-Drehbüchern von Hollywood-Produktionen sind erhältlich bei der Buchhandlung Walther König, Ehrenstraße 4, 50672 Köln (Telefon: 02 21/20 59 60).

2. Bild – Bilder – Bildergeschichten

Die folgenden Ideen umfassen Übungen, die von Einzelbildern ausgehen, diese zu Sequenzen zusammenbringen und in der Chronologie eine Geschichte erzählen. All diese Übungen haben zum Ziel, das Erzählen und das Verstehen von Bildergeschichten in Abläufen nachzuvollziehen. Es ist offensichtlich, dass es sich dabei um Vorübungen zum Verständnis der ebenfalls sequenziell organisierten Filmsprache handelt, bei der auch in wechselnden Bildausschnitten erzählt wird. Die Audiovision – Film, Video, Fernsehen, Computer – arbeitet mit „laufenden" Bildern, die als Einzelbilder aufgebaut werden, die jedoch nicht als solche wahrgenommen werden können und sollen. Die Bewegungsillusion wird mit diesen Übungen wieder rückgängig gemacht. So soll ein Verständnis für den linearen Ablauf von bildlichen Erzählformen geweckt werden.

Gemeinsam ist den Bildergeschichten unabhängig vom Medium, dass sie die Kernaussagen einer Szene „einfrieren" und Umschlagpunkte oder dramatische Höhepunkte einer solchen Szene markieren. Dabei werden die beteiligten Figuren, der wesentliche Kern einer Situation oder Szene auf den darstellerischen Punkt gebracht, aussagereiche Mimik und Gestik und Bewegungsabläufe müssen visuell entwickelt werden. Gerade die Konzentration auf diesen

„szenischen Punkt" weckt und schärft das Bewusstsein für die sukzessive Organisation der audiovisuellen Sprache, aber auch für die simultanen Bedeutungsebenen der Einzelbilder.

Die Vorgeschichte der Audiovision kann so wieder zurückgeholt werden, indem auch auf die Vorläufer der Bewegungsdarstellung bzw. der filmischen Wahrnehmung verwiesen wird: auf die „Apparate" wie Panorama, Anamorphosen, Spiegel, Laterna magica, Verwandlungs-, Nebel- und Schiebebilder, auf Geräte wie Lebensrad, Bildertrommel, Folioskop/Abblätterbuch, die schon für die damalige Zeit verblüffende Effekte der Bewegungsillusion zuließen. Oder auf die stroboskopische Fotografie, die sich zum Ziel setzte, Bewegungen, physiologische Bewegungsabläufe exakt zu fixieren und damit zum ersten Mal nachvollziehbar zu machen (das Unsichtbare sichtbar zu machen). Die Versuche von E. J. Marey (Frankreich), E. Muybridge (USA) oder O. Anschütz (Deutschland) sind hier zu nennen, aber auch die vielfältigen Verbindungen von Fotografie, Kunst und dem frühen Film; z. B. bezieht sich Marcel Duchamp in seinem Gemälde „Akt, eine Treppe hinabsteigend" explizit auf Marey und dessen Darstellungsverfahren. Wie in vielen anderen Beispielen wird hier die Wiedergabe von Bewegung mit dem eigentlich statischen Medium der Malerei versucht.

Bildergeschichten

Bildergeschichten-Puzzle

Eine Bildergeschichte wie z. B. eine „Vater-Sohn-Geschichte" von e. o. plauen, die durch Teilidentitäten zwischen den Bildern und die festgelegte Reihenfolge eine narrative Abfolge und Bewegung suggeriert, wird unzusammenhängend in den einzelnen Bildern bzw. in veränderter Chronologie präsentiert. Die Aufgabe besteht darin, die „richtige", d. h. verständliche und sinnvolle, Reihenfolge der Bildergeschichte festzulegen. Eine Diskussion über die überzeugende Dramaturgie bis zur Pointe dürfte sich spontan ergeben. Ebenfalls aufschlussreich ist das Abwägen der Wirkung der Geschichte bei veränderter Reihenfolge der Einzelbilder.

Variante I: Ein Bild wird weggelassen. Geklärt werden soll, ob sich dadurch Verständnisschwierigkeiten ergeben oder ob die Geschichte auch mit dieser Lücke nachvollziehbar ist.

Variante II: Zur Vermittlung, zum besseren Verständnis sollen „Zwischenbilder" entwickelt werden, die die Situation besser verdeutlichen oder Verständnisbrücken schlagen sollen.

Foto-Sequenz I

Die Schülerinnen und Schüler schneiden aus Illustrierten möglichst viele Bilder aus, zu denen sie sich eine Geschichte vorstellen können. Es bietet sich an, die Auswahl so vorzunehmen, dass bestimmte Parameter (wie Ort, Farbe, Tageszeit ...) gleich sind. Anschließend klebt man die Bilder auf eine Wandzeitung und versieht sie eventuell mit Texten, sodass eine Geschichte, unter Umständen auch eine (fiktive) Dokumentation oder unterschiedliche Mischformen von fiktionaler und dokumentarischer Erzählweise entstehen.

Foto-Sequenz II

Hierbei geht es mit Hilfe von Fotos um eine Darstellung von Prozessen, von kleinen und kleinsten Veränderungen in der Abfolge. Zum Beispiel wird eine Gruppe von Schülerinnen und Schülern porträtiert, wobei in der Sequenz verschiedene Modifikationen des Bildes vorgenommen werden: Es kommt immer jemand dazu, Kleidungsstücke wie Pullover werden ausgetauscht, die Requisiten werden verändert, die Lichtverhältnisse variieren, Mimik und Gestik werden modifiziert etc.

Ein anderes Beispiel: Der Pausenhof wird zu unterschiedlichen Zeiten vom gleichen Kamerastandpunkt fotografiert: Die Sequenz verdeutlicht das langsame Füllen vor dem Unterricht, die Leere während des Unterrichts, das allmähliche Füllen in der Pause etc.

Foto-Comic I

Ein Foto-Comic wie z. B. aus der *Bravo* oder anderen Zeitschriften wird verändert, indem die Bildreihenfolge vertauscht wird oder indem man den Text in den Sprechblasen weglässt. Die Aufgabe besteht dann darin, die Sprechblasen in unterschiedlichen Gruppen mit Sprache zu füllen, die zu den Bildern, den Personen, der Situation, der „Geschichte" passt.

Foto-Comic II

In einer Abfolge von etwa zehn Foto-Bildern mit Sprechblasen erzählen die Schülerinnen und Schüler eine Kurzszene in Comic-Manier.

Foto-Roman

Mit Hilfe von selbst erstellten Fotos (Polaroid-Fotos oder Foto-Reproduktionen bieten sich dazu ebenfalls an) wird ein eigener Foto-Roman erzählt. In der Klasse sind unterschiedliche Gruppen denkbar, die sich mit unterschiedlichen Themen beschäftigen und/oder dabei mit unterschiedlichen Gestaltungsmöglichkeiten arbeiten: reine Bildergeschichten; solche, die mit sehr wenig Text auskommen; solche, bei denen Bild und Text in etwa gleiches Gewicht haben. Die Gegenüberstellung dürfte zum Ergebnis haben, dass der Text im Vergleich zu den Bildern mehr und andere Möglichkeiten bietet, literarische Erzählweisen wie Erzählperspektive, Zeitsprünge, nichtchronologisches Erzählen einzubeziehen, während die reinen Bildergeschichten eher auf lineare Erzähllogik angelegt sind.

Ton-Dia-Show

Wie beim Foto-Roman wird eine Geschichte in Bildern erzählt, wobei hier noch die Möglichkeit hinzukommt, auf der Ton-Ebene einen Erzähler und die unterschiedlichen Dialogpartner sowie Geräusche und Musik einzuführen. Je nach technischer Ausstattung (optimal: zwei Projektoren, Überblende), nach Anspruchsniveau und Zeit bietet sich eine Reihe von Möglichkeiten für audiovisuelles Erzählen, für dramaturgische Logik und Wirkung, für Erzählrhythmus, Steigerung, Auflösung, wie es im Prinzip auch für den Film gilt.

Bilder-Puzzle

Die Klasse wird in mehrere Gruppen eingeteilt, den Gruppen werden – per Dia, Foto oder Fotokopie – drei Bilder präsentiert, zu denen sie einen erzähllogischen Zusammenhang konstruieren sollen. Die Bilder A bis E in dem folgenden Beispiel sollten möglichst unterschiedlich sein. In jeder Gruppe sollte sich mindestens ein gleiches Bild befinden. Als Beispiel ist etwa folgende Anordnung in den Gruppen denkbar:

Gruppe I	Bild A	Bild B	Bild C
Gruppe II	Bild A	Bild B	Bild D
Gruppe III	Bild A	Bild E	Bild C
Gruppe IV	Bild C	Bild B	Bild A

Zu erwarten ist, dass allein durch die Kombination des Bildes A mit den unterschiedlichen anderen sich sehr verschiedene Erzählansätze ergeben, und dass das Bild A entsprechend diesen Ansätzen eine völlig unterschiedliche Deutung erfährt. Mangels der vermittelnden, erklärenden Sprache ergeben sich recht vage Beziehungen zwischen den einzelnen Bildern, die lediglich durch assoziative Prozesse miteinander in Beziehung gebracht werden. Um einen möglichst starken dramatischen Effekt zu erzeugen, bietet sich eine Auswahl von Bildern von Personen, Details von Requisiten, Landschaftsaufnahmen etc. an.

Montageformen

Die vorangegangene Übung lässt zu einem der wesentlichen Gestaltungsprinzipien der Audiovision überleiten: zu der Montage und ihren unterschiedlichen Formen. Übungen zum Kennenlernen der unterschiedlichen Schnitt- und Montageformen stehen in einem sehr engen Verhältnis zu stärker analytisch ausgerichteten Unterrichtseinheiten, bei denen anhand von kurzen Beispielen der Audiovision (Sequenzen aus einem Spielfilm, einer Dokumentation oder einem Feature, Werbetrailer, Videoclip ...) „klassische" Montageformen erarbeitet werden. Diese in der Analyse erworbenen Erkenntnisse werden dann wieder handlungsorientiert umgesetzt, etwa in der Aufgabenstellung, die kennen gelernten Montageformen in kurzen Szenen oder Sequenzen anhand von Einzelbildern anzuwenden und umzusetzen.

Bei der folgenden Übersicht über wesentliche Montageformen ist auf die Tatsache hinzuweisen, dass eine „Typologie" der Montage- und Schnittformen fragwürdig ist, weil sie die Vielfalt konkreter Umsetzungen des audiovisuellen Erzählens nicht oder nur unzureichend beschreiben kann. Allgemein gilt lediglich, dass in der Montage verschiedene Einstellungen miteinander verbunden werden und die Audiovision dadurch „erzählt": durch Reihung oder Zusammenprall von Erzählelementen, die einen – örtlichen, zeitlichen, motivischen, erzähllogischen – Zusammenhang entstehen lassen, oder durch Dekonstruktion und Auflösung von Zusammenhängen.

Die elektronischen Medien übernehmen zwar die Grundprinzipien des kinematografischen Schneidens und Montierens, haben aber auf Grund ihrer geradezu „unendlichen" technischen Möglichkeiten der elektronischen und digitalisierten Bild- und Tonbearbeitung eine Vielfalt von Gestaltungsmitteln, die die konventionellen erzählenden Montageformen erweitern und auch transformieren. Wie in der Entwicklung des Videoclips, der Werbespots, in manchen TV-Produktionen, zu einem geringen Teil mehr und mehr auch in Spielfilmproduktionen zu sehen ist, werden die auf Kontinuität basierenden

Bildfolgen aufgelöst, in kaum noch nachvollziehbaren Schnittfrequenzen beschleunigt und mit digitalisierten Tricks bearbeitet, aufgesplittert, in grafischen Formen verfremdet und in Bildelementen collageartig geschichtet.

Im Folgenden werden trotz der genannten Einschränkungen wegen ihres elementaren Charakters einige der wesentlichen Montageformen vorgestellt:

Erzählende Montage

Handlungsfolgen werden miteinander verknüpft, um ihren kontinuierlichen Ablauf („dann" „und dann" „und dann") zu zeigen. Es ist die grundlegendste Form des vorwiegend technisch verstandenen Schnittprinzips, das durchaus auch dramaturgische Effekte wie Dehnung oder Straffung haben kann.

Parallelmontage

Zwei oder mehr Handlungsstränge, die zeit- und/oder handlungssynchron verlaufen, aufeinander bezogen sind und einen gemeinsamen dramaturgischen Zielpunkt haben, werden im ständigen Wechsel geschnitten, sodass ein dynamischer Effekt entsteht. Die Dynamik steigert sich in den parallelen Handlungssträngen, bis diese in einer Szene zusammenlaufen, in der die dynamische Entwicklung oft ihren krönenden Abschluss findet.

Kausalmontage

Die jeweiligen Einstellungen stehen in einem kausalen Zusammenhang zueinander: Einstellung X erklärt Einstellung Y.

Parallelisierende Montage

Hierbei fehlt der Kulminationspunkt der Parallelmontage, zwei oder mehrere Handlungsstränge werden nicht verbunden, damit sie aufeinander zulaufen, sondern gerade ihre Unverbundenheit und/oder ihre Abgrenzung voneinander sollen gezeigt werden.

Analogiemontage

In einem Wechsel von korrespondierenden Einstellungen werden zwei vergleichbare Motive, Handlungsstränge oder Objekte zueinander in eine bestimmte Beziehung gesetzt.

Kontrastmontage

Wie bei der Analogiemontage, jedoch hierbei werden die Motive zur Kontrastierung von Gegensätzen gegenübergestellt.

Rückblende/Vorausblende

Die – häufig durch Überblendungen – eingeleiteten Formen von Zeitsprüngen zurück oder nach vorn, die eindeutig unterschiedliche Zeitebenen, Vorausdeutung, Rückwendung, Sukzession und Retardierung im Handlungsablauf verdeutlichen.

Assoziationsmontage

Folge von Einstellungen ohne erzähllogischen Zusammenhang, die bestimmte Assoziationen hervorrufen sollen, deren Sinn nicht eindeutig und allgemein zu erschließen ist.

Metaphorische Montage

Ähnlich wie beim literarischen Gleichnis werden Bilder kombiniert, die metaphorische Funktion haben und auf übertragene Sinnzusammenhänge verweisen (z. B. Naturvorgänge, die die inneren Zustände der Protagonisten symbolisieren).

Leitmotiv-Montage

Ein bestimmtes Leitmotiv – ein Gegenstand, eine Szene, ein Motiv – wird refrainartig in unterschiedliche Sequenzen montiert.

Übungen dazu

Filmanalyse

Exemplarische Sequenzen aus unterschiedlichen Genres der Audiovision werden mit der Perspektive analysiert, welche Montageformen angewandt werden. Interessant ist dabei nicht nur der Vergleich filmischer Genres (z. B. Spielfilm, Reportage oder Musikvideo), sondern auch der „Montage" von Bilderfolgen in Videospielen oder Animationsfilmen und Zeichentrickfilmen mit der Montage klassischen Bildmaterials auf belichtetem Film. Statt einer Zuordnung zu den genannten Formen dürfte eine genaue Beschreibung der Mittel und ihrer Funktion in den ausgesuchten Filmbeispielen am fruchtbarsten sein. Als technisches Verfahren zum „Einfrieren" von Einzelbildern in der Bildabfolge ist denkbar, mit dem Videostandbild zu arbeiten. Für intensivere Analysen, die auch Möglichkeiten der Präsentation für die Mitschülerinnen und Mitschüler oder für eine größere Schulöffentlichkeit einbeziehen wollen, bietet sich an, das für eine Einstellung aussagefähigste Bild abzufotografieren oder über eine PC-Videokarte ausdrucken zu lassen. Dann soll die Bilderabfolge einer Filmsequenz mit Hilfe von Standbildern so hintereinander gelegt werden, dass die Bildmontage deutlich wird.

Dazu einige Tipps:

■ *Fotografie:* Vor dem Fotografieren sollte man sich die Szene mehrfach genau ansehen und die gewünschten Bilder markieren. Um Reflexionen auf der Bildschirmfläche zu vermeiden, sollte der Raum abgedunkelt werden. Da wir dem Bildaufbau des Fernsehers angepasst mit einer Belichtungszeit zwischen 1/30 und 1/15 Sekunde arbeiten, muss ein Stativ benutzt werden. In jedem Fall sollten mehrere Bilder eines Standbildes mit verschiedenen Blenden und leicht variierenden Zeiten (s. o.) gemacht werden. Bei einem guten Videorekorder kann man ein Standbild abfotografieren, ansonsten möglichst stillstehende Bilder, die keine oder kaum Bewegung enthalten. Das Monitorbild sollte vollformatig aufgenommen werden, der Monitorrahmen stört nicht.

■ *Computer-Ausdruck:* Bilder, die vorrangig mit Totalen, Massenszenen etc. arbeiten, bieten sich für den Ausdruck kaum an. Auf ihnen ist in der Regel nur noch wenig zu erkennen. Eine akzeptable Qualität des Ausdrucks ist nur mit sehr guten Druckern zu erreichen, die nicht selten in einem Copy- oder Computer-Shop zu finden sind. Insgesamt gilt, dass die Ansprüche an die Auflösung – noch – nicht zu hoch zu schrauben sind. Insgesamt kommt es vor allem darauf an, die Bildabfolge in ihrer Bedeutung und Funktion erkennen zu können, die bildtechnische Qualität ist dabei eher zweitrangig.

Bilderfolgen

Die Schülerinnen und Schüler entwickeln in Gruppen kleine Bilderfolgen (per Skizze, mit eigenen Fotos oder fremdem Fotomaterial), in denen sie bestimmte Montageprinzipien ausprobieren. Anschließend stellen sie der Klasse ihre Sequenz vor, die Klasse prüft, inwieweit die Bildmontage verständlich und überzeugend ist und welche möglichen Alternativen sich anbieten.

Bilderfolge aus Bildvorlagen

Ein Gemälde oder ein Foto, in dem viele Handlungselemente und viele dramatische und optische Informationen enthalten sind, wird in unterschiedliche Einzelbilder zerlegt, die unterschiedliche Kameraausschnitte und Einstellungsgrößen darstellen sollen. Die einzelnen Ausschnitte werden hintereinander gelegt („montiert"), sodass eine Szene „dramatisiert" und die Wahrnehmung des Zuschauers durch verschiedene Kamera-Operationen gelenkt werden kann auf bestimmte gestische, mimische und aktionale Details. Außerdem bedeutet eine solche Auflösung einer Szene in aufeinander folgende Sub-Szenen, dass das Geschehen der szenischen Einheit des Ursprungsbildes – ähnlich wie bei der Bildgeschichte – in Teilaspekte fragmentiert wird. So entsteht „filmisches Erzählen", das innerhalb einer Szene bleibt und diese kameratechnisch in Einzelbilder zerlegt – mit den entsprechenden möglichen Effekten der

Dramatisierung, Emotionalisierung, Kontrastierung, generell: des starken Einbezugs des Rezipienten. Diese Nachahmung filmischer Operation kann mit unterschiedlichen Medien der Bildreproduktion, Ausschnittvergrößerung, Bildbearbeitung und der Veränderung des Bildausschnitts erfolgen: mit dem Fotoapparat, dem Videorekorder, dem Computer und auch mit dem Fotokopierer. Als Vorlage kommen Bilder mit einer Fülle von verschiedenen Handlungselementen in Frage, die sich für die oben beschriebene Auflösung eignen.

Dazu ein Beispiel: Francisco Goyas „Der 3. Mai 1808 in Madrid: Die Erschießung der Aufständischen" von 1814 (vgl. die Abbildungen 1 bis 11).

Die Szene der nächtlichen Erschießung der spanischen Patrioten durch die Soldaten Napoleons gibt bei der „filmischen" Umsetzung die Möglichkeit, die Situation, die Personengruppen zu dramatisieren: gesichtslose Uniformierte; die Männer, die erschossen werden sollen, in ihrem Entsetzen, in ihren vielfältigen mimischen und gestischen Reaktionen; die traurigen Menschen, die das gleiche Schicksal erwartet. Das Bild könnte zu folgender Sequenz aufgelöst werden:

1

2

4

3

5

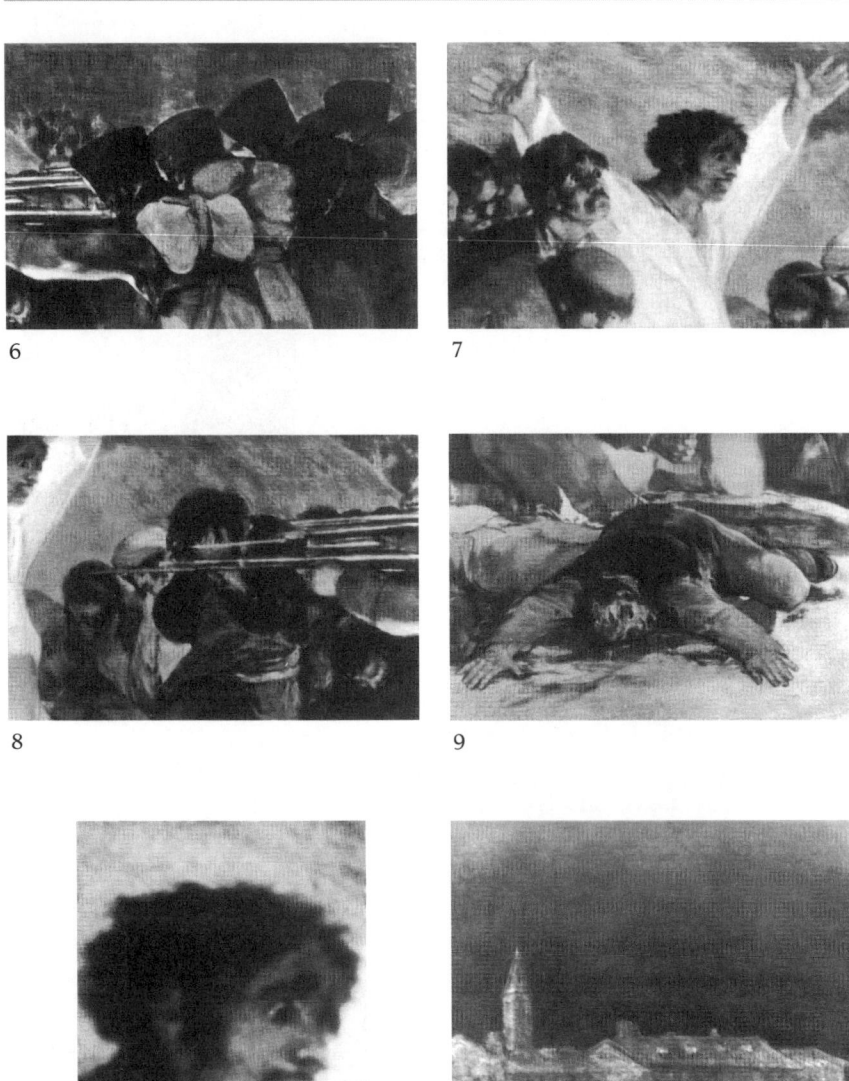

6

7

8

9

11

Reproduktion:
Thomas Keuchel

10

Bilderbuchgeschichten

Die Schülerinnen und Schüler transformieren mit einer Videokamera ein bekanntes Bilderbuch ihrer Wahl oder bestimmte Szenen aus einem solchen in das Medium Film. Ziel dabei ist, die Bildvorlagen durch unterschiedliche Ausschnitte zu dynamisieren und in filmische Logik umzusetzen.

Die zu erwartende anfängliche Ablehnung von „kindischer" Lektüre seitens der Schülerinnen und Schüler wird schnell in die Begeisterung von Medienmachern umschlagen, zumal wenn das gesamte Projekt als Simulationsspiel konzipiert wird: „Wir sind eine Redaktion eines Kinderprogramms und machen eine Kindersendung."

Zunächst arbeitet man mit einfachen Standbildern und wählt verschiedene Bildausschnitte der Vorlage von der Totalen, Halbtotalen bis zur Detaileinstellung und operiert eventuell mit leichten Schwenks oder vorsichtigem Bewegen der Vorlage. Dem Text kommt hierbei vielleicht eine größere Bedeutung zu, indem er entweder – der Vorlage des Bilderbuchs entsprechend – per Mikrofon aus dem Off den Bildern unterlegt wird oder auch den „Film" in Monologen, Dialogen und Erzählertext belebt. Bei letzterem Verfahren können die verschiedenen Akteure – wie beim Trickfilm – miteinander kommunizieren, sodass auf der Tonspur eine gewisse dramatische Dynamik erzeugt werden kann.

Etwas anspruchsvoller ist der Versuch, Handlung und Bildsprache mit Hilfe der Kameraarbeit und anderer Effekte stärker zu dynamisieren, indem mit dem vorhandenen Material freier umgegangen wird. Beispielsweise werden Dialoge im Schnitt-Gegenschnitt-Verfahren aufgelöst, Bewegungsabläufe werden durch das Bewegen der Bildvorlage suggeriert, die Kamera fährt heran oder weg, die Kamerabewegung wird durch Zoom ersetzt, die gesamte Bildvorlage wird bewegt oder gedreht, um z. B. Erschütterungen, Schwindelgefühle etc. erlebbar zu machen, Blenden und Schnitte markieren Orts- und Zeitwechsel, Überblendungen und Schwenks bieten Möglichkeiten des Tempowechsels, eine Taschenlampe (vielleicht mit unterschiedlichen Farbvorsätzen) sorgt für nötige Lichteffekte, Bildunschärfen suggerieren Nebel oder Bewusstseinsschwankung einer Figur usw.

Da ein Videoschnitt und eine entsprechende Nachbereitung aufwendig sind, sollten die Aufnahmen nach Möglichkeit gleich in der endgültigen Chronologie und Einstellungsdauer erfolgen. Dies erfordert intensive Vorplanung und genaues Timing, weil die Tonspur die entsprechende Einzelbild-Länge vorgibt. Am besten probt man vor der eigentlichen Aufnahme einige Male den gesprochenen bzw. gespielten Text mit der Stoppuhr, oder man lässt die Kamera mit den vorgesehenen Operationen mitlaufen. Bei diesem Medium braucht man sich sowieso nicht zu scheuen, die Aufnahme so lange zu wiederholen, bis sie den eigenen Vorgaben und Vorstellungen entspricht.

Als Variante ist denkbar, statt mit einer Videokamera mit Dias zu arbeiten, die die Vorlage wie beschrieben auflösen. Bei der Projektion der Dias wird der Text mit verteilten Rollen vorgelesen.

Eine weitere Variante: Statt der Bilderbücher werden als Grundlage Comics benutzt, die im Grundsatz bereits filmähnliche Erzählweisen aufweisen, deren narrativer Kern in den Einzelbildern zum Teil durchaus eine vermittelnde stärkere Auflösung erfahren kann.

Storyboard-Comic

Zu einem Thema, auf das man sich vorher einigt, fertigen die Schülerinnen und Schüler ein Storyboard an. Dazu konstruieren sie zu einer bestimmten Szene eine Reihe von Einzelbildern und skizzieren die wesentlichen visuellen Informationen der geplanten jeweiligen Einstellung.

In einem zweiten Schritt kann das Storyboard zu einem Comic umgeformt werden, indem die genrespezifischen Mittel des Comics (wie z. B. dynamischer, Tempo suggerierender Strich, extreme Variation der Perspektiven, Übertreibungseffekte, Sprechblasen) berücksichtigt werden, sodass die spezifischen narrativen und visuellen Mittel des Comics im Unterschied zu anderen Bildergeschichten erfahren werden können. Eventuell können diese Animationen mit Hilfe von einschlägigen PC-Programmen wie AutodeskAnimator, Foto-Morph oder AdobePremiere erstellt werden.

Muppets-Show mit Fotos

Eine kleine Geschichte oder einzelne Szenen werden mit Stofftieren, Lego-Männchen, Puppen, Knetfiguren oder Ähnlichem erzählt. Die jeweiligen Szenen werden entsprechend mit gestaltetem Hintergrund, mit dem Arrangement von Requisiten und den Figuren inszeniert und abfotografiert. Die Grundregeln des filmischen Erzählens kommen dabei zur Anwendung, wie z. B. bei der Wahrnehmungslenkung der Rezipienten durch die Abfolge von unterschiedlichen Einstellungsgrößen (von dem „establishing shot", der Überblick gebenden Totalen, über die Halbtotale, die Halbnah- bis zur Nah-Einstellung) oder dem Schnitt-Gegenschnitt-Verfahren beim Auflösen von Dialogen. Auf einer Wandzeitung werden die Einzelbilder zu einer Geschichte zusammengestellt, wobei – eventuell mit dem Computer gestaltete – Texte, Erzähl- und Dialog-/ Monolog-Texte die Geschichte komplettieren.

Muppets-Show mit Video

Statt mit Fotos werden die einzelnen Szenen mit der Videokamera festgehalten, auf die Tonspur werden die Texte mit unterschiedlichen Stimmen gesprochen, zusätzlich können Musik und Geräusche beigemischt werden. Bewegungen der Figuren können simuliert werden, indem die Figuren in einer bestimmten Pose „videografiert", anschließend in der Bewegungsrichtung verändert, wieder aufgenommen, wieder verändert, wieder aufgenommen etc. werden können, sodass sich beim Abspielen im Sinne einer Animation eine Bewegungsillusion ergibt. Um aufwendige Schneidearbeit zu vermeiden, empfiehlt sich die Arbeit mit einem Drehbuch, das auch die Reihenfolge der konkreten Aufnahmeschritte vorgibt.

Foto-Daumenkino

Die Schülerinnen und Schüler fotografieren einen Bewegungsablauf in zeitlich möglichst geringem Abstand, am besten mit einem Motor für den Filmtransport. Der Bewegungsablauf, der somit in Einzelbildern festgehalten wird, wird in einer Bewegungsillusion wieder zum Laufen gebracht, indem die Bilder in der entsprechenden Reihenfolge zusammengelegt, geheftet, gebogen und wie ein Daumenkino „abgespult" werden.

Video-Einzelbild-Film

Wie beim Daumenkino werden Bewegungsabläufe durch einzelne Videobilder aufgenommen, wobei man hier die Bewegungsillusion aufhebt, indem der durchgängige Fluss der Bilder im Zeitraffer unterbrochen wird. Es ergibt sich aber gleichwohl der Eindruck eines – entfremdeten – Erzählkontinuums durch die Einzelbilder.

Legetrick-Animation

Bestimmte Materialien (grafische Elemente, Papierschablonen, Gegenstände …) werden mit der auf einem Stativ befestigten Videokamera in starrer Position aufgenommen. (Auf die richtige Ausleuchtung achten!) Während die Pausentaste gedrückt ist, werden die Materialien ein bisschen weiterbewegt, dann werden sie wieder aufgenommen, wieder weiterbewegt etc., sodass sich beim Abspielen eine animierte Bewegung ergibt. Vielleicht kann man in zwei oder mehr Gruppen arbeiten und die Aufnahmedauer und/oder die Bewegungsintervalle unterschiedlich lang handhaben. So kann eine Animation mit geringer Bildfrequenz Bewegungen und Handlungsabläufe viel ruckartiger, dynamischer, aber auch künstlicher erscheinen lassen.

Stopp-Trick-Zauberei

Mit Hilfe der Videokamera wird eine Szene aufgenommen, während der gedrückten Pausentaste wird die Szene verändert und wieder aufgenommen. Beispiele: Die Sitzposition der „Schauspieler", ihre Kleidungsstücke, bestimmte Requisiten werden vertauscht; „Zehn kleine Schülerlein" verschwinden einer nach dem anderen; Gegenstände werden weg- oder dazugezaubert.

3. Mediamorphosen – Surfen zwischen den Medien

Von der erzählenden Literatur zum filmischen Erzählen

Die Erfahrungen im Literaturunterricht zeigen, dass den Schülerinnen und Schülern literarische Werke von der filmischen Rezeption her häufig als bekannt erscheinen: „Roman X, kenn ich, hab ich im Fernsehen gesehen." Deutlich wird hierbei, dass der Film neben seiner Funktion als Alltagsmedium und seiner sinnlich faszinierenden Eingängigkeit als Medium angesehen wird, das einen Roman präsentieren könne und damit gar eine weitere Beschäftigung mit dem literarischen Produkt überflüssig mache. Die folgenden Vorschläge nehmen dieses klischeehafte Missverständnis als Ausgangspunkt. Sie plädieren dafür, das jeweils Spezifische von Literatur und Film anzuerkennen. Ziel der Vorschläge ist es, das Verhältnis beider ästhetischen Ausdrucksmöglichkeiten zu erarbeiten. Der filmbezogene Teil kann dabei versuchen, die pauschale Legitimation von Literaturverfilmungen als Leseersatz genauso zu widerlegen wie der textbezogene Teil die normativen Vorbehalte gegenüber der vermeintlich trivialisierenden Verfilmung.

Es geht darum, neben den Gemeinsamkeiten vor allem die Unterschiede in der jeweiligen Struktur und damit auch die Legitimität beider Ausdrucksformen aufzuzeigen. Das Projekt kann verdeutlichen, dass die ästhetische Spezifik von Literatur darin besteht, Realität ausschließlich durch Sprache mit komplexen Formen etwa von Innen- und Außenperspektive zu repräsentieren und kodifizieren, während der Film neben dem sprachlichen eine Reihe von anderen Codes (vgl. „Filmische Subtexte", Seite 101 ff.) benutzt, die in ihrem Zusammenwirken eine andere Komplexität und eine starke Affektwirkung erzielen. Literaturverfilmung ist demnach keine oberflächliche Reduktion, sondern eine andere, auch sehr vielschichtige Kodifizierung einer literarischen Vorlage. Literatur wird in Film transformiert.

Die Menge an Beispielen für Literaturverfilmungen ist mittlerweile unüberschaubar.[2] Interessant für den Vergleich sind vor allem Beispiele, bei der die nichtlineare Kompositionsstruktur des Romans eher dem eigentlich filmischen Montageprinzip entspricht, während die Verfilmung eher eine lineare Erzählpraxis verfolgt (beliebte Beispiele der Schullektüre: *Homo faber, Das siebte Kreuz*). Die Einschätzung von S. Kracauer, Döblins *Berlin Alexanderplatz* sei

---

2 Vgl. das Lexikon, das sich allein auf Verfilmungen der Nachkriegszeit aus dem deutschsprachigen Raum bezieht: *Klaus* und *Ingrid Schmidt* (Hrsg.): Lexikon Literaturverfilmungen – Deutschsprachige Filme 1945–1990. Stuttgart/Weimar 1995.

filmischer als die Verfilmung von Phil Jutzi (von 1931), trifft bis heute auf viele Beispiele zu. Diese geben gute Anlässe, über die jeweiligen Besonderheiten literarischen und filmischen Erzählens zu reflektieren.

Folgende Phasen für eine Unterrichtsreihe oder ein Projekt sind denkbar:

1. Analyse des Romans, Detailanalyse besonders der auch im Film umgesetzten Textpassagen,

2. Analyse von ausgesuchten, der literarischen Vorlage entsprechenden Filmausschnitten,

3. Vergleich der unterschiedlichen Kodifizierungen und Funktionen literarischen und filmischen Erzählens,

4. Transformation von Romanauszügen zu Skizzen für eine filmische Adaption.

Zu 1: In diesem Zusammenhang soll die literarische Analyse nicht weiter beschrieben werden, bei der das Kennenlernen der Strukturen und Elemente narrativer Texte im Vordergrund stehen dürfte. Dazu gehört die Erarbeitung der Figurenkonstellation, der Handlungsführung und der Komposition des Romans. In der Detailanalyse werden die Erzählsituation (mit ihren zum Teil wechselnden Perspektiven), einzelne Figuren (bezüglich ihrer Einstellungen, Motive und Entwicklung) und formalästhetische Aspekte untersucht.

Zu 2: Ergiebig für die Filmanalyse und den Vergleich von Literatur und Film sind vor allem der Filmanfang, Schlüsselszenen und die Umsetzung von besonders handlungsreichen bzw. -armen Szenen.

Die Schülerinnen und Schüler fertigen – möglicherweise nach Hypothesen über die Besonderheiten filmischen Erzählens – von der jeweiligen Filmszene ein Sequenzprotokoll an, bei dem sie die Szene benennen und die Elemente der Bild- und der Ton-Ebene erarbeiten.

Stichwort/ „Überschrift" zur Szene	Bildebene	Tonebene	Kommentar
I. ...			
II. ...			
III. ...			

Je nach Anspruch können dabei filmanalytische Kriterien berücksichtigt werden. Neben der protokollarisch-analytischen Arbeit sollten auch Fragen der eigenen Verarbeitung, der subjektiv empfundenen Wirkung von Szenen und der möglichen Ursachen dafür in die Betrachtung aufgenommen und besprochen werden.

Zu 3: Die Ergebnisse der filmischen Analyse werden mit den Ergebnissen der literarischen gegenübergestellt. Gemeinsamkeiten und vor allem Besonderheiten der filmischen Adaption und Veränderungen gegenüber der literarischen Grundlage werden erarbeitet. Für viele Beispiele sind etwa folgende Ergebnisse denkbar:

Gemeinsamkeiten

■ der Handlungsverlauf (zumindest in groben Zügen),
■ die Darstellung der äußeren Umstände,
■ die Ort- und Zeitbestimmungen,
■ die Darstellung und Typisierung der Hauptfiguren.

Veränderungen beim Film gegenüber der literarischen Vorlage

Film	Veränderung/Wirkung/Funktion
Problem/Erzähler/Erzählperspektive	fällt weg oder Sprecherkommentar
Vereinfachung der Handlung	stärkere Polarisierung, Reduzierung der Konstellationen; Konzentration; dramatisierende Effekte
lineare Erzählweise	Straffung, Übersichtlichkeit der Handlung
Reduktion des Personenensembles	Konzentration auf wesentliche Konflikte
Requisiten, sprachliches und außersprachliches („äußeres") Handeln	Eingängigkeit, Suggestivität; Typisierung durch eine Reihe von „äußeren" Merkmalen
Außenperspektive	Verkürzung der Komplexität: Gedanken, Erinnerungen, Empfindungen sind aus Dialog oder Off-Kommentar oder mimisch/gestisch zu erschließen; Stärken des Visuellen

Die thematische und erzählerische Komplexität des Romans steht dem in der Regel gestrafften und „äußerlichen" Erzählen des Films gegenüber. Die narrative Vieldimensionalität des Romans (z. B. durch Perspektivik, thematische und motivische Erzählstränge, Zeitgefüge etc.) wird verändert zu Gunsten einer Vielfalt von adaptierten Codes mit entsprechenden dramatisierenden und suggestiven Wirkungen. Die Übertragbarkeit des Sprachlichen, die Grenzen, aber auch die Stärken der Visualisierung dürften bei der Reflexion genauso im Vordergrund stehen wie Fragen der Popularisierung und die Tatsache, dass jede Verfilmung stark selektive und interpretatorische Prozesse beinhaltet. Auf die unterschiedliche Rezeption dürfte ebenfalls einzugehen sein: individuelles Lesen, Bestimmen der Rezeptionszeit, -dauer, -intensität beim Lesen versus starker Wahrnehmungslenkung durch den (Kino-, TV-) Film, die auch bei der Videorezeption trotz anderer technischer Möglichkeiten die Regel sein dürfte.

Zu 4: Nach der literatur- und filmanalytischen und vergleichenden Arbeit transformieren die Schülerinnen und Schüler nun in einer eher handlungs- und produktorientierten Phase Textauszüge der Romanvorlage zu einer Skizze für die filmische Adaption. Bei den Übungen sollen, zunächst auf kleine Szenen bezogen, vor allem filmische Gestaltungsmittel wie etwa der Erzähler aus dem Off (z. B. denkbar bei der Umsetzung von erlebter Rede), verschiedene Kameraperspektiven, Einstellungsgrößen, verschiedene Einsatzmöglichkeiten von Ton und Musik, Bild-Ton-Montagen etc. und Dialoge im Vordergrund stehen. Filmspezifisches Erzählen soll so erfahrbar gemacht werden. Anschließend können die Schülerinnen und Schüler ihre Ideen zur filmischen Umsetzung mit einer entsprechenden „professionellen" filmischen Umsetzung vergleichen.

In dieser Phase ist auch ein Einüben in die Textsorte „Drehbuch" denkbar (vgl. Kapitel „Übungen zur AV-Dramaturgie und zum Drehbuchschreiben", Seite 114–130). Das Drehbuch als eigene (literarische) Form soll dabei kennen gelernt werden, wobei die Transformationsprozesse von Literatur ins filmische Erzählen und entsprechende Entscheidungen nachvollziehbar werden. Schon aus zeitlichen Gründen dürfte die Drehbuchfassung sich auf einzelne Szenen beschränken.

Ergiebig ist die Aufgabe, Anfänge von unterschiedlichen – den Schülerinnen und Schülern unbekannten – Romanen in Filmanfänge umschreiben zu lassen.

Die Umformung zu einem Drehbuch(-Ausschnitt) umfasst dabei die eigene Textproduktion und die Reflexion einzelner Arbeitsschritte und Entscheidungen. Das folgende Beispiel für die Aufgabenstellung, die übrigens auch in Klausuren eingesetzt werden kann, die eine eigene Textproduktion zulassen, demonstriert dies:

1. Formuliere aus dem vorgegebenen Textausschnitt ein Drehbuch (Dialoge, kurze Regieanweisungen), das die filmische Umsetzung dieses Literaturbeispiels möglichst genau wiedergeben soll!

2. Erläutere deine Drehbuchfassung, indem du anhand von Beispielen einige deiner Entscheidungen kommentierst! Zeige anhand einiger Beispiele aus dem Textausschnitt auf, was nicht verfilmbar und somit spezifisch literarisch ist!

Ursula Becker

(Multi-)Mediale Transformation von lyrischen Texten

Lyrik, als die in der Produktion und Rezeption subjektivste literarische Form, stößt bei der Interpretation durch Schülerinnen und Schüler auf Widerstände, die damit zu tun haben, dass sich lyrische Bilder einem unmittelbaren und eindeutigen Zugang verschließen. Diese Schwierigkeiten haben sicherlich auch damit zu tun, dass die sprachlich vermittelten Bilder im Diskurs des Unterrichtsgesprächs häufig nur schwer zu behandeln sind. Die folgenden Skizzen zeigen einen anderen „synästhetischen" Zugang mit Hilfe der audio-visuellen Medien, bei dem die Schülerinnen und Schüler Gedichte in andere Medien transformieren.

Bildcollage

Aus unterschiedlichen Quellen (Zeitungen, Zeitschriften, Illustrierten, Maga-zinen, Werbeannoncen ...) stellen die Schülerinnen und Schüler eine Collage zusammen, die der Aussage, dem Rhythmus, dem Zeitgeist, der „Farbe" des Gedichtes entsprechen soll.

Toncollage

Mit Hilfe eines Kassettenrekorders, von Effektgeräten oder mit Tonbearbei-tungsprogrammen eines Computers wird der lyrische Text akustisch wiederge-geben, bearbeitet, verfremdet. Andere Tonquellen mit Korrespondenz oder Dissonanzen zum Gedicht können zugemischt werden.

Musik-Unterlegung

Der lyrische Text wird auf einen Kassettenrekorder gesprochen. Dazu wird eine entsprechende Musik gesucht, die als Vorspann des gesprochenen Texts dient, diesem unterlegt wird, die zwischen den Strophen eingespielt wird oder das Gedicht „nachhallen" lässt.

Lyrik-Ausstellung

Für eine kleine Ausstellung wird eine Gedichtauswahl präsentiert und darüber hinaus grafisch bearbeitet, sodass die Form und die Aussagen der Texte visualisiert oder zumindest in ansprechender Grafik präsentiert werden. Denk-bar ist auch, das Gedicht bzw. die Gedichte mit Neu- oder Weiterdichtungen, Interpretationen, Reaktionen, Rezensionen etc. anzureichern.

Videoclip

Aus möglichst heterogenem Material aus TV-Sendungen (Spielfilm, Dokumen-tarfilm, Werbespots, Clips ...) montieren die Schülerinnen und Schüler einen

Videoclip, der von seiner Bildersprache her dem Gedicht entspricht. Der Bezug kann dabei unterschiedlich sein: Der Clip kann das Gedicht illustrieren, bestimmte Bilder und Motive visualisieren oder assoziativ mit dem Material umgehen. Der Gedichttext kann dazu

- im Off gesprochen,
- in unterschiedlicher grafischer Gestaltung mit Hilfe eines Schriftgenerators oder eines PC-Bildbearbeitungs- oder Grafikprogramms (als Laufschrift, im aufgeteilten Bildschirm, als Textseite) eingeblendet oder
- mit Hilfe von gesprochener (gesungener, geflüsterter etc.) Sprache mit Musikunterlegung passend zu den Bildern präsentiert

werden.

Multimedia-Gedicht

Der jeweilige lyrische Text wird jetzt (wie beim Videoclip) mit dem Computer, per Textverarbeitung, Bildbearbeitung, mit Einzelbildern oder Videosequenzen, mit Animationen, mit entsprechenden Klängen oder Musik als Multimedia-Präsentation umgesetzt.

Lyrikproduktion aus der Medienkiste

Die Schülerinnen und Schüler werden dazu ermutigt, aus unterschiedlichen Medienprodukten selber lyrische Texte zu verfassen: Eine TV-Sendung oder ein Film dient als Quelle für ein Gedicht, ein Videoclip wird zu einem Rap-Song umgeformt, zufälliges Material, das beim Internet-Surfen beliebig anfällt, wird in eine lyrische Form gebracht, audiovisuelle Schnipsel aus der „Tagesschau" werden montiert und tricktechnisch bearbeitet, sodass z. B. durch Wiederholungen von Mini-Sequenzen („loops") Rhythmisierungen und generell lyrische Texte entstehen.

Von der bildenden Kunst und Musik zu Medienprodukten

In Teilen des Bandes wurden bereits Beispiele für Transformationen von bildender Kunst in andere Medien aufgeführt (vgl. Kapitel „Bild – Bilder – Bildergeschichten", Seite 130–143). Es folgen weitere Übungen zu Möglichkeiten der Bearbeitung bzw. Weiterverarbeitung von Werken aus dem Bereich der bildenden Kunst und Musik.

Kunst im Film

Schülerinnen und Schüler sehen sich Spielfilme (viele Hitchcock-Beispiele liefern eine ergiebige Quelle dafür) unter dem Gesichtspunkt an, welche

Gemälde, Skulpturen und andere Kunstgegenstände als Szenendekoration zu finden sind. Anschließend versuchen sie, diese Kunstbeispiele zu identifizieren und ihre Funktion innerhalb des Konzeptes der Bilddramaturgie zu ermitteln: „Was ist zu sehen, was bedeutet es? Wie ist es kunstgeschichtlich einzuordnen? Welche Bezüge (untermalend, unterstreichend, verdoppelnd, kontrastierend, ironisierend ...) zur Filmszene sind erkennbar?"

Bild nachstellen

Ein Bild, das etwa im Kunstunterricht besprochen wurde, wird von Schülerinnen und Schülern nachgestellt und in der Komposition verändert. Eine „Dokumentationsgruppe" hält die jeweiligen Standbilder per Foto oder Video fest, die Klasse bespricht gemeinsam die unterschiedlichen Wirkungen, die beim Bildaufbau entstehen.

Porträtmalerei

Wie bei der Übung „Bild nachstellen": Die Schülerinnen und Schüler verändern Kleidung, Requisiten, Mimik, Gestik etc. und bekommen durch diese Modifikationen bzw. Verfremdungen des Ausgangsbildes ein Gespür für die Parameter des Porträtierens. Diese Übung lässt sich gut mit der Porträtfotografie verbinden (vgl. Kapitel „Porträtfotografie").

Variante: Die Vorlage aus der bildenden Kunst wird gescannt (oder sie liegt als Bilddatei bereits vor) und mit einem Fotobearbeitungsprogramm verändert, indem z. B. Bildausschnitte (vor allem das Gesicht) durch Morphing-Prozesse mit Versatzstücken aus anderen Bildern vermischt bzw. ausgetauscht werden.

Bild-Abstraktion

Mit Hilfe eines Bildbearbeitungsprogramms wird ein (gegenständliches) Bild mit den entsprechenden Filterfunktionen des Programms in abstrakte Formen gebracht (z. B. in grafische Bestandteile, in Konturen, in Relief- oder Schattenbilder).

Kunst in der Audiovision

Zunächst werden Kunstsendungen des Fernsehens (z. B. aus der Reihe „1000 Meisterwerke") betrachtet und auf ihre Wirkung und Eignung als Mittel der Kunstvermittlung kritisch geprüft. Anschließend erstellen die Schülerinnen und Schüler eine eigene Produktion, bei der ein Kunstwerk mediengerecht aufbereitet und präsentiert wird. Als Medien sind dabei Foto-, Text-, Video-, Audio- oder Multimedia-Darstellungen denkbar.

Künstlerinnen- und Künstler-Biografie

Die Schülerinnen und Schüler erstellen ein Multimedia-Produkt zu der Biografie eines Künstlers oder einer Künstlerin anhand ihrer eigenen Texte, von Bild- und Fotoreproduktionen, Videobildern und eventuell anhand von Videosequenzen aus einschlägigen Film- und Fernsehproduktionen.

Kunstprozess transparent

Die Schülerinnen und Schüler dokumentieren den Prozess der Erstellung eines Kunstwerkes, indem sie wesentliche Etappen per Foto oder Video (Stopp-Trick) festhalten und somit die Produktion des Kunstwerkes als Prozess verdeutlichen. Entsprechende Kommentare der Künstler können dem hinzugefügt werden.

Musik unterlegen

Sequenzen aus einem Spiel- oder Dokumentarfilm werden den Schülerinnen und Schülern ohne Ton vorgespielt, wobei sie aus einer vorgegebenen Zusammenstellung von Musikbeispielen mit möglichst heterogenem Material eine „passende" Filmmusik dazu unterlegen sollen. Am besten ist es, wenn die Musikbeispiele auf CDs vorliegen. Die Bandbreite der Musikbeispiele sollte von Bach bis zu aktuellen Technoalben reichen, um unterschiedliche Ergebnisse zu ermöglichen.

Film-Musik-Grafik

Die Schülerinnen und Schüler sollen versuchen, eine Filmsequenz, die mit besonders starken dramatischen Effekten auf der Bild- und der Ton-Spur arbeitet, grafisch abzubilden. Ziel dabei kann sein, entweder eine möglichst enge oder möglichst fantasievolle Entsprechung von filmischer Vorlage und Grafik anzustreben.

Kopf-Kino

Den Schülerinnen und Schülern werden mit geschlossenen Augen unterschiedliche Musikstücke mit möglichst verschiedenen musikalischen Parametern vorgespielt. Die Aufgabe besteht darin, beim Hören Bilder zu assoziieren, die sie anschließend als Filmszene der Klasse erzählend vorstellen, als Drehbuchidee fixieren oder als Skizze zeichnen.

Literaturhinweise

Albersheimer/Roloff (Hrsg.): Literaturverfilmungen. Frankfurt am Main 1989.

Buddecke/Hienger: „Verfilmte Literatur – Probleme der Transformation und der Popularisierung", in: Zeitschrift für Literaturwissenschaft und Linguistik, H. 36 (1979) S. 12–30.

Field, Syd: Das Handbuch zum Drehbuch – Übungen und Anleitungen zu einem guten Drehbuch. Frankfurt am Main 1991.

Field/Märthesheimer/Längsfeld u. a.: Drehbuchschreiben für Fernsehen und Film – Ein Handbuch für Ausbildung und Praxis. München 1988.

Gast, Wolfgang: Film und Literatur (Grundbuch) – Einführung in Begriffe und Methoden der Filmanalyse. Frankfurt am Main 1993.

Gast/Deiker: Film und Literatur – Band 1 (Sekundarstufe I: Die Ilse ist weg; Die verlorene Ehre der Katharina Blum). Frankfurt am Main 1993.

Gast/Deiker: Film und Literatur – Band 2 (Sekundarstufe II: Der Untertan; Woyzeck; Effi Briest). Frankfurt am Main 1993.

Gast/Deiker/Wachtel: Film und Literatur – Band 3 (Sekundarstufe I: Flussfahrt mit Huhn; Die Welt in jenem Sommer; Der Schimmelreiter). Frankfurt am Main 1995.

Gast/Vollmers: „Fontane, Plenzdorf, Goethe – sehen oder lesen?", in: Diskussion Deutsch, H. 12 (1981) S. 432–457.

Grund, Uwe: „Die Verwandlung" – Audiovisuelle und literarische Erzähltechnik – Ein Kursmodell zu Kafka. Tübingen 1982.

Hant, Peter: Das Drehbuch – Praktische Filmdramaturgie. Waldeck 1992.

Howard/Mabley: Drehbuch Handwerk – Techniken und Grundlagen mit Analysen erfolgreicher Filme. Köln 1996.

Matiaske/Marci-Boehncke/Kirchner: Film und Literatur – Band 4 (Sekundarstufe II: Sansibar oder der letzte Grund; Homo faber; Der Mann auf der Mauer). Frankfurt am Main 1995.

Paech, Joachim: Literatur und Film. Stuttgart 1988.

Schmidt, Klaus und Ingrid (Hrsg.): Lexikon Literaturverfilmungen – Deutschsprachige Filme 1945–1990. Stuttgart/Weimar 1995.

Kapitel 6

Projekte der Medienarbeit

1. „Wer wird denn gleich in die Luft gehen?" – Werbung im Unterricht

Im folgenden Baustein zum Thema „Werbung" sollen drei Projekte vorgestellt werden, die für die Jahrgangsstufen der Sekundarstufe I und II, je nach Thema und Voraussetzungen der Schülerinnen und Schüler, gedacht sind. Behandelt wird zuerst der Bereich „Merchandising und Produktverbund"; hierbei soll den Schülerinnen und Schülern der beginnenden Sekundarstufe I deutlich werden, in welchem Umfeld Werbung arbeitet und in welchen Bereichen sie von Bedeutung ist, auch wenn sie als Werbung kaum wahrgenommen wird.

Das Projekt „Idole in der Werbung", das sich für die obere Sekundarstufe I anbietet, setzt sich verstärkt mit der inhaltlichen Seite der Botschaften der Medien auseinander. Was passiert, wenn populäre Figuren z.B. aus dem Bereich Sport mit einem Produkt verbunden werden, indem sie dafür werben? Welche Strategien und Absichten liegen einer solchen Verbindung zugrunde? Welche Zugänge eröffnet diese Thematik den Schülerinnen und Schülern?

Das dritte Projekt, das sich stärker an Schülerinnen und Schüler der Sekundarstufe II richtet, beschäftigt sich mit „Werbespot und Videoclip". Hier soll geklärt werden, was ihre Anziehungskraft ausmacht, wo Grenzen zwischen Werbung und Videoclip verschwinden, wie Gestaltungselemente des Videoclips und des Werbespots aussehen und aus welchen Bereichen diese kommen. Ein Schwerpunkt zielt ab auf die genaue und konzentrierte Wahrnehmung dessen, was in Clips und Spots vermittelt wird.

Damit der Medienunterricht nicht zur „grauen Theorie" wird, sollte so viel wie möglich mit praktischen Beispielen gearbeitet werden. Werbespots können aus dem aktuellen Programm aller Sender aufgenommen werden. Die Sender dürfen zwölf Minuten pro Stunde (20 %) Werbespots ausstrahlen. Nach 20.00 Uhr findet man die herkömmliche Spotwerbung nur bei den privaten Anbietern, die sich durch Werbung finanzieren und daher meist auch ein größeres Spektrum an aktuellen Werbespots bieten. Videoclips findet man vorrangig in den Musiksparten kanälen wie MTV, VH1, VIVA1, VIVA2 und ONYX. Diese Sender strahlen bis zu 24 Stunden täglich Videoclips, Musikinformationssendungen und Werbung aus. Mitschnitte aus den Spartenkanälen erlauben einen Einblick in den Programmfluss der Sender, der deutlich macht, wie eng Programm und Werbung miteinander vernetzt sind. Bei diesen Anbietern (z. B. MTV Europe) werden zudem interessante internationale Werbekampagnen gezeigt.

Die Programmzeitschriften weisen spezielle „Klassiker" des Genres Videoclip gesondert aus, die auf Grund ihrer besonderen Gestaltung oder ihrer Zugehörigkeit zur Gruppe der Evergreens immer wieder gesendet werden. Da Werbung ein Teil unserer Alltagskultur ist, lohnt es sich, die Augen aufzuhalten und die Beispiele aus Tageszeitungen, Illustrierten, Lebensmittelpackungen etc. zu verwerten. Der Erwerb technischer Kompetenz und die Beschaffung des Materials sind nicht alleinige Aufgabe der Lehrkraft, sondern sollten in enger Zusammenarbeit mit den Schülerinnen und Schülern vonstatten gehen, die zudem in vielen Fällen auf diesem Gebiet über erhebliches Wissen und Erfahrung verfügen, die man nutzen sollte.

Projekt I: Von Tigerenten, Blaubären und anderen Millionären

Neben den Geschichten, die die Medien und vor allem das Fernsehen erzählen, sind die Figuren, die dort eine Rolle spielen, die Fernsehereignisse der Kinder. Zeichentrickfiguren und Handpuppen gehören dabei zu ihren besonderen Lieblingen. Sie haben in den letzten Jahren begonnen, ein eigenes Leben außerhalb des Fernsehens zu führen. Der lügende Seebär Käpt'n Blaubär und die gelb-schwarze Tigerente haben längst Schiff und Siebenschläfer und damit den Bildschirm und das Buch verlassen. Sie sind auf vielen Produkten mit ihrem Abbild vertreten und erscheinen auf Kleidungsstücken, Lebensmittelverpackungen, Haushaltswaren, Schreibwaren und sogar in Schulbüchern. Bei der Produktion eines Kinderfilms oder einer Kindersendung spielt die Vermarktung der Figuren von Anfang an eine große Rolle. Nichts wird hier dem Zufall überlassen: Eine Figur, die nicht *merchandising*-tauglich ist, hat kaum Chancen.

Um den Produktverbund und die umfassenden Merchandisingstrategien auch für die Schülerinnen und Schüler transparenter zu machen, erscheint der Unterrichtseinstieg über die Figuren sinnvoll. Den Schülerinnen und Schülern soll bewusst werden, dass mediale Figuren genutzt werden, um unterschiedlichste Produkte zu bewerben und ihren Absatz zu steigern. Sie können sich dabei selbst als umworbene Zielgruppe erfahren. Ein erster Schritt ist das bewusste Erkennnen der unterschiedlichen Figuren. Die konkrete Frage: „Wer sind die aktuellen und beliebten Puppen und Zeichentrickfiguren der Kinder?" kann durch einen *Steckbrief* beantwortet werden. Jeder Schüler und jede

Schülerin sucht sich eine konkrete Figur, die er oder sie im Steckbrief beschreibt und charakterisiert.

Für die Figur des Blaubären sieht das z. B. wie folgt aus:

Name: Käpt'n Blaubär

Aussehen: blaue Plüschfigur, Bär, Seemannskleidung

Eigenschaften: schlau, einfallsreich, lieb, listig, verschlagen, lustig, trickreich, sympathisch etc.

Herkunft: Fernsehen (Sendung mit der Maus, Frühstücksfernsehen, Käpt'n Blaubär Club)

Eigene Bewertung: Der Blaubär ist lustig und erzählt schöne Geschichten

Die Steckbriefe werden in der Klasse als Wandzeitung aufgehängt, einzelne Beispiele, die im Hinblick auf ihre Verwertung in der Werbung besonders tragfähig sind, werden vorgestellt. Zu den populären Charakteren, die derzeit auf vielen Lizenzprodukten erscheinen, gehören Emil Grünbär, die Tigerente und die anderen Mitglieder der Janosch-Familie; Käpt'n Blaubär und Hein Blöd; Elefant, Ente und die Maus (Sendung mit der Maus); Familie Feuerstein; Tom & Jerry; Pumuckel; Batman; Ninja-Turtles; die Schlümpfe; Figuren aus der Sesamstraße und aus den neusten Disney-Produktionen. Alle diese „Marken"-Produkte sind schon lange bekannt aus Kindersendungen, Kino- und TV-Filmen, Büchern, Zeitschriften und anderen Printmedien. In diesen Medien findet sich ihre „Geburtsstätte", aus diesen Bereichen haben sie sich herausentwickelt.

Um mediale Stoffe, d. h. Geschichten und Figuren, im allgemeinen Bewusstsein möglichst fest zu verankern, ist es sinnvoll, für deren Verbreitung ein ganzes Medienensemble zu nutzen. Um den Schülerinnen und Schülern dieses Medienensemble zu verdeutlichen, bietet es sich an, den im Steckbrief erarbeiteten Punkt „Herkunft" aufzugreifen. An der Tafel wird gesammmelt, in welchen unterschiedlichen medialen Bereichen die Figuren auftreten. In einem zweiten Schritt werden die Ergebnisse systematisiert und die verschiedenen Medienzweige herausgearbeitet.

Am Beispiel der Janoschfiguren sähe das so aus:

TV	Print	Computer	Audio

▨ Tigerentenclub
▨ Janoschs
   Traumstunde
	▨ Schulbuch,
	▨ Bilderbücher
		▨ Emil Grünbär
		   auf der Suche
		   nach dem Uhps
			▨ Hörspielkassetten

Die einzelnen medialen Zweige sollten nicht isoliert, sondern im medialen Gesamtkontext betrachtet werden. Den Schülerinnen und Schülern wird dabei vermutlich deutlich, dass ihre Vorlieben für bestimmte Charaktere durch die Omnipräsenz der Figuren in den unterschiedlichen Medien maßgeblich beeinflusst werden.

Wo sich die Figuren im alltäglichen Lebensumfeld auf Produkten wiederfinden, kann in einem weiteren Unterrichtsschritt gemeinsam mit den Schülerinnen und Schülern erarbeitet werden. Um den Kindern deutlich zu machen, wie umfangreich die Produktpalette einer Figur ist, sollten sie aus der eigenen Spielzeugtruhe und dem häuslichen Umfeld entsprechende Lizenzprodukte in den Unterricht mitbringen. Auch im Supermarkt und Kaufhaus finden sich vielfältige Beispiele, die die Kinder (z. B. auf einem Arbeitsblatt, mit dem Fotoapparat oder der Videokamera) sammeln können. Auf dem Tisch ausgebreitet, ergibt sich aus dieser Sammlung ein sehr plastisches Bild, wie weit im Alltag eine solche Figur verbreitet ist.

Die unterschiedlichsten Produkte, von der Anstecknadel bis zum Zwergenjoghurt, können nach drei Oberbegriffen geordnet werden, um einen Überblick zu ermöglichen. Dabei ergeben sich neben dem Bereich „Medien" die Felder „Lebensmittel" und „Gegenstände des täglichen Lebens", die in einem weiteren Schritt konkretisiert werden (siehe Tafelbild).

▨ Medien: Fernsehen, Kino, Printprodukte, Computerspiele, Video- und Hörspielkassetten, CD-ROM etc.

▨ Lebensmittel: Milchprodukte, Süßwaren, Erfrischungsgetränke, Frühstücksflocken, Suppen etc.

▨ Gegenstände des täglichen Lebens (Non Food): Spielwaren, Bekleidung, Haushaltsartikel etc.

Die Sammlung konkreter Produkte aus dem Erfahrungs- und Kenntnisstand der Schülerinnen und Schüler kann für das Beispiel Käpt'n Blaubär wie auf der folgenden Seite dargestellt aussehen.

Für eine mögliche Ausstellung kann die Tabelle durch Abbildungen der Produkte, Fotos, Collagen oder Produktbeispiele erweitert werden.

Medien	Lebensmittel	Gegenstände des täglichen Lebens

Fernsehen:
▨ „Käpt'n Blaubär Club"
  (WDR)
▨ „Die Sendung mit der Maus"
  (ARD)
Hörfunk:
▨ Kurzgeschichten
  (Antenne Bayern)
Print:
▨ Geschichtenbücher
▨ Kochen mit Käpt'n Blaubär
▨ Englisch lernen mit ...
CD-ROM:
▨ Käpt'n Blaubärs Adventskalender ...
	▨ Senfgläser
	▨ Müsli, Zerealien
	▨ Schokoladengebäck
	▨ Vitaminbonbons
	▨ Fruchtsaftgetränke
	▨ Milchprodukte
	▨ Tiefkühlprodukte ...
		▨ Handpuppen
		▨ Veloursfiguren
		▨ Quartettspiel
		▨ Kinderpuzzles
		▨ Wärmflaschen
		▨ Klebestift
		▨ Füllfederhalter
		▨ Bekleidung
		▨ Bettwäsche
		▨ Rucksäcke
		▨ Spardosen
		▨ Geschirr ...

Hier wird den Schülerinnen und Schülern deutlich, dass die Zahl der Lizenzprodukte heute für den Verbraucher nur schwer überschaubar ist. Die erheblichen finanziellen Mittel, die Lizenznehmer zu zahlen bereit sind, bestätigen, dass das Konzept der Verkaufsförderung aufgeht. Die Schülerinnen und Schüler können entdecken, dass die Produkte auch in der Schule ihren Siegeszug begonnen haben. Beispiele sind entsprechende Schulranzen, Mäppchen, Hefte und andere Waren, die die Kinder mit in die Schule bringen oder mit denen sie den Schulweg zurücklegen (Tigerentenfahrrad). Das bisher aufgezeigte Funktionsgefüge, das zu einer allgegenwärtigen Präsenz der Medienprodukte führt, fördert kurzfristig die Anziehungskraft der Produkte, die aufeinander verweisen und sich gegenseitig bewerben. Selbst Kleinkinder, die nicht lesen können, erkennen ihre Lieblingsfigur auf Joghurtbechern und Suppenverpackungen und fordern diese beim Kauf vehement ein.

In diesem Zusammenhang bietet es sich an, mit den Kindern einen Produktvergleich durchzuführen. Die oben gewonnen Erkenntnisse können in einem Verbrauchertest umgesetzt werden.

Zwei Verpackungen eines Produktes (z. B. zwei gleiche Joghurts) werden von den Schülerinnen und Schülern so verändert, dass die eine Verpackung neutral gestaltet ist (z. B. weiß), während die andere Verpackung mit Sympathiefiguren versehen wird. Testpersonen außerhalb der Klasse sollen entscheiden, welches Produkt besser schmeckt. Dabei kann entdeckt werden, dass die Sympathiefigur nichts an den – guten oder schlechten – Qualitäten des Produktes verändert, sondern höchstens die persönliche Einstellung.

Welche Gestaltungstechniken besondere Aufmerksamkeit erregen, kann z. B. im Kunstunterricht im Arbeitsfeld Wahrnehmung (Farben und Formen) erarbeitet werden. Vor allem die Gestaltung der Firmen- und Markenlogos ermöglicht eine Übung, die sich mit einem ästhetischen Aspekt der Werbung beschäftigt. Die Farb- und Formgestaltung der Logos zielt auf einen hohen Wiedererkennungswert. Prägnante Formen im Zusammenhang mit bestimmten Farbgebungen stehen für ein bestimmtes Produkt (oder eine Produktgruppe). So hat die Firma Ford ein Firmenlogo entwickelt, das den Schriftzug auf blauem Grund zeigt, ebenso ist der Coca-Cola-Konzern mit seinem rot-weißen Schriftzug international bekannt. Jede Schülerin und jeder Schüler findet im täglichen Umfeld eine Vielzahl von Beispielen, die als Foto oder Original in den Unterricht mitgebracht werden können. In zwei Gruppen aufgeteilt, können die jeweiligen Schülerinnen und Schüler der Gruppen die Logos verdecken und nur ausschnittweise freilegen. Sehr schnell werden sie im Spiel entdecken, wie bekannt die Logos sind, sodass sie bereits in unvollständigem Zustand erkannt werden.

Um kostspielige TV- und Kinoproduktionen zu finanzieren, greifen viele Produzenten auf das „product placement" als Möglichkeit einer zusätzlichen Finanzierung zurück. Das geschickte Platzieren von Produkten wird vom „normalen" Zuschauer nicht als Werbung wahrgenommen, obwohl die Menge der präsentierten Produkte über das hinausgeht, was im Alltag zu finden ist. Zur Schulung der Wahrnehmung kann in der Klasse ein 10–20 Minuten langer Ausschnitt aus einer Vorabendserie gezeigt werden. Die Lehrkraft sollte einen Ausschnitt wählen, in dem viele Markenprodukte sichtbar sind (Küchen-, Autoszenen etc.). Die Schülerinnen und Schüler notieren während der Präsentation alle Produkte, die sie entdecken können. Die so zusammengetragene Vielfalt wird anschließend diskutiert: Ist es ein Zufall, dass sich so viele Produkte finden lassen? Bei welchen Produkten lässt sich vermuten, dass es sich um gezielte Platzierungen handelt?

Projekt II: Idole und Kultfiguren

Unsere Alltagskultur ist von vielen unterschiedlichen Idolen, Vorbildern und Kultfiguren geprägt. Sie dienen als Orientierungs- und Identifikationsfiguren, die bestimmte Eigenschaften verkörpern, die wir entweder selbst gern besitzen würden, von denen wir uns deutlich abgrenzen möchten oder deren Verhalten uns gerade deshalb so gut gefällt, weil wir es manchmal gern nachahmen würden, aber nicht können. Werbung nutzt diese Phänomene, indem sie mit bekannten Personen arbeitet, um die Attraktivität ihrer Produkte für den Verbraucher zu steigern.

Für Kinder und Jugendliche, die sich in einer Orientierungsphase befinden, spielen Idole eine besondere Rolle. Sie haben Leitfunktion und prägen Verhaltensweisen, Berufswünsche und Lebensziele. Sie sind aber auch ein Mittel, um sich von der Welt der Erwachsenen abzugrenzen und die Eigenständigkeit zu betonen.

Was haben Karl Marx, Boris Becker, Marusha und der Melittamann gemeinsam? oder: Was ist ein Idol?

Auf den ersten Blick haben die vier oben genannten Personen sicher wenig miteinander zu tun. In diesem Zusammenhang stehen sie aber als Stellvertreter bzw. Stellvertreterin der Spezies „Idol und Kultfigur", nur mit jeweils unterschiedlichen Ausprägungen. Während Karl Marx und Boris Becker in der Bevölkerung relativ bekannt sind, sind es der Name Marusha und die Werbefigur des Melittamanns nur bedingt. Dennoch sind auch sie mehr als Randfiguren in der Öffentlichkeit und haben unter ihren zahlreichen Fans bereits den Status von Kultfiguren.

Anhand dieser vier Personen, die für den Unterricht auch durch andere bekannte und aktuelle Persönlichkeiten ersetzt werden können, soll exemplarisch erarbeitet werden, was zu den spezifischen Merkmalen eines Idols gehört.

In Kleingruppen soll versucht werden, die Spezifika jeweils einer Person herauszufinden. Leitfragen sind dabei:

> ■ Was ist über die Person bekannt?
> ■ Aus welchen Medien ist sie bekannt?
> ■ Welche Zielgruppe hat diese Person auf Grund ihres Wirkungsbereiches (Sport, Musik etc.) und
> ■ welche Zielgruppe haben die Medien, in denen über sie berichtet wird?
> ■ Aus welchen Gründen wählt sich jemand gerade diese Person als Idol?

Die Kleingruppen sollten Informationsmaterial über die Person sammeln, indem sie Artikel aus Zeitungen, Berichte im Hörfunk, Videoaufzeichnungen und auch Informationen aus dem Internet auswerten. Sie sollen die Person der Klasse mit ihren Materialien vorstellen und anhand dieser die oben genannten Fragen beantworten.

Dabei könnten z. B. folgende Ergebnisse festgehalten werden:

Karl Marx ist eine Person, die für die meisten Jugendlichen zur Vergangenheit gehört. Sie hat keinen Bezug zur Lebenswelt der Kinder und Jugendlichen, sondern ist den „historischen" Idolen zuzuordnen. Marx' Ansichten und Meinungen und das ihnen inhärente Potential zur Abgrenzung von vorherrschenden Meinungen und dadurch zur Veränderung bestehender Verhältnisse sind die Basis für seinen Idolstatus gewesen.

Das Beispiel veranschaulicht, dass Idole und Kultfiguren aus dem politisch-ideellen Bereich kommen können und oft ein hohes Abgrenzungspotential beinhalten, d. h. die Werte und Ideen bieten eine Alternative zu den Vorstellungen der Elterngeneration. Durch die Bindung an die Inhalte und Aussagen ist die Person an einen relativ engen Kontext (Politik, Diskussion um den Kapitalismus, Marxismus etc.) gebunden. Das Beispiel verdeutlicht aber auch, dass Kultfiguren keine unbegrenzte „Lebensdauer" haben.

Boris Becker wurde durch seine zahlreichen Siege zuerst in der Tennisszene zum Idol, machte diese Sportart mit seinem Namen bekannt und wurde für viele zu ihrem Aushängeschild. Die Person wurde innerhalb weniger Wochen eine Art „nationales Vorbild". Er versinnbildlicht verschiedene Werte, die in unserer Gesellschaft hohe Anerkennung haben: Leistungsbereitschaft, Kontinuität im Leistungsniveau, Sportlichkeit usw. Lebensanschauungen und politische Meinungen sind dagegen von einem Tennisspieler nicht gefragt. Bei einer Person wie Boris Becker spielt auch die Nationalität eine große Rolle. In kurzer Zeit identifiziert sich eine ganze Nation mit dem Tennisspieler. Wie wichtig eine gewisse inhaltliche Abstinenz und die Verkörperung der genannten „Grundideale" sind, zeigt der „Liebesentzug", mit dem Presse und Öffentlichkeit den Sportler straft, wenn er von ihnen abweicht.

Der Name Marusha steht für ein „Szene-Idol". In bestimmtem Kreisen der Techno-Szene, die bereits einer reinen Jugend-Subkultur entwachsen ist, steht der weibliche Diskjockey für Spaß, Unterhaltung, Kreativität, Erfolg etc. Ihr Status ist aber an den Oberbegriff „Techno" gebunden, auch wenn sie sich inhaltlich davon entfernt. Personen wie Marusha genießen in der entsprechenden Szene, die sich spezieller Zeitschriften oder auch Sendungen bedient, nur so lange den Status einer Kultfigur, wie sie eine Art „Geheimtipp" bleiben. Werden sie einer großen Öffentlichkeit bekannt, sinkt ihr „innovativer" Wert in den Kreisen, in denen sie „hochgekommen" sind, steigt aber in anderen Kreisen.

Der Schauspieler Egon Wellenbrink begann in den Neunzigerjahren, für die Kaffeefirma Melitta kurze Werbespots zu drehen. Weder hohe technische Ausstattung noch Tricktechnik zeichnen diese Spots aus, sie leben allein von der Person. Die hohe Zahl von Zuschauerpost belegt seine Beliebtheit besonders bei Frauen ab 35 Jahren. Durch die Spots, in denen vor allem der Text geändert wurde, den der Schauspieler spricht, gewinnt der Melittamann sein Profil und verkörpert Eigenschaften wie z. B. Sanftheit, Beständigkeit, Anregung etc.

Die Menge an Informationen und Nachrichten über Personen mit Kult- und Idolstatus und an entsprechenden Geschehnissen ist zu groß, als dass alle alles verarbeiten könnten. Selektion ist ein Prozess, der es ermöglicht, die Informationsflut zu verarbeiten. Persönliche Interessen, Sozialisationskontexte und aktuelle Lebenszusammenhänge steuern diese unwillkürliche Auswahl: Die Nachricht vom Tode James Deans wird vom Direktor einer Schuhfabrik mit anderem Interesse gelesen als von Deans Fans. Es differenzieren sich also Gruppen aus, für die ganz bestimmte Informationen relevant sind. Um die Funktion dieses Selektionsprozesses anschaulich zu machen, bietet sich folgende Übung an. Alle Schülerinnen und Schüler bekommen die gleiche Seite einer Programmzeitschrift. Sie sollen auswählen, welche der aufgeführten Sendungen sie am liebsten sehen möchten und welche unter keinen Umständen. Die Entscheidung für und gegen bestimmte Sendungen soll begründet werden. Dabei wird deutlich, dass persönliche Interessen und Sozialisationskontexte für die Auswahl verantwortlich sind.

Wer mag wen? Sammeln und Sichten!

Die Schülerinnen und Schüler einer Schulklasse oder eines Kurses haben eine Vielzahl unterschiedlicher Interessen und Meinungen. Die Beschäftigung mit Kultfiguren kann diese Ausdifferenzierung bewusst machen und Gemeinsamkeiten aufzeigen.

In Form von Gruppenarbeit oder im Unterrichtsgespräch sollen Informationen über Kultfiguren gesammelt und systematisiert werden.

Dabei können die Idole der Schülerinnen und Schüler nach gesellschaftlichen Feldern und Zielgruppen geordnet werden. Es bieten sich an: 1. Sport, a) Breitensportarten, z. B. Fußball, Tennis etc.; b) Sportarten mit geringerer Zuschauerzahl, z. B. Hockey etc.; 2. Musik (nach Pop, Techno, Rock etc. gegliedert); 3. Entertainment (Show, Talk, Film, Fernsehen); 4. Politik.

Die Beispiele können anhand der herausgearbeiteten Kriterien systematisiert und durch zusätzliche Beispiele ergänzt werden.

Die genannten – jeweils zu aktualisierenden – Bereiche erreichen eine unterschiedliche Zahl von Menschen und sprechen teilweise nur bestimmte Gruppen an. Sie sollen in einem zweiten Schritt um ihre Zielgruppe und ihren Bekanntheitsgrad in der Gesamtbevölkerung ergänzt werden. Bei den einzelnen Personen soll daher überlegt werden, wie stark sie in den Medien präsent sind (auch in Werbespots). Ein Beispiel für ein Tafelbild oder Arbeitsblatt finden Sie auf der folgenden Seite.

Hier bietet es sich an, dass die Schülerinnen und Schüler ihre Idole der Klasse auch medial präsentieren. Videoclips, Ausschnitte aus Sendungen, Anzeigen aus Zeitschriften, Sportübertragungen oder Werbespots können zu Hause aufgezeichnet und in der Klasse vorgestellt werden.

Name	Bereich	Zielgruppe	Bekanntheitsgrad
Michael Jackson (Popstar)	Musik, Pop	Jugendliche, Musikfans	sehr hoch/ international
Jürgen Klinsmann (Sportler)	Sport, Fußball	Sportfans, Fußball	hoch/mittel national
Nils Bokelberg (VIVA-Moderator)	Musik, Entertainment	Kinder, Jugendliche, Musikfans	niedrig

„Man gönnt sich ja sonst nichts!" oder: Wer wirbt für was?

Günter Strack, der beleibte Schauspieler, der für das Produkt einer bekannten Spirituosenfirma wirbt, hat den Werbespruch bekannt gemacht, sodass er für viele schon zum allgemeinen Wortschatz gehört. Figur, Sprache und Haltung strafen den Sprecher so offensichtlich Lügen, dass es den Zuschauer amüsiert. In der Mehrzahl der Spots wird weniger eine ironische Produkt-Personen-Bindung als vielmehr ein positiver Personen-Produkt-Transfer angestrebt. Die Attribute, die einem Michael Schumacher zugeordnet werden, soll der Zuschauer auch mit den beworbenen Produkten verbinden: Fairness, Schnelligkeit, Leistung etc. Die oben begonnene Systematisierung kann also noch um eine Spalte „Attribute" erweitert werden.

Die Verbindung von Person und beworbenem Produkt soll hier herausgearbeitet und untersucht werden. Im Unterricht sind daher folgende Überlegungen zu bearbeiten:

> Welche Eigenschaften besitzt das Produkt, welche Eigenschaften die Werbefigur? Welches Ziel hat diese Art von Werbespot? Wie ist der Werbespot gemacht? Wie ist seine Ästhetik?

Zum Beispiel Boris Becker und sein Werbespot für Nutella:

Boris Becker → → →	Nutella
sportlich, gesund, aktiv, leistungsstark, jung etc.	süß, schokoladig, schmeckt gut, cremig, kalorienreich etc.

Ziel dieses Spots ist es, die positiven Eigenschaften des Sportlers auf das Produkt zu transferieren und so das Produkt nicht nur für Kinder attraktiv zu machen. Produkt und Personen müssen zusammen passen. Der Spot bezieht sich auch in seiner Ästhetik auf die umworbene Zielgruppe (jugendliche Protagonisten, hohe Schnittfrequenz etc.).

In einem Simulationsspiel können die Schülerinnen und Schüler die diesbe-
züglichen Überlegungen einer Werbeagentur nachvollziehen: Die Autofirma
PS möchte für ihren neuen Sportwagen, der sich durch besondere Sportlichkeit und hohe Geschwindigkeit auszeichnet, einen Werbeträger finden. Sie
haben die Wahl zwischen Michael Schumacher und Marie Luise Marjan (der
„Mutter Beimer" der *Lindenstraße*). Welche Person eignet sich besser für dieses
Produkt? Welche Gründe gibt es dafür?

Zu Beginn der Simulation soll festgestellt werden, wer als möglicher Kunde
des Sportwagens in Frage kommt (Zielgruppenbestimmung).

In einem nächsten Schritt sollen möglichst viele Eigenschaften des Produktes
und der zwei Personen herausgefunden werden. Dabei sollen negative und
positive Informationen gesammelt werden. Für Michael Schumacher und
Marie Luise Marjan kann das geschehen, indem Berichte aus Fernsehen und
Zeitschriften ausgewertet werden.

Danach soll gemeinsam überlegt werden, welche der gesammelten Informationen für den potenziellen Kunden interessant sein könnten und welche nicht
in der Werbung erscheinen dürfen. Der hohe Benzinverbrauch des Autos und
seine starke Anfälligkeit für Pannen haben z. B. in einer erfolgreichen Werbung
keinen Platz!

Ob die beiden Personen bei der Zielgruppe einen hohen Bekanntheitsgrad
besitzen, kann in einer Umfrage außerhalb der Schule nachgeprüft werden.
Unter Einbeziehung der Hintergrundinformationen kann die Entscheidung für
eine der beiden Personen getroffen werden. Das Ergebnis wird in Form eines
Werbeplakates dargestellt, bei dessen Gestaltung der Gedanke an die Zielgruppe eine wichtige Rolle spielt. Ein Wagen der Luxusklasse für das gehobene
Management wird nicht mit neonfarbenen Graffiti-Plakaten beworben.

Mit dem Beispiel „Mutter Beimer" kann im Sinne einer Verfremdung weiter-
gearbeitet werden. Ein hergestelltes Werbeplakat mit ihrer Person oder ein
Plakat mit Michael Schumacher können für eine Umfrage/Interviews eingesetzt werden. Die Fragestellung kann dabei sein: Welche Eigenschaften erwarten Kunden von einem Sportwagen, für den „Mutter Beimer" wirbt? Sind es
die gleichen Eigenschaften wie in einer Werbung mit Michael Schumacher?
Hierbei wird deutlich, dass Person und Produkt nicht nur ähnliche Eigenschaften besitzen sollten, sondern dass die Person auch persönliche Attribute auf
das Produkt überträgt.

Einige Produkte haben sehr wenige spezifische Eigenschaften (z. B. Nudeln,
Reinigungsmittel etc.), dennoch werden auch hier bekannte Persönlichkeiten
eingesetzt, um den Produkten ein bestimmtes Profil zu verleihen (vgl. Steffi
Graf in der Barilla-Reklame). Verschiedene Arbeitsgruppen können z. B. ver-

suchen, einem Nudelprodukt ein bestimmtes Image zu geben, indem sie einen passenden Werbeträger aussuchen. So kann die Nudel mit Heino zum echten „Volkshit" oder mit Marusha zum „Kultsnack" in der Techno-Szene werden.

Am besten greift man auf bereits bestehende Werbeanzeigen in Zeitungen zurück, ergänzt und verfremdet sie mit den neuen Personen. Die unterschiedlichen Ergebnisse sollten in einer Wandzeitung nebeneinander präsentiert werden, um die Verschiedenartigkeit der neu geschaffenen Produktprofile noch stärker zu verdeutlichen.

Produkt-Personen-Bindung und Imagetransfer können auch anhand der Analyse von mehreren ausgewählten Spots exemplarisch aufgezeigt werden.

Als Arbeitsaufträge bieten sich weiterhin an:

---

1. Suche für dein Idol oder irgendeine Figur, die du gut findest, ein passendes Produkt! Begründe deine Entscheidung!

Die Ergebnisse der Produkt-Personen-Bindung sollen hier wiederholt und praktisch umgesetzt werden.

---

2. Welche Figuren können nur in ironisierender Weise mit bestimmten Produkten verbunden werden?

Hier sollen die Kenntnisse aus der Analyse „auf den Kopf gestellt werden". „Mutter Beimer" auf dem Mountainbike, David Hasselhoff im Trachtenlook – der Fantasie sind keine Grenzen gesetzt!

---

3. Gestalte ein Werbeplakat mit deinem Idol! Du kannst dich für eine ironisierende Werbung oder die klassische Produkt-Personen-Bindung entscheiden.

Die ersten beiden Aufgaben sollen als „theoretische" Vorüberlegung für diese Übung verstanden werden. Die besten Ideen können an dieser Stelle umgesetzt werden, an der mehrere der vorher erarbeiteten Teilschritte praktisch erfahren werden sollen. Den Schülerinnen und Schülern wird dabei so viel Freiheit wie möglich in der Wahl ihrer Medien gegeben. Es ist möglich, bereits bestehende Anzeigen in Illustrierten durch Collagetechnik zu verfremden, Plakate neu zu zeichnen, eine Anzeige aus Fotomaterial zu gestalten, Bilder und Grafiken am Computer zu erstellen oder auf Material aus dem Internet (Bilder, Fotos, Grafikelemente) zurückzugreifen und dieses einzuarbeiten.

4. Gestalte einen Werbespot! Folgende Fragen müssen zuerst geklärt werden: Welches Produkt willst du bewerben, wer soll dieses Produkt kaufen, welche Person soll für dein Produkt werben? Anschließend ist es sinnvoll, ein „Drehbuch" zu schreiben und die technischen Arbeiten zu verteilen.

Bei der Herstellung eines eigenen Videoclips kann auf Techniken der Collage oder der Eigeninszenierung zurückgegriffen werden (s. auch das folgende Projekt „Werbespot und Videoclip").

Projekt III: Werbespot und Videoclip

Für viele Jugendliche drückt sich ihr ganz persönliches Lebensgefühl in ihrer Lieblingsmusik aus. Kommerzielle Musiksender (TV und Hörfunk) nutzen diese Verbindung, um Werbesendungen an ihre Zielgruppe zu richten. Das Projekt geht auf diese enge Verbindung zwischen Musik- und Werbewelt ein, die sich unter anderem in vielen Musikvideoclips und Werbespots deutlich zeigt. Darüber hinaus werden die Verbindungen zwischen Musik und Werbung auch an anderen Beispielen deutlich, die den Alltag und das Umfeld von Jugendlichen mit beeinflussen.

Wenn zwei Welten sich begegnen

Vor dem konkreten Vergleich der Genres bietet es sich an, mit den Schülerinnen und Schülern gemeinsam zu erarbeiten, wie Werbewelt und Musikwelt miteinander verbunden sind. Die enge Vernetzung von Werbung (z. B. für Jeans oder den neuesten Kinofilm) mit Musik spricht Jugendliche in den kurzen Spots/Clips gezielt an. Alle Schülerinnen und Schüler kennen aus dem Alltag Beispiele, die diese Verbindung deutlich machen. In einem ersten Schritt können sie Musikstücke, Beispiele aus den Printmedien und Berichte über „Eventmarketing" (Erlebnismarketing: Beispiele siehe Infokasten) sammeln und in der Gruppe vorstellen. Die Schülerinnen und Schüler können dazu ihre „Songs" aus Hörfunk und Fernsehen aufzeichnen sowie Ausschnitte aus (Jugend-)Illustrierten und Zeitungen sammeln. Lehrer und Schüler können sich gegenseitig als Einstieg in den Themenkomplex bestimmte Musikstücke, Werbespots oder Videoclips vorstellen, die diese Verbindung verdeutlichen.

Ziel dieser Einführung ist es, die Phänomene in ihrer unterhaltenden und werbenden Funktion wahrzunehmen. Die erwähnten Beispiele stehen oft nicht für sich allein, sondern bewerben sich gegenseitig. So ist die Figur des Films „Lion King" im Videoclip, im Kinofilm und in den Charts der Hitparaden zu finden. Der Löwe steht in einem Verbund verschiedener marktstrategischer Maßnahmen, die seine Bekanntheit möglichst noch steigern. Ähnliche Effekte erhofft sich auch der VW-Konzern, wenn er Popgruppen mit einem seiner Produkte in Verbindung bringt. Ein „normales" alltägliches Produkt wie ein Auto (VW-Golf) soll einen „Mehr-Wert" durch den Imagetransfer mit Hilfe bekannter Künstler erhalten (vgl. Projekt: Idole).

Einige Beispiele der letzten Jahre sind:

Musik
Bereits existierende Musiktitel werden für die Werbung „wiederentdeckt", sie finden sich oft in den Hitparaden wieder und erklimmen sogar obere Ränge:
- Levis (Sam Cooke: „Wonderful World"),
- C & A (Mamas & Papas: „Dream a Little Dream"),
- Nike (John Lennon: „Instant Karma") etc.

Andere Musiktitel werden für Werbespots geschrieben und finden sich gelegentlich ebenfalls in den Hitparaden:
- Coca-Cola (Robin Beck: „First Time First Love"),
- Bacardi („Bacardi Feeling" bzw. „What a Feeling").

Videoclips
Clips, die für Kinofilme werben, werden aus Filmausschnitten zusammengesetzt und mit Einspielungen der Musikgruppen und Künstler verbunden, so illustriert der Clip den Titelsong eines neuen Filmes und dient gleichzeitig als Werbung (Cross Promotion). Beispiele hierfür sind:
- Terminator 2 – Tag der Abrechnung (Guns 'n' Roses: „You could be mine"),
- Disneys: Lion King (Elton John: „Lion King"),
- James-Bond-Filme (Tina Turner: „Golden Eye").

Werbespots
Sie nutzen Figuren aus der Popkultur und deren Bekanntheit (vor allem bei bestimmten Zielgruppen) für ein Produkt, so werben z. B. Tina Turner und Michael Jackson für Pepsi Cola, Grace Jones für Citroen, Marla Glenn für C & A etc.
Bekannte Musiktitel (siehe Musik) werden durch die Werbung „wiederentdeckt".

Events (Erlebnismarketing)
Große Konzerne wie z. B. VW profitieren von der Bekanntheit bestimmter Künstler (wie Genesis, Pink Floyd, Bon Jovi, Rolling Stones), wenn sie einen neuen Golf herstellen, der den Namen der Gruppe trägt. Die Automarke soll dadurch mit dem Erlebnis verbunden werden, das man hat, wenn man ein entsprechendes Konzert besucht. Zudem sponsern sie die Konzerte der Künstler (Tina Turner mit Pepsi etc.).

Was ist was: Werbespot oder Videoclip?

Videoclip wie Werbespot setzen Bezüge zu anderen sozialen Kontexten und nutzen Kommunikations- und Gestaltungsmöglichkeiten aus allen kulturellen Bereichen für sich. Deren Elemente werden in den kurzen Filmen für den eigenen Zusammenhang und die eigenen Intentionen eingesetzt. Produkte in der Werbung werden ebenso wie die Künstler in den Videoclips mit einer komplexen, emotional aufgeladenen Ausstrahlung umgeben.

Welche Mittel werden hierfür genutzt, wie arbeiten oder wirken Werbespot und Videoclip? Wie werden Stimmungen und Gefühle erzeugt? Welche Rolle spielt dabei die Musik?

Für den konkreten Vergleich der Genres Videoclip und Werbespot ist es wichtig, mit den Schülerinnen und Schülern gemeinsam zu klären, was ein Videoclip bzw. ein Werbespot ist. Auf Arbeitsblättern (oder auf großen Plakaten, die dann in der Klasse für die Dauer des Projektes hängen bleiben) kann strukturiert gesammelt werden, was die Schülerinnen und Schüler aus eigener Seh-Erfahrung im täglichen Fernsehalltag bereits kennen. Die Infokästen geben hierzu eine Orientierung:

Videoclip

Ursprünglich hergestellt zur Unterstützung der Werbung von Musikgruppen und ihrer Musik, zur Steigerung des Plattenverkaufs, entwickelten sich die Videoclips zu einem Genre, ohne das heute kein Verkaufserfolg mehr denkbar ist. Neben seiner unterhaltenden Seite kann der Videoclip von seinen Zuschauern auch in seiner werbenden Funktion wahrgenommen werden, zumal er als Werbung im Programmablauf kaum auffällt. Deutlich zu sehen ist dies bei den Musiksparten-sendern, hier ist die Werbung für die Musik auch gleichzeitig das ästhetische Produkt, aus dem sich das Programm zusammensetzt.

Die durchschnittlich ca. $3\frac{1}{2}$ Minuten langen Musikvideos sprechen neben der akustischen auch die visuelle Wahrnehmungsebene an, die Musik verbindet sich mit den Bildern und den dort inszenierten Stimmungen und Gefühlen, Geschichten und Eindrücken in der Erinnerung des Publikums. Durch die Bilder wird die Musik emotional aufgewertet und etikettiert.

Werbespot

Werbespots sind Ton-Bild-Telegramme, deren Botschaft auf das Wesentlichste reduziert ist. In kürzester Zeit (ca. 30 Sekunden) soll die Aufmerksamkeit des Zuschauers geweckt werden und der Kunde soll das Produkt mit einem positiven Eindruck verbinden. Dabei wird versucht, unterschiedliche Gruppen jeweils so zielgerecht wie möglich anzusprechen, so auch Kinder oder Jugendliche.

Nicht zufällig finden sich heute im Programmablauf der Sender Werbespots, die in ihrer optischen Präsentation und ästhetischen Gestaltung Videoclips sehr ähneln und von diesen beim schnellen Hinsehen nicht mehr zu unterscheiden sind. Unterhaltung spielt dabei eine zentrale Rolle. Im Gegensatz zu früher geht es heute im Werbespot meist nicht mehr darum, ein Produkt neu einzuführen und über seine Qualitäten zu informieren (die großen Markenprodukte können als bekannt vorausgesetzt werden). Es ist vielmehr wichtig, ein schon weitgehend bekanntes Produkt von anderen gleichwertigen „Auch-Markenprodukten" abzusetzen und ihm einen ideellen „Mehrwert" zu verschaffen. Man will den Namen des Produktes mit positiven Eigenschaften, Gefühlen, Stimmungen usw. verbinden.

Aus dem laufenden TV-Programm werden Clip- und Spotbeispiele mitge-
schnitten und der Klasse bzw. dem Kurs gezeigt. Die Schülerinnen und Schüler
sollten aber auch selbst Beispiele sammeln. Gemeinsam werden die Beispiele
herausgesucht, die die Ästhetik in den Vordergrund stellen und damit sogar so
weit gehen, dass Unterschiede zwischen beiden fast aufgehoben werden. Es
sollen auch solche Beispiele gezeigt werden, die sich deutlich voneinander
abgrenzen (z. B. Videoclip und die „klassische" Produktwerbung, die das
Produkt in den Vordergrund stellt). Die Schulung der Wahrnehmung kann mit
den Schülerinnen und Schülern geübt werden, indem man mit ihnen beispielsweise Werbespots oder Videoclips bildweise (d. h. „step by step") per Videostandbild betrachtet. Hier kann festgestellt werden, ab welcher Stelle man ein
Bild, ein Logo oder eine bestimmte Produktwerbung erkennt. Ab welchem
Moment wissen die Schülerinnen und Schüler, worum es sich handelt?

Kaugummi-Werbung oder Videoclip (George Michael)?

Warum? Gerade Markenlogos werden schnell identifiziert, sie gehören heute
schon bei Kindern zum „gelernten" Allgemeinwissen, ohne dass das Produkt
(z. B. eine bestimmte Jeans) im Bild erscheinen muss. Die ersten Bilder
entscheiden meist über das Wiedererkennen. In dieser Übung geht es weniger
um eine genaue Analyse, sondern um das bewusste Sehen der Medienange-
bote, die sonst meist nur im Vorübergehen wahrgenommen werden. Zudem
entdecken die Schülerinnen und Schüler schon hier die Gestaltungsvielfalt
und Menge der Einzelelemente in den unterschiedlichen Clips/Spots, die bei
normaler Ablaufgeschwindigkeit eines Videobandes nicht auffallen.

Wie ordnet man die unüberschaubare Vielfalt?

Bei der unüberschaubaren Vielfalt, die es in beiden Genres gibt, erscheint es sinnvoll, für den Vergleich von Videoclip und Werbespot den Schülerinnen und Schülern Ordnungshilfen an die Hand zu geben, die möglichst von ihnen selbst erarbeitet werden sollten.

So kann es eine Aufgabe sein, an ausgewählten Clip- und Spotbeispielen Strukturtypen herauszuarbeiten, die man in beiden Bereichen finden kann. Man sollte sich bei der Analyse zuerst nur auf ein Genre beschränken und das andere später zum Vergleich hinzuziehen. Genretypische „Grundformen" erleichtern dabei den Einstieg. Um sie herauszuarbeiten, sollte festgestellt werden, ob es im Werbespot/Videoclip einen Handlungsablauf gibt oder ob im vorgestellten Beispiel Bilder eher aneinandergereiht werden.

Es ergeben sich vor allem zwei Typen:[3]

■ *Der narrative Clip/Spot:*
  Er erzählt eine Geschichte, die teilweise oder nur in bruckstückhafter Form dargestellt ist. Berühmtes Beispiel für den Videoclip ist Michael Jacksons „Thriller". Hier wird eine Geschichte von einem jungen Paar erzählt, das einen Horrorfilm im Kino sieht und sich später in einer „realen" Situation von Horrorfiguren umgeben wiederfindet.

■ *Der Art Clip/Spot:*
  Er verbindet unterschiedlichste Elemente aus der Alltagskultur zu einem Bilderteppich, der die Bilder ohne Handlung in impressionistischer Form (nach formalästhetischen Gesichtspunkten) aneinanderreiht. Beispiel für den Werbespot: C & A „Dream a Little Dream". Hier wird die Musik der Gruppe Mamas & Papas mit impressionistisch anmutenden Bildern einer Dünenlandschaft unterlegt, die Urlaub, Freizeit, Spaß und Losgelöstheit vom Alltag vermitteln. Erst am Ende des Spots erscheint das Firmenlogo.

Weder im Werbespot noch im Videoclip gibt es die vorgestellten Typen nur in Reinformen. Es finden sich viele Mischformen, die die unterschiedlichsten Elemente miteinander verbinden.

Aus der Menge der Möglichkeiten, die die Thematik für eine Bearbeitung in der Schule bietet, sollen in diesem Projekt zwei Bereiche herausgestellt werden, die bei beiden Genres eine Rolle spielen: das Prinzip der *Collage* und der Einsatz von *Stereotypen*. Schülerinnen und Schüler können vorerst anhand von Standbildern aus den Clips/Spots, aber auch aus Anzeigen von Illustrierten bestimmte Ausdrucksmittel herausarbeiten. Einige von ihnen suchen monochrome (einfarbige) Werbeanzeigen (rot, blau). An ihnen kann festge-

---

3 Vgl. *Behne, K. E.*: Film – Musik – Video. Kassel 1987.

stellt werden, welchen Symbolgehalt Farben haben. Andere suchen Bilder mit auffälligen Perspektiven. Frosch- oder Vogelperspektiven lassen Dinge bedrohlich erscheinen oder ermöglichen dem Betrachter das Gefühl des Überblicks über die Situation, Detailaufnahmen lenken seine Aufmerksamkeit etc. Die Arbeitsgruppen können sich die Ergebnisse gegenseitig vorstellen und so einen Übersichtsplan der wichtigsten filmischen Mittel erarbeiten. Für die Schülerinnen und Schüler ist dabei wichtig zu erkennen: Videoclips und Werbespots sind sehr gezielt gestaltet. Die Mittel, Tricks und Effekte, mit denen sie arbeiten, sind hochkomplex und nicht zufällig gesetzt.

Kurze Bilder, viel dahinter: Stereotype

Das Herausarbeiten, Entdecken sowie Analysieren bestimmter immer wiederkehrender Bildsequenzen und Stereotype kann in der Arbeit der Schülerinnen und Schüler vom Produkt ausgehen, indem sie mehrere Spots/Clips sehen, die mit ähnlichen Stereotypen arbeiten. Sie können herausfinden, welche Bilder wie (und somit ähnlich) gestaltet sind. Auch können sie zusammentragen und ordnen, mit welchen Klischees in Werbespots und Videoclips in Bezug auf bestimmte Stereotype wie Erfolg, Selbstbewusstsein, Glück etc. gearbeitet wird.

Eine Möglichkeit, solche stereotypen Bilder und vor allem die damit verbundenen Schemata zu erkennen, könnte sein, die Schülerinnen und Schüler in einer ersten Phase in unterschiedliche Gruppen aufzuteilen und solche Bilder selbst finden zu lassen (z. B. das stereotype Bild für junge, erfolgreiche Menschen). Hier entdecken die Schülerinnen und Schüler zuerst eigenständig die unterschiedlichsten stereotypen Ausdrucksformen. Dies geschieht vor einer konkreten Analysephase der Beispiele. Erarbeitet werden kann das durch die eigene Tätigkeit in verschiedenen Medien.

Videoarbeit

Einige Schülerinnen und Schüler können mit der Videokamera Bilder einfangen, die z. B. den Bereich Sport, Spaß, Spiel, Freizeit oder auch typische Bilder von Männern/Frauen beschreiben. Hierbei müssen sie sich für die Umsetzung Fragen stellen, wie: Was stellen wir uns unter einem typischen Bild für diesen Bereich vor? Was gehört zu dieser Situation? Welche Handlungsrolle will ich beschreiben (erfolgreiche Menschen)? Was assoziiere ich damit?

Collage aus Printmedien

Eine Gruppe kann aus Zeitschriften typische Bilder für „die moderne Frau oder den modernen Mann" herausfinden (Rollenklischees wie: jung, erfolgreich, unabhängig, selbstständig, erotisch, selbstbewusst … etc.) und in einer

Collage zusammenstellen, die den anderen Schülerinnen und Schülern später vorgestellt wird. Ein besonderer Reiz kann darin liegen, eine „Gegencollage" herzustellen: Wie darf eine Person nicht aussehen, die ein Produkt bewirbt: arbeitslos, abhängig, überarbeitet, schlecht gekleidet, traurig ...?

Collage aus audiovisuellen Medien

Zudem kann man aus dem Fernsehprogramm (aus Lieblingssendungen der Schülerinnen und Schüler, aus Werbespots und Videoclips) bestimmte stereotype Szenen herauskopieren und aneinander reihen wie z. B. zehn Szenen, in denen sich Menschen streiten oder Konflikte austragen, bzw. zehn „schöne, erfolgreiche Männer/Frauen". Hierzu müssen zwei Videogeräte vorhanden sein: Auf einem wird zuerst eine Sendung aufgezeichnet. Aus dieser werden nur ausgewählte Sequenzen auf eine zweite Kassette kopiert, um so mehrere Szenen aneinander zu schneiden. Die Bilder sollten ohne Handlungsablauf aneinanderkopiert werden. So wird deutlich, mit welchen Mitteln und Gestaltungselementen eine bestimmte typische Situation oder Szene dargestellt wird.

In der Analysephase der Übung wird den Schülerinnen und Schülern sicherlich auffallen, dass sich bestimmte Bilder immer wieder finden. Stereotype bestehen also in ihren Köpfen (wie aus der eigenen Videoarbeit hervorgeht) und werden auch in den audiovisuellen und den Printmedien transportiert.

Typische immer wieder auftretende Formen/Motive können gesammelt und folgenden Bereichen zugeordnet werden: stereotype Bildfolgen, stereotype Gestaltungsmittel, stereotype Handlungen.

> *Stereotype Bildfolgen* lassen sich z. B. für Topoi wie Romantik (Kuss-Szenen, Sonnenuntergänge etc.), Horror (unheimliche Gestalten, Vollmondnächte etc.), Emotionen (Liebe-, Eifersucht-, Hass-, Wutszenen etc.) und viele andere Bereiche finden, ebenso finden sich *stereotype Handlungsmuster* (oft bei narrativen Clips/Spots, wie beispielsweise typische Männer- oder Frauenrollen, Helden etc.).
>
> *Typische visuelle Gestaltungsmittel*, die immer wieder eingesetzt werden, sind beispielsweise Spiegelungen (nasse Straßen), Farbverfremdungen, Farbeinsatz (Ton in Ton oder starke Kontraste), Einsatz von Trick (Animation), Zeitraffer- oder Lupeneffekte (ungewöhnliche Perspektiven, Raucheinsatz) etc.

Für die Schülerinnen und Schüler wird deutlich: Durch ihre Kürze tippen Werbespots und Videoclips viele Themen wie z. B. Gefühle, die sie ansprechen oder erwecken wollen, nur äußerst kurz an. Komplexe Vorstellungen zu bestimmten Zusammenhängen, die beim Zuschauer vorhanden sind, werden durch symbolhaltige „Schlüsselbilder" abgerufen. Schnelle Schnittfolgen ermöglichen zusätzlich eine Aneinanderreihung solcher Bilder und Bildfolgen, die Informationsdichte wird höher. Dies geschieht sowohl in narrativen als auch in Art Clips/Spots.

Ein Beispiel dafür sind im Werbespotbereich die Nike-Spots. So werden im Werbespot „Instant Karma" (mit dem gleichnamigen Titel von John Lennon musikalisch unterlegt) Bildsequenzen von Sportlern in Aktion gezeigt, die von typografischen Einspielungen des Liedtextes unterbrochen werden. Aneinander gereiht setzen sie beim Zuschauer eine Kette von Assoziationen frei. So steht die Art, wie diese Bilder gestaltet sind, für: Sportlichkeit, Freude, Spaß, Anstrengung, Erfolg, Freiheit, Freizeit, Sieg, Kameradschaft etc.

Werbespots und Videoclips können in äußerst kurzer Zeit über die Aneinanderreihung der Bilder unterschiedliche Bereiche über symbolhafte Bilder vernetzen. Diese stereotypen Bilder(-ketten) sind verdichtete, idealtypische Vorstellungen z. B. von *dem* Sport, *dem* Mann, *der* Freiheit, oder *der* Geschäftsfrau. Auf diese Bilder kann man zurückgreifen, wenn man gewisse Vorstellungen wecken möchte, denn sie sind im Wertesystem unserer Gesellschaft fest verankert. In den Geschichten der Videoclips und Werbespots werden sie oft auf Grund der Kürze der Filme einfach aneinander gehängt und „erzählen" so in „Stichworten" eine Handlung, die sich z. B. im Text der Musik findet.

Die Schülerinnen und Schüler können solche Bilder suchen und herausarbeiten, wofür diese stehen. Sie können entdecken, dass sie bei ihnen selbst vorhanden (gelernt) sind. Gleichzeitig lernen sie, sie zu „lesen", d. h. sie zu erkennen, einzuordnen und kritisch zu hinterfragen als die Darstellung einer bild-, modell-, zeichen-, symbol-, und ausschnitthaften Wirklichkeit. Ein „Selbsttest" hilft, dies den Schülerinnen und Schülern zu verdeutlichen. Ihnen wird ein Werbespot oder eine Printanzeige vorgestellt. Sie sollen den Unterschied herausarbeiten zwischen dem, was zu sehen ist, und dem, was sie interpretieren. So zeigt das Bild eines Marlboro-Cowboys, der auf seinem Pferd durch die Prärie reitet, tatsächlich nur den Mann auf einem Pferd reitend. Was aber „sieht" der Betrachter? Freiheit, Männlichkeit, Abenteuer etc. Ein anderes Beispiel: Eine junge, gut aussehende Frau im roten Designerkostüm mit Aktentasche, die in einen Sportwagen steigt. Was „sieht" der Betrachter? Möglicherweise interpretiert er, dass sie eine erfolgreiche, selbstbewusste Geschäftsfrau mit viel Geld ist.

An diesen Beispielen wird den Schülerinnen und Schülern deutlich, dass es einen Unterschied gibt zwischen dem, was sie als Bild sehen (denotieren) und dem, was sie interpretieren, assoziieren, werten etc., d. h., was mit den Bildern vermittelt wird (konnotieren). Diese „Co-Autorenschaft" des Betrachters, der das, was die Bilder zeigen, um das ergänzt, was er an Wissen um die Bedeutung der Bilder hat, wird in anderen Genres gezielt genutzt, auch um den Zuschauer zu irritieren. Die Macher von Medienangeboten setzen genau auf dieses allgemeine Wissen um Schlüsselbilder, wenn sie diese dem Betrachter anbieten. In der Werbung transportieren die Bilder mehr als nur das Abbild des Gegenstandes, den sie zeigen. Solche Schlüsselbilder können die Schülerinnen und Schüler aber auch außerhalb der Werbung, z. B. in den Nachrichten, Wirtschaftsberichterstattungen, Unterhaltungsmagazinen, Spielfilmen, Serien etc. finden. Eine Übung könnte sein, unterschiedliche Beispiele in Fernsehbeiträgen zu suchen.

Genre	Denotative Ebene	Konnotative Ebene
TV-Nachrichten	Der Bundeskanzler schüttelt dem US-Präsidenten die Hand	Der gewählte Vertreter unseres Landes übt seinen Job aus, er setzt sich für die Interessen unseres Landes ein ...
	Das Bild einer alten Frau, die im Bett liegt	Die Pflegeversicherung wird diskutiert, die Gesundheitsreform wird thematisiert ...
Werbung	Rote Lippen	Sinnlichkeit, Erotik ...
	Marlboro-Mann	Freiheit, Männlichkeit, Abenteuer ...
Videoclip	Strandszenen, tanzende Menschen	Spaß, Urlaub, Freizeit, Freiheit, Unterhaltung ...
etc.		

1000 Ideen in einem Clip: Die Collage

Im Hinblick auf eine mögliche spätere Herstellung eines eigenen Spots/Clips soll von den Schülerinnen und Schülern erarbeitet werden, wie sich ein Videoclip/Werbespot zusammensetzt. Es bietet sich an, mit ihnen die Collage als Gestaltungsprinzip herauszuarbeiten, zumal Collage und auch Montage grundlegende Gestaltungsmittel der Filmdramaturgie sind.

Betrachtet man Werbespots und Videoclips, stellt man fest, dass sich beide Genres aus allen Bereichen der Umwelt wie aus einem Steinbruch bedienen. Beide Genres nutzen Elemente der Alltagskultur, entnehmen sie ihrem ursprünglichen Zusammenhang und setzen sie neu zusammen. So finden sich in den Spots und Clips Elemente aus Film, Tanz, Musik, Kunst, Fotografie, Satire, Theater etc. Über einen neuen Zusammenhang können sie auch eine neue Wirkung erzielen, so z. B. der Videoclip von George Michael „Killer – Papa was a Rolling Stone". Hier werden Schwarzweiß-Sequenzen (hauptsächlich

vor Großstadtsilhouetten tanzende Menschen sowie extreme Nah- und Aus-
schnittaufnahmen von Gesichtern) abgelöst von farbigen Sequenzen, die
eindeutig an Werbe- und Firmenlogos angelehnte Bilder zeigen. Man erkennt
scheinbar auf den ersten Blick Logos bestimmter Marken wieder, so auch den
Schriftzug der Firma Nike, erst beim zweiten Hinschauen entdeckt der Zuschauer, dass dort der Songtext umgesetzt ist und „like" steht.

Die unterschiedlichen Einflüsse können von den Schülerinnen und Schülern
entdeckt werden. Sind sie erkannt, kann man sie später für die eigene Spot-
produktion, z. B. auch für die Produktion eines Werbespots für den lokalen
Hörfunk nutzen. Hier kann das collageartige Prinzip eingesetzt werden, z. B.
das Zusammenstellen unterschiedlicher Sprachsequenzen aus einer Theater-
inszenierung des Schultheaters mit Musik und den Informationen zur Auffüh-
rung. Bei der grafischen Gestaltung von Werbeplakaten die gleichen Textausschnitte, die schon für die Produktion des Hörfunkspots genutzt werden, mit
entsprechenden Bildern zu versehen ist eine weitere mögliche werbende
Maßnahme.

Im Unterricht können die Verbindungen der Werbung z. B. zur Kunst verdeutlicht werden: Welche Bereiche der Kultur finden sich und wie werden sie hier
zitiert? Können sie identifiziert werden? So finden sich aus der Gegenwarts-
kunst, aber auch aus der Kunstgeschichte zahlreiche Stilzitate und Einflüsse
künstlerischer Strömungen immer wieder.

Spots und Clips aus der eigenen Küche

Wenn die Schülerinnen und Schüler das eigene TV-Verhalten reflektieren, so
wird mit aller Wahrscheinlichkeit feststellbar sein, dass sich kaum jemand
gezielt aus einer Programmzeitschrift einen TV-Beitrag heraussucht und an-
sieht. Zapping ist heute eine verbreitete Art, sich zu einem TV-Beitrag hinzu-
bewegen und eventuell für ihn zu entscheiden.

In ihrem Alltag stellen sich Schülerinnen und Schüler so ihren „Fernsehabend"
collageartig zusammen. Dieses Prinzip kann auch genutzt werden, um mit
Hilfe von Videorekordern und Kassetten aus den unterschiedlichen Programmen Beispiele aufzuzeichnen, die später zu einem eigenen Videoclip
montiert werden, der dann mit Musik unterlegt wird. Dabei sollte aus Gründen
der Zeitökonomie möglichst mit anderen Fachlehrerinnen oder Fachlehrern
der Schule zusammengearbeitet werden (etwa der Fächer Musik, Deutsch,
Gesellschaftskunde, Kunst).

Eine Strukturierung der Arbeitsschritte und Arbeitsteilung ist hierbei wichtig.
Zuerst sollte von den Schülerinnen und Schülern ein gemeinsames Thema
erarbeitet werden (z. B. auf der Basis eines oder mehrerer Musikstücke, die zur

visuellen Umsetzung reizen). Dann kann eine grundsätzliche Entscheidung darüber getroffen werden, ob eine collageartige Aneinanderreihung von Bildern eine Geschichte erzählen soll, wenn ja, welche? Wie ist der Handlungsablauf? Auch kann eine impressionsartige, eher assoziative Bildfolge erstellt werden.

In einem zweiten Schritt werden Aufgaben verteilt, die die visuelle Umsetzung ermöglichen. Die Schülerinnen und Schüler gehen in Gruppen in folgenden Arbeitsschritten vor:

- Aufzeichnung der TV-Ausschnitte mit dem Videorekorder und die Strukturierung der Videoaufzeichnungen in entsprechende Genres (Nachrichten, Kommentare, Spielfilm, Serie, Komödie, Videoclip, Werbung, Show etc.) oder nach Personen (z. B. bekannten Menschen aus Politik, Kunst, Werbung),
- Zusammenstellung eines konkreten Arbeitsplans für den filmischen Ablauf, mit einer Aufstellung der einzelnen Bildsequenzen,
- Auswahl und Zusammenstellung der Musik, eventuell Ergänzung des Tonmaterials durch Geräusche,
- Herstellung eventueller Außen- oder Realaufnahmen und TV-Mitschnitte.

Ute Holdenried, Silke Christiane Köser

2. „Guten Abend meine Damen und Herren" – Fernsehnachrichten im Unterricht

Projektüberblick

Das Projekt zum Thema „Fernsehnachrichten"[4] stellt die Möglichkeit einer komplexen handlungsorientierten Arbeit dar, die über die bloße Beschäftigung mit journalistischen Texten und Arbeitsformen ein Stück hinausgeht. Dieses Projekt will durch den Umgang mit unterschiedlichen Medien eine Verknüpfung von analytischer und produktiver Medienarbeit erreichen. Es gliedert sich in verschiedene aufeinander bezogene Bausteine, die auch für sich genommen eine Einheit bilden bzw. in modifizierter Form eine eigenständige – und damit

---

4 Dieses Projekt wurde mit anderer Akzentsetzung für einen anderen Kontext, nämlich die Leseförderung, entwickelt. Vgl. dazu: *Brinkmöller-Becker, Heinrich*: „Förderung informierenden Lesens durch Analyse und Produktion von Nachrichten", in: *Landesinstitut für Schule und Weiterbildung (Hrsg.):* Lesen in der Sekundarstufe I. Moderatorenmaterialien. Baustein II. Soest 1993 a, S. 3–81; vgl. auch: *Brinkmöller-Becker, Heinrich*: „Fernsehnachrichten. Ein Projekt aktiver Medienarbeit", in: medien + erziehung, H. 2 (1993 b) S. 89–95.

selbstverständlich kürzere – unterrichtliche Umsetzung ermöglichen. Diese Teilprojekte werden in ihrem Verlauf detailliert beschrieben. Eine direkte unterrichtliche Umsetzung ist damit möglich. Einige Beispiele für Modifikationen sind am Schluss der Projektdarstellung aufgeführt. Je nach Lerngruppe und den zur Verfügung stehenden zeitlichen Rahmenbedingungen sind die in dieser Reihenfolge zu bearbeitenden Teilprojekte denkbar:

1. Fernsehnachrichten und Medienbiografie: Problemaufriss (s. u.)
2. Redaktionskonferenz – 1. Teil (Seite 178)
3. Analyse von Fernsehnachrichtensendungen (Seite 182)
4. Redaktionskonferenz – 2. Teil: Produktion einer Fernsehnachrichtensendung (Seite 189).

Der handlungsorientierte Ansatz des Simulationsspiels ermöglicht es, durch eigene Produktion von audiovisuell vermittelten Nachrichten die einzelnen Etappen, Entscheidungs- und Auswahlprozesse der professionellen Nachrichten-Arbeit zu simulieren und eine erfahrungsbezogene Rezeption und Reflexion von Nachrichten zu gewährleisten. Die unterschiedliche mediale Repräsentation von Nachrichten in Zeitung, Hörfunk und Fernsehen setzt unterschiedliche formale und inhaltliche Informationsweisen voraus, denen unterschiedliche Rezeptionsleistungen bzw. -wirkungen entsprechen.

Konkret geht es darum, von einer Fernseh-Redaktionskonferenz bis hin zur Erstellung einer Nachrichtensendung (auf Video) sämtliche Arbeitsschritte der Informationsbeschaffung, -auswahl und -bearbeitung sowie der äußeren Gestaltung („Studio", Kleidung, Sprache etc.) aktiv nachzuvollziehen.

Der Medientransfer – von der Tageszeitung über differenzierte Grade von Verschriftlichungen bis zum Fernsehen – lässt eine Reihe von realen Produktions-, Produkt- und Rezeptionszusammenhängen simulieren und auf einer Metaebene thematisieren.

Im Folgenden werden die Teilprojekte beschrieben.

Fernsehnachrichten und Medienbiografie

Zielsetzung

Die Schülerinnen und Schüler reflektieren in diesem Teilprojekt ihre eigene Medienbiografie und ihre eigene Medienrezeption. Sie machen sich die Leistungen von Fernsehnachrichten in Abgrenzung zu denen der Printmedien und mögliche unterschiedliche Präsentationsformen von Fernsehnachrichten bewusst. Außerdem entwickeln sie Hypothesen über die Verarbeitung von Bild-Ton-Einheiten bei Nachrichtensendungen.

1. Phase

Zur Orientierung erhalten die Schülerinnen und Schüler einen kurzen Überblick über die Zielsetzung des Teilprojektes. Dann werden sie aufgefordert, kurz und in Stichworten den folgenden Fragebogen auszufüllen.

Fragebogen I zu: Fernsehnachrichten und Medienbiografie

1. Wie häufig sehen Sie in der Woche Nachrichtensendungen im Fernsehen?

2. Informieren Nachrichtensendungen sehr gut/gut/ausreichend/nicht gut?

3. Wann haben Sie zuletzt eine Nachrichtensendung gesehen?

4. Schreiben Sie genau auf, an wie viele und welche Informationen Sie sich genau erinnern!

5. Wie schätzen Sie das Verhältnis von Bild und Ton ein? Unterstützen sich Bild und Ton gegenseitig oder stören die Bilder eher beim Verständnis der Nachrichten?

6. Was wissen Sie über [aktuelles Ereignis]?

7. Woher beziehen Sie dieses Wissen?

8. Wenn Sie Zeitung, Zeitschrift und Fernsehen vergleichen, wodurch fühlen Sie sich besser, breiter und intensiver informiert?

9. Woran liegt das Ihrer Meinung nach?

---

2. Phase

Der Fragebogen wird ausgewertet, die Ergebnisse werden verglichen und fixiert.

Bei der Auswertung des Fragebogens sind folgende Einschätzungen zu erwarten, die auch in empirischen Untersuchungen belegt werden:[5]

- bruchstückhafte Informationsresultate bei einem subjektiv hohen Grad an Informationseindruck,
- relativ gute Erinnerbarkeit von Bildern, die jedoch meist unabhängig vom Informationskontext memoriert werden,
- relativ geringe Erinnerungsleistungen bei genauer Sachinformation, die bei größer werdendem Zeitabstand weiter stark abnehmen,
- Korrelation von Erinnerbarkeit von Nachrichten und entsprechendem sachlich-thematischem Interesse.

---

5 Einen Überblick über die Ergebnisse der Nachrichtenforschung geben *Brosius/Berry*: „Ein Drei-Faktoren-Modell der Wirkung von Fernsehnachrichten", in: Media Perspektiven. H. 9 (1990) S. 573–583.

3. Phase

Die Ergebnisse des ersten Zugangs zum Thema sollen durch eine allen Schülerinnen und Schülern gemeinsame Basis vertieft werden. Sie schauen sich eine Nachrichten-Sendung gemeinsam an und füllen danach den folgenden Fragebogen aus. Dessen Auswertung dürfte eine unterschiedliche Rezeption der Nachrichtensendung etwa durch differierendes Vorwissen und Interesse, eine unterschiedlich gewichtete Selektion des Bild- und Ton-Materials sowie ein unterschiedliches Verständnis von einzelnen Informationen offenkundig werden lassen.

Fragebogen II zu: Fernsehnachrichten und Medienbiografie

1. Sie haben gerade eine Nachrichtensendung gesehen. Bevor Sie die Fragen zu dieser Sendung beantworten, listen Sie kurz auf, für welche Bereiche aus Politik, Gesellschaft, Wirtschaft, Kultur … Sie sich besonders interessieren!

2. Schreiben Sie unmittelbar auf, zu wie vielen Themen Sie schätzungsweise Informationen bekommen haben!

3. An welche Nachricht können Sie sich unmittelbar erinnern?

4. An welche sprachlich vermittelte Information können Sie sich erinnern?

5. Welche Bilder sind bei Ihnen haften geblieben?

6. An welche Nachricht werden Sie sich wohl noch in einem halben Jahr erinnern? Warum?

---

4. Phase

Die anschließende Diskussion thematisiert und problematisiert mögliche Ursachen für die auftretenden Diskrepanzen wie z. B. so genannte Bild-Ton-Schere (Auseinanderklaffen von Bild- und Ton-Information), Ablenkung durch Bilder, Bilderflut, hohe Schnittfrequenz, Informationskürze, Sprache (Wortwahl, Fachtermini, Klischees, Satzlänge) und Sprechen (Schnelligkeit, Deutlichkeit, Artikulation).

Redaktionskonferenz – 1. Teil

Zielsetzung

Die Schülerinnen und Schüler simulieren in diesem Teilprojekt in Arbeitsgruppen eine Redaktionskonferenz, die sich mit den journalistischen Aufgaben von Informationsbeschaffung und -auswahl befasst. Dabei erfahren und erkennen sie die Abhängigkeit der journalistischen Nachrichtenarbeit von Informationsquellen und formulieren selbst wesentliche journalistische Selektionskriterien, die sie kritisch reflektieren.

Die Redaktionskonferenz konfrontiert die Schülerinnen und Schüler unmittelbar mit dem Problem der Informationsbeschaffung bei Nachrichten. Die Möglichkeit, dazu eigene Recherchen anzustellen, scheidet in der Regel aus Zeitgründen ebenso aus wie die, sich von Korrespondenten oder verschiedenen Nachrichtenagenturen Informationen zu beschaffen. In der Abhängigkeit von Informationsgebern lassen sich schon Einschränkungen der realen journalistischen Alltagspraxis nachvollziehen, die etwa mit personellen, finanziellen, kommunikativen und zeitökonomischen Gründen zu tun haben.

In Arbeitsgruppen setzen sich die Schülerinnen und Schüler als Ersatz für Korrespondentenberichte oder Agenturmeldungen mit unterschiedlichen Zeitungen auseinander. Diese als Informationsbasis zu nutzen, simuliert nach den didaktischen Prinzipien von Komprimierung und Exemplarität die Realsituation in den Redaktionen, in denen tagtäglich Unmengen von Informationen aus den Nachrichtenagenturen und Korrespondentenbüros zusammenkommen. Dort ebenso wie in dem Simulationsspiel geht es also darum, aus einer Menge von unterschiedlich gearteten Informationen eine Auswahl zu treffen, die Kriterien wie Aktualität, Relevanz, Außergewöhnlichkeit, Bezug zu Themen („Themenkarriere") und Personen „öffentlichen Interesses" genügen. Die unterschiedlichen „Nachrichtenfaktoren",[6] die darüber entscheiden lassen, wann aus einem Ereignis eine Nachricht wird, was also als ein nachrichtenrelevantes Ereignis anzusehen ist, können hier nicht vollständig dargestellt und im Unterricht behandelt werden. Es geht in der notwendigen didaktischen Reduktion darum, sich auf wesentliche Faktoren zu beschränken.

1. Phase

Die Schülerinnen und Schüler erhalten zunächst Informationen zu dem Aufbau des Simulationsspiels. Sie werden darüber informiert, dass die Simulation der Redaktionskonferenz in zwei Teilen erfolgt: Der erste dient dem Phänomen der Informationsbeschaffung und -auswahl, während der zweite die Produktion einer Nachrichtensendung, also die Umsetzung des ersten Teils mit audiovisuellen Mitteln, zum Schwerpunkt hat (s. Seite 189). Zwischen diesen beiden Teilprojekten erwerben die Schülerinnen und Schüler durch die Analyse von Fernsehnachrichtensendungen Kompetenzen im Umgang mit den unterschiedlichen Präsentationsformen und Wirkungsweisen von Nachrichten (s. Seite 182), die in reflektierter Form der eigenen Praxis zugute kommen sollen.

---

6 Vgl. dazu z. B. *Winfried Schulz*: Die Konstruktion von Realität in den Nachrichtenmedien. Analyse der aktuellen Berichterstattung. Freiburg/München 1990[2], S. 7 ff.

Anschließend erfolgt in diesem Teilprojekt die Einrichtung der Redaktionskonferenz. Die Aufgabe einer solchen – Informationen zu beschaffen, zu
kürzen und zu bearbeiten und schließlich für die Bild- und Ton-Präsentation
konkret zu formulieren – wird bei Bedarf kurz verdeutlicht. Die Verteilung der
Rollen erfolgt auf freiwilliger Basis: Wer die Funktion der Redaktionskonfe-
renzleitung übernimmt, ob überhaupt eine Funktionshierarchie gewünscht
wird, wer einzelne Ressorts betreut etc., bleibt der Gruppenentscheidung
überlassen.

Als erste Spielmaßnahme steht die Gruppe vor dem Problem, wie man an die
nötigen Informationen als Arbeitsgrundlage gelangen kann. Hier dürften die
üblichen Wege wie die eigene Recherche sowie der Rückgriff auf Korrespondentenberichte oder Agenturmeldungen angesprochen und als für das Spiel
wenig praktikabel angesehen werden.

2. Phase

Die Lehrkraft schlägt vor, aktuelle Tageszeitungen als Ersatz für Eigen- und
Fremdrecherche, sozusagen als Agenturmaterial zu benutzen. Um dieses Material entsprechend auswerten zu können, bilden sich vier Arbeitsgruppen.

Jede Gruppe erhält jeweils ein bis zwei unterschiedliche Tageszeitungen. Die
Zeitungen einer jeden Gruppe sollen von ihrem Profil her vergleichbar sein
(s. u.), damit – so ist zu erwarten – die Auswahl und Art der ausgesuchten
Nachrichten eine verschiedene Arbeitsbasis und damit verschiedene Nach-
richtenbearbeitungen ergeben. Die Abhängigkeit der Nachrichten von der
jeweils benutzten Quelle wird so evident.

Konkret könnten die Gruppen z. B. wie folgt aufgeteilt werden:

Gruppe I: Regionalzeitung/Lokalzeitung/Anzeigenblatt,
Gruppe II: Boulevardpresse,
Gruppe III: FAZ, Rheinische Post, Süddeutsche Zeitung,
Gruppe IV: Frankfurter Rundschau, taz, Neues Deutschland.

Der Arbeitsauftrag auf der folgenden Seite wird verteilt, von den Schülerinnen
und Schülern gelesen und eventuell von der Lehrkraft kurz erläutert.

Nach der Gruppenkonstituierung erfolgen die Sichtung, Organisation und
Auswahl des Materials. Hierbei dürfte sich die Auswahlabfolge „Themen" –
„Texte" – „Textelemente" als praktikabel erweisen. Die Schülerinnen und
Schüler werden von der Lehrkraft während des Arbeitsprozesses entsprechend
beraten. Die für die weitere Bearbeitung in Frage kommenden Materialien
werden ausgeschnitten, Elemente gestrichen oder markiert und sortiert.

Arbeitsauftrag

Ihre Gruppe bildet eine *Redaktionskonferenz für eine Fernsehnachrichtensendung.* Wenn Sie wollen, können Sie zur Abstimmung der Gruppenarbeit aus Ihrer Mitte eine Chefredakteurin oder einen Chefredakteur wählen. Die anderen Gruppenmitglieder können sich als Redakteure/Redakteurinnen oder mehr als spezialisierte Ressortleiter/-leiterinnen festlegen.

Aufgabe:

Angenommen, die vorliegenden Zeitungen seien das Material, das Sie von unterschiedlichen Presseagenturen und Korrespondenten bekommen haben: *Sichten Sie das Material und stellen Sie es für eine Redaktionskonferenz zusammen!* In dieser wird grob festgelegt, aus welchem Ressort welche Meldung für eine Nachrichtensendung in welcher Gewichtung und Reihenfolge ausgewählt wird.

In einem zweiten Schritt bearbeiten Sie das Material. *Sie wählen es aus, unterstreichen und kürzen es, fassen es zusammen und formulieren es um,* sodass es als Grundlage für die Redaktionskonferenz benutzt werden kann, die eine Fernsehnachrichtensendung produziert.

Die folgende Reihenfolge bietet sich dabei an:

- geeignete Themen sammeln,
- Texte zu diesen Themen suchen,
- zentrale Textelemente markieren.

Nach der Sammlung verständigt sich die Gruppe über das selektierte Material. Das Ziel dieser Phase besteht darin, einen groben Entwurf für die beabsichtigte Themenabfolge und die jeweiligen Informationskerne zu entwickeln. In einem Diskussionsprozess wägt die Gruppe die Relevanz der einzelnen Themen bzw. Informationselemente gegeneinander ab und bespricht – möglicherweise kontrovers – die dabei zu Grunde liegenden Selektionskriterien.

3. Phase

Die Ergebnisse der Arbeitsgruppen werden im Plenum vorgestellt. Dies gilt auch für die Begründung, warum welche Nachricht in der vorgesehenen Gewichtung und Reihenfolge konzipiert ist. Ein Vergleich der Nachrichten schließt sich dem an.

4. Phase

Auf Grund des unterschiedlichen Ausgangsmaterials dürften die Ergebnisse der Arbeitsgruppen stark differieren, was einen günstigen Impuls für eine anschließende Reflexion gibt. Bei dieser werden zunächst einmal die Abhän-

gigkeit des Nachrichtenmachens von Informationsquellen, von deren Verfüg-
barkeit, Informationsdichte und sicherlich auch deren Glaubwürdigkeit und
Verlässlichkeit thematisiert und problematisiert. Die institutionelle Vorgabe
des Fernsehens, in einem vorgefertigten Sendeschema mit festgelegtem Zeit-
raster Nachrichten produzieren zu müssen, hat gravierende Konsequenzen.
Ereignisarme Tage zwingen dazu, weniger nachrichtenrelevantes Material
aufzugreifen und zu einer Nachricht zu machen („Saure-Gurken"-Syndrom),
während ereignisreiche Tage zwangsläufig zu einer Relevanzhierarchie, zu
einer starken Auswahl der um Aktualität und Relevanz konkurrierenden
Ereignisse führen. Ein gewisses relativierendes Prinzip lässt sich hieran verdeutlichen: Ein Ereignis wird nur unter ganz bestimmten Bedingungen zu einer
Nachricht.

Dies führt die Diskussion zu den Auswahlkriterien. Die Gruppen haben in der
Phase 3 bereits ihre Selektionsprozesse und -produkte erläutert. Auf abstrak-
terer Ebene können jetzt die Nachrichtenfaktoren („Was macht aus einem
Ereignis eine Nachricht?") und die damit zusammenhängenden Selektionskriterien systematisiert werden. Auf problematisierender Ebene diskutiert die
Klasse anschließend mögliche kritische Einwände gegen die in der journalistischen Praxis gängigen Auswahlkriterien wie beispielsweise Aktualität, die sich
allzu sehr auf punktuelle Ereignisse beziehen und ein Denken in Zusammenhängen und gegenseitigen Abhängigkeiten erschweren bzw. sogar verhindern.
Darüber hinaus birgt die Konzentration auf das jeweils Neueste die Gefahr
einer Sensationalisierung von Ereignissen.

Die Selektionskriterien, so dürfte den Schülerinnen und Schülern anhand
ihrer eigenen Auswahlprozesse deutlich geworden sein, unterliegen stark
subjektiven Maßstäben. Dies führt schon an dieser Stelle zu der Frage, wie
objektiv Nachrichten überhaupt sein können und welche Wirklichkeit oder
Sichtweisen von Wirklichkeiten sie widerspiegeln. Dieser Aspekt der Inszenierung und Konstruktion von Wirklichkeit wird im zweiten Teil der Redaktions-
konferenz-Simulation (Seite 189) wieder aufgegriffen und von der technisch-
formalästhetischen Seite her vertieft.

Analyse von Fernseh-Nachrichtensendungen

Zielsetzung

Die Schülerinnen und Schüler erarbeiten in diesem Teilprojekt wesentliche
Ebenen zur Analyse von Fernseh-Nachrichtensendungen wie den dramaturgischen Aufbau, formale Präsentation und Bild-Ton-Kombinationen.

Dieses Teilprojekt hilft den Schülerinnen und Schülern, sich ihrer in der
alltäglichen Fernsehrezeption erworbenen Gewohnheiten und Erfahrungen in

Bezug auf Nachrichten und der spezifischen Wirkungspotentiale von Fernseh-nachrichten bewusst zu werden. Der analytische Schwerpunkt dieses Teilpro-jektes versteht sich im unmittelbaren funktionalen Zusammenhang zu den zwei Teilprojekten zur Redaktionskonferenz (Seite 178 und Seite 189). Das heißt, die Analyse der Fernsehnachrichtensendungen dient dem Verständnis ihrer unterschiedlichen Mittel, wie sie für die eigene praktische Umsetzung im Projektzusammenhang von Belang sind. Die analytische Arbeit ist damit im Sinne von Handlungsorientierung auf die Projektziele, hier auf das Erstellen einer eigenen Nachrichtensendung, bezogen. Es ist zu erwarten, dass der Analysezugriff aus einem unmittelbaren Handlungszusammenhang heraus stär-ker intentional und „betroffen" sein kann. Auch für die Reflexion z. B. des Bild-Ton-Komplexes dürfte ein anderer Grad an Veranschaulichung garantiert sein.

Die Analyse umfasst dabei folgende Ebenen:

1. Dramaturgischer Aufbau der Nachrichten-Sendung/der Nachricht,
2. Elemente der formalen Darbietung,
3. Inhalt der Nachrichtensendung/der Nachricht/der Informationen,
4. Bild-Ton-Verknüpfung,
5. Sprechen und Sprache,
6. Wirkung/Wirkungspotentiale,
7. Reflexion und Kritik.

Diese Analyse-Ebenen können sich sowohl auf eine *gesamte Nachrichtensen-dung* als auch auf einen *einzelnen Nachrichten-Spot* beziehen. Auf eine mögliche und sicherlich ebenso interessante umfassendere Analyse-Dimen-sion, die beispielsweise den gesamten Programmkontext oder unterschiedliche Nachrichtensendungen berücksichtigte, muss wahrscheinlich aus Zeitgründen verzichtet werden. Dies gilt ebenfalls für den aufschlussreichen Vergleich von Nachrichten aus unterschiedlichen Fernsehprogrammen, wobei vor allem der Vergleich von Beispielen des öffentlich-rechtlichen und des privaten Fernse-hens ergiebig sein dürfte.

1. Phase

In der ersten Phase sollen die Rezeptionsgewohnheiten der Schülerinnen und Schüler durchbrochen werden: Ein Nachrichten-Spot wird nur in seiner Bildspur vorgeführt. Der Text des Nachrichtensprechers bzw. der Nachrich-tensprecherin, Kommentare und Korrespondenzberichte etc. sind nicht zu hören. Die Schülerinnen und Schüler versuchen nun Themen und Tendenzen der Berichte zu bestimmen. Die Hypothesen über Thema und Aussage des Spots mit der ausschließlich visuell verfügbaren Informationsquelle werden anschließend mit dem vollständigen Spot, also mit Bild- und Tonspur, kontras-tiert.

Es können so gleich zu Beginn eine Reihe von Einzelaspekten problematisiert werden, die für das ganze Teilprojekt von Bedeutung sind:

- die Bild-Ton-Verknüpfung (zwei Informationskanäle),
- die konnotative Bedeutungsebene,
- die dramaturgischen Elemente, mit denen ein Nachrichten-Spot arbeitet,
- gewisse Ritualisierungen der Nachrichtenbilder und ihre Klischeehaftigkeit,
- die grobe Zweiteilung des Spots: Anmoderation und Bildbericht.

Dieser Einstieg mit Hilfe eines Ausschnittes aus einer Nachrichtensendung lässt eine stärkere Konzentration auf die genannten Einzelaspekte zu, als wenn zunächst die gesamte Nachrichtensendung präsentiert würde. Letzteres Verfahren wäre sicherlich ebenfalls denkbar. Es ist sogar insofern ein besseres Verfahren, als dass den Schülerinnen und Schülern aus eigener Anschauung deutlich wird, wie wenig quantitativ und qualitativ von den vielfältigen Informationen des visuellen und akustischen Kanals rezipierbar ist, wie „ineffektiv" Nachrichtensendungen in Bezug auf ihre eigentliche informative Funktion sind. Bemerkenswert ist an diesem Punkt vor allem, dass der Zuschauer den sehr positiven Eindruck hat, umfassend, intensiv und „objektiv" informiert worden zu sein.[7] Diese Erkenntnis führt zu der Frage, durch welche medienspezifischen Elemente diese Diskrepanz zwischen der subjektiven Einschätzung des Informationsprozesses und dessen tatsächlicher Qualität begründet ist.

Die Phase endet damit, dass die Schülerinnen und Schüler selbst die Analysekategorien sammeln. Die Lehrkraft greift hier beratend ein, sodass für die Spot-Teile „Anmoderation" und „Bildbericht" folgende Untersuchungsschritte feststehen:

- Auflistung der einzelnen Elemente, mit denen Anmoderation bzw. Bildbericht arbeiten,
- Zusammenfassung der Informationen, die jeweils vermittelt werden,
- Bestimmen von Anlass und Neuigkeitswert der Nachricht,
- Untersuchung der gegebenen Informationen auf den unterschiedlichen visuellen und akustischen Kanälen (Sprache, Hintergrundbild, Bildinsert, Schrift, Schriftinsert),
- Erarbeitung des Schwerpunktes der Information.

---

7   In seiner Untersuchung weist Wember ein eklatantes Missverhältnis zwischen „hervorragendem Informationseindruck und katastrophalen Informationsergebnissen" nach (*Wember, Bernward.* Wie informiert das Fernsehen – Ein Indizienbeweis. München 1983³, S. 11 ff.).

Ein Arbeitsblatt dazu könnte wie folgt aussehen:

Analyse-Ebenen bei einem Fernseh-Spot

Anmoderation	Bildbericht

Thematik/Anlass

Informationen:
Welche Informationen werden gegeben?
Worin besteht ihr Neuigkeitswert?

Informationskanäle Bild und Ton:

Informationen auf der Ebene
- der Sprache,
- des Hintergrundbildes oder Bildinserts,
- der Schriftzeilen oder des Schriftinserts.

---

2. Phase

Zwei Gruppen von Schülerinnen und Schülern – „Anmoderation" und „Bildbericht" – arbeiten den angegebenen Untersuchungsschritten entsprechend:

- Die einzelnen Elemente der Anmoderation/des Bildberichts werden aufgelistet.
- Die jeweilige Thematik wird bestimmt.
- Die übermittelten Informationen werden zusammengefasst.
- Der Anlass und die Neuartigkeit der Nachricht werden bestimmt.
- Analyse der Informationen auf der Ebene
  - der Sprache,
  - des Hintergrundbildes oder Bildinserts sowie
  - der Schriftzeilen oder des Schriftinserts.
- Der Schwerpunkt der Information wird erarbeitet.

Eine Binnendifferenzierung dieser Gruppen ist denkbar, indem die einzelnen Analysekategorien arbeitsteilig angegangen werden. Die Gruppen stellen ihre Arbeitsergebnisse vor.

Die erste Auswertung konzentriert sich darauf, die Elemente der Spotteile „Anmoderation" und „Bildbericht" in ihrer Art, Funktion und Wirkung zu fixieren und zu vergleichen. Ebenfalls diskutiert wird, ob explizit oder implizit eine Position oder Tendenz des Nachrichten-Spots erkennbar ist und worauf sich dieser Eindruck stützen lässt.

3. Phase

Der Schwerpunkt dieser Phase liegt auf einer genaueren Untersuchung des Bild-Ton-Verhältnisses bei Fernsehnachrichten. Dazu wird eine Sequenz aus dem Nachrichten-Spot noch einmal präsentiert – zunächst noch einmal ohne die Tonspur.

Ein Arbeitsblatt bzw. eine Folie lässt das Phänomen der Konnotation der Bilder behandeln:

Bild-Ton-Verhältnis bei Fernsehnachrichten

Bildebene
Denotation   *Konnotation*
Was zeigen die Bilder?   Welche zusätzlichen Bedeutungen, Anspie-
                                           lungen, Assoziationen liegen in ihnen?

Welche eigentliche Botschaft enthalten die Bilder?
Wie wirken diese Bilder (auf Sie selbst/auf andere)?

Bild-Ton-Verhältnis
Entsprechungen   *Diskrepanzen*
Werden Aufmerksamkeit und Verstehensleistungen der Zuschauer behindert
oder unterstützt?

Sprache
Sprache/Sprachebene
Verständlichkeit der Sprache
Wortschatz: Denotation – Konnotation/Fachbegriffe
Wirkungen auf die Rezipienten durch die Sprachverwendung

Redundanz
Verdoppelung von Bild- und Toninformation
Funktion und Wirkung: Eindringlichkeit, Beleg, Veranschaulichung, Ansprechen
unterschiedlicher Sinne, Wahrnehmungssteuerung, Ablenkung, Verwirrung ...

Zu Demonstrations- und Belegzwecken werden die Bilder öfter präsentiert, wobei das Standbild des Videorekorders besonders gut geeignet ist, die jeweiligen Konnotationen in ihrer Komplexität bewusst zu machen.

Die Sequenz wird als Nächstes mit der Tonspur präsentiert. Diesmal ist intendiert, das *Bild-Ton-Verhältnis* genauer zu analysieren. Der Arbeitsauftrag umfasst folgende Impulse:

> „Welche Funktion hat an dieser Stelle der Off-Kommentar? Passen Bild und Ton zusammen? Entsprechen sich Bild- und Ton-Ebene, unterstützen sie die jeweils gegebene Information oder gibt es Diskrepanzen (Bild-Ton-Scheren)? Werden die Aufmerksamkeit und Verstehensstrategien der Betrachter dadurch behindert oder unterstützt?"

Für die *Sprachanalyse* wird die Sequenz nochmals vorgestellt, wobei der Videorekorder nach Sätzen oder Sinnabschnitten angehalten werden kann, um einen besseren Zugriff zu den einzelnen Sprachäußerungen zu haben. Als Fragestellung ist folgende denkbar:

> „Welche Sprache wird benutzt, ist diese allgemein verständlich? Aus welchen Bereichen tauchen Fachbegriffe auf? Auf welchen Stilebenen ist die Sprache angesiedelt? Welche Wirkungen auf die Rezipienten sind durch die Sprachverwendung zu erwarten?"

Die Analyse der Wortwahl demonstriert hier recht anschaulich, mit welchen Konnotationen, mit welchen Euphemismen, Abwertungen etc. die scheinbar objektiven Nachrichtensendungen arbeiten (z. B. „Asylantenwelle", „Streiks drohen", Befreiungsbewegungen werden als „Terroristen" und „Guerillas" abqualifiziert). Die Benutzung von Fachtermini wie „Bruttosozialprodukt" dient nicht gerade einer allgemeinen Verständlichkeit. Statt sich an einer syntaktisch überschaubaren, an der Alltags- und Sprechsprache anzulehnen, die leicht rezipierbar ist, finden sich häufig komplexe schriftsprachliche Satzstrukturen, die durch eine Häufung von Substantiven und Substantivierungen, einen Mangel an Verben, Passivkonstruktionen etc. gekennzeichnet sind.

Der nächste Aspekt des Bild-Ton-Verhältnisses betrifft das Phänomen „Redundanz". Die Wiederholung von Information und Informationselementen, ihre repetitive Verwendung in Bild und Ton, ist ein wichtiges Prinzip journalistischer Praxis, um Verständlichkeit zu garantieren und die medienspezifischen Stärken des Fernsehens auszunutzen. Gleichzeitig liegt hier eine gewisse Gefahr, Energien zu verbrauchen, wenn etwa unter dem Zwang von Bebilderung des Fernsehens Bilder gezeigt werden, die keinen nachvollziehbaren

Bezug zu dem Kommentar haben. Die stark konventionalisierten und rituali-
sierten Bilder z. B. von vorfahrenden Staatskarossen oder dem Bundestag oder
dem Kabinettstisch lenken eher von der sprachlich vermittelten eigentlichen
Nachricht ab. Sie sind Füllsel und Augenkitzel, die dem Zuschauer das fatale
Gefühl der Partizipation, des Dabei-gewesen-Seins, suggerieren. Mögliche
Fragestellungen hierzu:

> „Was ist im Verhältnis von Bild und Ton redundant, welche Funktion und
> Wirkung hat diese Redundanz (z. B. Eindringlichkeit, Belegfunktion, Veran-
> schaulichung, Verdopplung des Informationskanals, Ansprechen unterschiedli-
> cher Sinne, Wahrnehmungssteuerung, Ablenkung, Verwirrung …)?“

Der letzte Aspekt lässt allgemein die Funktionen von Bild und Ton bei den
Fernseh-Nachrichtensendungen reflektieren.

4. Phase

Hier wird der Kontext des Nachrichten-Spots, also die gesamte Nachrichtensendung, berücksichtigt. Diese Phase dient ebenfalls dazu, unmittelbar die
eigene Produktion einer Nachrichtensendung vorzubereiten und das dabei
benötigte Instrumentarium zu explizieren.

Eine Nachrichtensendung wird komplett gezeigt. Die Themenbereiche wie In-
und Auslandsberichterstattung, Innen-, Außen-, Wirtschafts-, Sozialpolitik,
Kultur, Politiker und Prominente etc. werden gesammelt, die behandelten
Themen dazu aufgelistet. Die Reihenfolge und Intensität der behandelten
Themen lassen Rückschlüsse auf deren Gewichtung und Relevanz zu, was im
weiteren Schritt angesprochen wird.

Im nächsten Zugriff werden die Gestaltungselemente einer Nachrichtensendung behandelt. Uhr, Ankündigungs-Logo und -musik, der festgelegte Ablauf
von Nachricht und Anmoderation durch Sprecher oder Sprecherin, Hintergrundbild und Insert, Bildbericht, die dabei benutzten Kulissen, all diese
Elemente werden gesammelt und in ihrer Funktion reflektiert. Dabei werden
der stark ritualisierte Ablauf, die dramaturgischen, sprachlichen und audiovisuellen Klischees, das stereotype Auftreten des Sprechers oder der Sprecherin (nicht von ungefähr werden diese bei den meisten Fernsehzuschauern für
Regierungssprecher gehalten!) problematisiert.

5. Phase

Zum Abschluss des Teilprojektes werden noch einmal auf allgemeinerer Ebene
die Aspekte reflektiert, die bei der konkreten Analyse schon ansatzweise

problematisiert wurden. Als eher provokativer Impuls dient dazu die Fragestellung, ob Fernsehnachrichten aus Rezipientensicht, von den Interessen und
Bedürfnissen, von den realen Wirkungs- und Nutzungszusammenhängen her
mehr der Sparte „Information" oder „Unterhaltung" zuzuordnen sind.

Redaktionskonferenz – 2. Teil:
Produktion einer Fernseh-Nachrichtensendung

Zielsetzung

In diesem Teilprojekt entwickeln die Schülerinnen und Schüler auf der Grundlage des im Teilprojekt 2 (Seite 178) erstellten Informationsmaterials und eines
Zusammenschnitts aus unterschiedlichen Fernsehbeispielen das Konzept einer eigenen Nachrichtensendung, das in der Produktion und Aufzeichnung
(auf Video) einer eigenen – eventuell zum Teil verfremdeten – Nachrichtensendung umgesetzt wird. Dabei erwerben sie im eigenen praktischen Tun
wesentliche Einsichten über das Zusammenwirken von Bild- und Ton-Elemen-
ten von Fernsehnachrichten.

In der Simulation einer Redaktionskonferenz wurden im Teilprojekt 2 in vier
Arbeitsgruppen Themen, Texte und Textteile für eine Nachrichtensendung
erarbeitet. Diese bilden nun die Grundlage für die Produktion einer eigenen
Nachrichtensendung. Als Quelle für das audiovisuelle Material dient ein Pool
unterschiedlicher Nachrichten-Spots, das zu dem Referenztag des Zeitungs-
materials von der Lehrkraft zusammengeschnitten wird. Die Alternative, selbst
Bild-Ton-Material zu erstellen, wäre zwar für eine möglichst authentische
Simulation und aus Gründen der Transparenz der einzelnen Produktionsschritte äußerst aufschlussreich. Denkbar wäre z. B. eine Nachrichtensendung
etwa über Vorkommnisse und Aktualitäten der eigenen Schule und/oder der
unmittelbaren Umgebung. Aus Zeitmangel muss auf diese Möglichkeit in der
Regel verzichtet werden. Für eine schulische Umsetzung des Teilprojektes wäre
bei einem als relativ groß zu veranschlagenden Zeitvolumen eine solche
Variante im Sinne eines projekt- und handlungsorientierten Unterrichts denkbar und sicherlich auch wünschenswert.

1. Phase

Die Schülerinnen und Schüler erhalten zunächst eine Übersicht über Zielsetzung und Methodik des Teilprojektes. Hierbei wird verdeutlicht, dass nicht
eine professionelle Ebene der Nachrichtenproduktion avisiert, dass vielmehr
ein bewusst spielerisch-kreativer Umgang mit dem Bild-, Ton- und Textmaterial intendiert ist.

Der von der Lehrkraft – oder auch von den Gruppenmitgliedern – erstellte Zusammenschnitt unterschiedlicher Fernsehnachrichten wird zunächst dem Plenum vorgestellt. Ein konkreter Arbeitsauftrag ist hiermit noch nicht verbunden, eine für spätere Verwendungsziele möglichst offene Rezeption ist angestrebt.

2. Phase

In dieser Phase liegt der Schwerpunkt auf der Konzeptionierung der eigenen Nachrichtensendung. Als Basis dienen die Themen, Texte und Textelemente, die in den vier Arbeitsgruppen des Teilprojektes 2 erstellt wurden. Um einen größeren Materialpool zu Grunde legen zu können, um vor allem kommunikative Prozesse zu fördern werden die Gruppen I/II und III/IV aus dem Teilprojekt 2 zusammengelegt. Die nunmehr zwei Arbeitsgruppen erhalten den Auftrag, gemeinsam das Textmaterial und den jeweils in den Gruppen erstellten Grobplan zu sichten, zu besprechen, zu kürzen und vor allem auf seine Fernseheignung hin zu überprüfen. Dies soll vor dem Hintergrund des zur Verfügung stehenden Bildmaterials geschehen. Es ist wahrscheinlich, dass durch die präsentierten Bildsequenzen das Konzept für die Nachrichtensendung revidiert werden muss.

Bestandteil der Planung ist ebenfalls das Synchronisieren des Bild- und Textmaterials. Gibt es zu einer geplanten Meldung kein entsprechendes Bildmaterial aus dem Nachrichten-Pool, ist die Gruppe auf eine eigene Moderation bzw. auf selber entwickelte Schrift-, Grafik- oder Bild-Inserts angewiesen.

Das Ziel in den beiden Arbeitsgruppen besteht darin, das Konzept für eine fünf- bis zehnminütige Fernseh-Nachrichtensendung und ihren Themenablauf zu erstellen.

Der Grobplan für das Erstellen der Nachrichtensendung wird entsprechend vorgegeben:

Grobplan für das Erstellen der Nachrichtensendung

Zeit	Thema	Information	Ton	Bild

Verwiesen sei in diesem Zusammenhang auf die grundsätzlichen Schritte beim Arbeiten mit Video im Kapitel 3.1 (Seite 71–76).

Ausdrücklich werden die Schülerinnen und Schüler dazu aufgefordert, mit dem Material spielerisch-kreativ umzugehen und Variationen vor allem bei der Bild-Ton-Montage im Sinne einer humoristischen und satirischen Verfremdung gezielt einzusetzen.

3. Phase

Auf der Grundlage des Grobplans erfolgt nun die konkrete Ausformulierung des Textes. Arbeitsteilig nehmen sich Gruppenmitglieder die in der Chronologie festgelegten Themenbereiche vor und „texten", wobei an funktions- und adressatenbezogene Formulierungen zu denken ist. Dazu gehört auch die genaue Bild-Ton-Dramaturgie. Zur nochmaligen Sichtung steht den Schülerinnen und Schülern ein Videorekorder mit dem Nachrichten-Zusammenschnitt zur Verfügung. Eine Übersicht über die einzelnen Nachrichten-Sequenzen mit der entsprechenden Nummerierung erleichtert ihnen die Orientierung:

Überblick über Nachrichten-Trailer

Fundstelle	Thema	Kurzinformation

Auch in dieser Phase unterstützt ein entsprechendes Arbeitsblatt oder eine Wandzeitung oder Folie die einzelnen Produktionsschritte („Feinplan"). Hier soll genau aufgezeigt werden, was auf der Ton- und der Bildspur geplant ist. Weiter wird differenziert nach dem On- und Off-Ton, der Schrift, dem Realbild (aus einer Fernsehnachrichtensendung übernommenem oder selbst videografiertem Bildmaterial) und dem generierten Bild (z. B. Grafik).

Feinplan für eine Nachrichtensendung

Zeit	Ton		Bild		
in Sek.	off	on	Schrift	Realbild	gener. Bild

4. Phase

In dieser Phase geht es um die handwerkliche Umsetzung der Konzepte. Die Schülerinnen und Schüler machen die notwendigen Ton- und Bildaufnahmen: Ankündigung, Sprecher-Part, Bild- und Ton-Inserts werden dem Konzept entsprechend aufgenommen.

Anschließend erfolgt der Bild-Ton-Schnitt. Die Lehrkraft hat aller Voraussicht nach hier wesentliche technische Hilfen zu leisten. Diese beziehen sich zum einen auf Erklärungen der apparativen Funktionsweise beim Videoschnitt, zum anderen – damit verbunden – auf grundsätzliche Möglichkeiten z. B. des Assemble- bzw. Insert-Schnitts und der Nachvertonung (s. Seite 76).

5. Phase

Die beiden fertig gestellten Nachrichtensendungen werden anschließend im Plenum gemeinsam angesehen. Dem Werkstatt-Charakter des Projektes entsprechend, werden beide Gruppen dazu ermuntert, ein „unfertiges" Produkt abzugeben, bei dem das jeweils Intendierte deutlich werden sollte.

Das Material wird das Plenum dazu motivieren, beide Sendungen unmittelbar zu vergleichen und kritisch zu reflektieren. Die eigene „Macher"-Rolle dürfte hierbei eine intensivere Sichtweise nahe legen: Zum Beispiel erfolgt eine kritische Reflexion der Bild-Ton-Montage vor dem Hintergrund eigener Entscheidungsprozesse, eigener Erfahrung mit dem zu Grunde gelegten und bearbeiteten Bild-, Ton- und Textmaterial. Produzenten- und Rezipientenwissen werden so auf eine andere Stufe versetzt und ermöglichen eine andere Ebene der Reflexion.

Projektvarianten

Grundsätzlich ließe sich das Projekt statt mit Fernseh- auch mit Hörfunknachrichten umsetzen. Die Beschränkung auf die auditive Ebene bedeutet, dass die Realisierung sicherlich technisch einfacher und viel weniger aufwendig ist. Die wesentlichen Ziele in Bezug auf die Nachrichten und auf das handlungsorientierte Arbeiten dabei sind jedenfalls auch so zu erreichen. Bei der Schwerpunktsetzung muss eben entschieden werden, welches Nachrichten-Medium im Vordergrund stehen soll oder stehen kann.

Zu Teilprojekt 2: Statt der unterschiedlichen Zeitungen als Quelle für das auszuwertende Informationsmaterial kann man sich über den Computer online Originalmaterial von Nachrichtenagenturen beschaffen. Dabei ist zu bedenken, dass man Unmengen von unsortiertem Material bekommt, was die eigene Orientierung nicht gerade erleichtert.

Informationsmaterial für die Redaktionskonferenz kann sowohl den Printmedien entnommen werden als auch online beschafft werden.

Zu Teilprojekt 3: Die Analyse von Nachrichtensendungen kann erweitert werden, indem unterschiedliche Nachrichtenformate mehrerer Nachrichtensender in Bezug auf Präsentation, Dramaturgie, Auswahl bestimmter Themen, Verwendung von Sprache, Bild-Auswahl etc. verglichen und analysiert werden. Hierzu sammeln die Schülerinnen und Schüler von einem Bezugstag entsprechende Sendungen. Die Frage kann sich anschließen, welches Senderprofil sich in der Präsentation und der Nachrichtenauswahl niederschlägt, wie das Verhältnis von „seriöser" Nachrichtenvermittlung und Entertainment-Elementen gelöst ist („infotainment").

Teil des *Gesamtprojekts* könnte im Sinne von Öffnung von Schule sein, mit den Schülerinnen und Schülern Redaktionen (unterschiedlicher Medien) aufzusuchen und die „Profis" nach den sich aus dem Projekt ergebenden Problematisierungen oder nach ihren Kriterien der Themenauswahl zu befragen. Dies könnte eventuell auch per Telefon oder E-Mail geschehen, indem beispielsweise zu den im Unterricht konkret behandelten Beispielen die verantwortlichen Redakteurinnen oder Redakteure interviewt werden.

In der notwendigen Reduktion könnte das Projekt auch im *fremdsprachlichen Unterricht* behandelt werden. Bei der Analyse dürften hier nationale Besonderheiten der Nachrichtensendungen eine wichtige Rolle spielen.

Die Schulereignisse innerhalb eines festgesetzten Zeitrahmens (Woche, Monat, Schulhalbjahr) könnten in einer Nachrichtensendung (für den Lokalfunk, als Video für die Neuanmeldungen, im Internet für die Schulpublicity ...) entsprechend aufbereitet werden.

3. Medien und Wirklichkeit

Im Zusammenhang von „Medien und Wirklichkeit" geht es darum, das Verhältnis von Realität(en) – gesellschaftlicher Realität – subjektiver Realität – Medienrealität (Realität der Medien, Realität in den Medien, Realität durch die Medien) – in unterschiedlichen Facetten aufzuzeigen. Dabei bietet das Thema eine Reihe von Chancen für einen erfahrungs- und erlebnisbezogenen Zugriff, indem die Schülerinnen und Schüler ihre eigenen Wahrnehmungs- und Erlebnisformen als subjektgebunden erfahren und reflektieren und mit wissenschaftlichen Erkenntnisbeständen in Beziehung setzen können.

Dass Medien in mentaler, wirtschaftlicher, ästhetischer, sozialer, politischer Hinsicht wirklichkeitsgenerierend sind, ist mittlerweile unbestritten. Wie sie dies erreichen, wie sie unsere Kommunikation bestimmen und beeinflussen, ist Gegenstand dieses Schwerpunktes.

Erfahrungs- und erlebnisbezogener Einstieg ins Thema

Als Einstieg – eventuell auch als erfahrungsbezogene Problematisierung in der Sekundarstufe I und unabhängig von einem thematischen Schwerpunkt – bietet sich folgende Übung an:

Unterschiedliche Gruppen in der Klasse bzw. dem Kurs bekommen den Auftrag, die Strecke von A nach B zu beschreiben, z. B. den Weg vom Schulgebäude bis zum Hauptbahnhof. Dabei soll der Wirklichkeitseindruck in seiner Abhängigkeit von der Subjektivität und Selektivität der eigenen Wahrnehmung erfahrbar werden. Die „objektive" Wirklichkeit: „Weg vom Schulgebäude bis zum Bahnhof", vor allem in ihrer medialen Repräsentation, entpuppt sich als eine subjektive und damit durchaus recht unterschiedlich erfahrbare. Bei der Gruppenbildung sind unterschiedliche methodische und mediale Varianten denkbar.

Variante I

Die Gruppen beschreiben den Weg sprachlich. Sie gehen mit einem Kassettenrekorder oder einem Diktiergerät den Weg ab. Dabei beschreiben sie alle Dinge und Gegenstände, die ihnen auffallen, und zeichnen ihre Wegbeschreibung auf.

Variante II

Wie Variante I, nur verfährt jetzt eine Gruppe wie oben, die anderen lassen nur ein Sinnesorgan als Wahrnehmungsquelle zu: Eine Gruppe lässt jemand mit verbundenen Augen den Weg beschreiben, einen anderen mit geschlossenen Ohren, ein Dritter hat sowohl Augen als auch Ohren verschlossen, die vierte Gruppe besteht aus „gemischt Wahrnehmenden".

Variante III

Die Gruppen arbeiten mit denselben Medien, d. h., sie nehmen mit einer Videokamera, einem Tonbandgerät oder einer Fotokamera den Weg von A nach B auf.

Variante IV

Wie Variante III, aber die Gruppen arbeiten hier mit verschiedenen Medien.

Das Ergebnis der Gruppenarbeiten im Vergleich dürfte sein, dass alle ein recht unterschiedliches Abbild der Realität „Von A nach B" abliefern. Der Vergleich der unterschiedlichen Wahrnehmungsdaten und der unterschiedlichen medialen Darstellung führt zur Frage nach der grundsätzlichen Möglichkeit, sich über Realität und ihre Wahrnehmung „objektiv" zu verständigen und Wirklichkeit mit Medien abzubilden.

Die Übertragung auf den Bereich der professionellen Medienarbeit – etwa im Journalismus – kann die Tatsache problematisieren, dass die Medienprodukte immer in Abhängigkeit zu verstehen sind von:

- den Medienmacherinnen und -machern sowie den Mediennutzern, ihrer jeweiligen Wahrnehmung, ihren Interessen, ihren Intentionen, Präferenzen, ihrer politisch-ideologischen Ausrichtung, ihrer Sozialisationsgeschichte, ihrer „Kultur",
- den Medien in ihren apparativen, technischen, ästhetischen, institutionellen Bedingungen,
- der Aufnahmesituation und ihren spezifischen Bedingungen.

Ähnliche Ziele sind auch mit anderen Methoden bzw. Beispielen zu erreichen, die in der *Fundgrube* vorgestellt werden. Leicht nachvollziehen können Schülerinnen und Schüler dies auch mit Hilfe eines Fotobearbeitungsprogramms am PC.

Fächerübergreifende Unterrichtsreihen

Vor allem in der Oberstufe erlaubt der Schwerpunkt „Medien und Wirklichkeit" mit seinen vielschichtigen und fächerübergreifenden Dimensionen eine Reihe von interdisziplinären Zugangsweisen. Dabei wird deutlich, wie verkürzend und damit unzulässig eine auf ein Fach beschränkte Perspektive wäre.

Die folgende Skizze zeigt, welche vielfältigen thematischen Aspekte der Schwerpunkt beinhaltet, wobei die jeweiligen disziplinären Schnittmengen von fachwissenschaftlichen Disziplinen mit ihren Methoden und Ergebnissen deutlich werden.

Zugänge über Fächer	Thematische Aspekte	Zugänge über Fächer
Kunst (Fotografie, Film, audiovisuelle Medien)	Bild, Selbst-Bild, Abbild, Zerrbild, Manipulation Weltbild, Gottes-Bild... Reproduktion – Simulation – Virtualität	Philosophie, Geschichte, Religion
Philosophie	Erkenntnistheorie, Realismus, Subjektivismus, Idealismus, symbolischer Interaktionismus, Relativismus, Konstruktivismus, Ästhetik	Soziologie
Psychologie	reale und mediale Aggression und Gewalt, Wirkungen von medialen Gewaltdarstellungen	Soziologie
Psychologie	Wahrnehmung, Informationsverarbeitung, Gedächtnis	Biologie
Psychologie	Kognition – Aktion – Interaktion – Kommunikation	Deutsch, Fremdsprachen
Psychologie Physik Soziologie	Materialität der Kommunikation, Kulturgeschichte der Medien, Schriftkultur, Medienkultur, Auswirkungen auf Wirklichkeit und Wirklichkeitsverständnis	Deutsch, Fremdsprachen
Soziologie, Geschichte, Politik	nationale Stereotypen, internationale Kommunikation, geschlechtsspezifische Kommunikation, Wirklichkeitsmodelle, Rollenbilder	Deutsch, Fremdsprachen
Soziologie	Öffentlichkeit, öffentliche Meinung, Macht in den und durch die Medien	Deutsch, Fremdsprachen
Soziologie, Philosophie	Soziale, ökonomische und politische Auswirkungen der Informations- und Kommunikationstechnologie	Informatik
Deutsch, Fremdsprachen	Wirklichkeitskonstruktion durch Nachrichten	Soziologie
Deutsch, Soziologie	Mediennutzung, Mediensozialisation	Pädagogik

4. Der Philosoph im Studio

Textarbeit mit Video zum Thema „Freundschaft"

In einem Grundkurs Philosophie oder auch im Ethik-Unterricht der Klassen 9–11 stellt sich den Schülerinnen und Schülern entwicklungsbedingt das Thema „Freundschaft". Ein klassischer Text zu dieser Frage ist das Buch VIII der nikomachischen Ethik des Aristoteles.

Freundschaft ist eine jener Tugenden, die Aristoteles empfiehlt, wenn man die ideale Mitte, die *mesotes*, im Handeln erreichen will. Aristoteles unterscheidet zwischen drei Arten der Freundschaft: Die Freundschaft, die um des eigenen Nutzens willen geschlossen wird, ist die erste Art. Diese Freundschaft endet, wenn der Nutzen sich nicht erreichen lässt. Die zweite Art der Freundschaft erhofft sich einen persönlichen Zugewinn am Umgang mit dem Anderen. Diese Art von Freundschaft ist sehr wechselhaft, weil uns mal der eine, mal die andere attraktiv erscheint. Die dritte Art der Freundschaft besteht um der Freundschaft selbst willen. Sie ist Selbstzweck. Die Freundinnen und Freunde wünschen einander gleichmäßig das Gute. Von dieser Freundschaft gibt es nur wenige, doch dafür sind sie umso dauerhafter. Die miteinander Befreundeten haben sich gegenseitig gewählt und wissen, was sie einander Gutes bedeuten. Also liebt jeder von beiden das, was für ihn gut ist, und gibt das Gleiche zurück durch die Gesinnung und indem er dem anderen angenehm ist. Denn Freundschaft gilt als Gleichheit.

Den Text aus der nikomachischen Ethik kann man mit Hilfe einer handlungsorientiert gestellten Leseaufgabe in zweierlei Weise bearbeiten.

Texterarbeitung mit Hilfe von Video

Die Aufgabenstellung könnte lauten:

Suchen Sie die Fragen heraus und schreiben Sie die auf, mit denen Aristoteles dann so antworten kann, wie er in seinem Text spricht.

Die Schülerinnen und Schüler lesen den Text und formulieren die Fragen:

- Warum spricht Aristoteles von Freundschaft?
- Wie viele Arten der Freundschaft gibt es?
- Für wen gibt es Freundschaft?
- Was ist bei jüngeren, was bei älteren Menschen üblich?
- Aus welchem Grund werden Freundschaften geschlossen? u. a. m.

Sie stellen so texterschließende, reproduzierende Fragen. Sie lösen die Aufgabe in Partnerarbeit. Dann verteilen sie die Rollen des Aristoteles und eines

Fragenden untereinander. Sie befragen sich. Das Interview wird auf Video aufgezeichnet. Für die Aufzeichnung sollte Aristoteles unbedingt eine Toga tragen, die sich leicht aus einem weißen Laken drapieren lässt.

Die Schülerinnen und Schüler drehen das Frage-Antwort-Spiel ab. Wenn sie oder ihre Eltern einen Camcorder zur Verfügung haben, lässt sich die oben genannte Aufgabe auch als Hausaufgabe stellen. Die Lerngruppe kann sich dann in der folgenden Stunde die gedrehten Szenen nacheinander ansehen und besprechen.

Alternative: Das Interview kann auch mit dem Kassettenrekorder aufgezeichnet werden.

Kritische Lektüre des Textes mit Hilfe von Video

Die Schülerinnen und Schüler bilden Gruppen und legen fest, was Freundschaft ihres Erachtens leisten muss: z. B. Konflikte bewältigen, Formen der Kritik finden, Toleranz gegenüber Eigenheiten der anderen, gemeinsame Interessen, verschiedene Lebensgewohnheiten, Gespräche über wichtige persönliche Angelegenheiten, Hilfsbereitschaft etc.

Ziel dieser Gruppenarbeitsphase ist die Erarbeitung eines eigenen Begriffs von Freundschaft. Danach formuliert die Gruppe umfassendere Fragen an den Philosophen, sodass in die Fragen ihre Auffassungen von Freundschaft mit einfließen. Sie markieren sich die Textstellen im Aristoteles-Text, mit denen ihnen der Philosoph Antworten auf ihre Fragen zu geben scheint.

Sie verteilen die Rollen und drehen die Szene ab oder sie produzieren das Interview auf Kassette. Abschließend stellen sie die Ergebnisse der Gesamtgruppe zur Diskussion vor.

Wenn den Schülerinnen und Schülern ihre eigene Vorstellung von Freundschaft nicht ganz deutlich ist, kann das Jugendmagazin der Süddeutschen Zeitung *jetzt* vom 9. September 1996, No. 37 „Dabeisein ist alles" herangezogen werden. Hefte der Magazinbeilage kann man beim Süddeutschen Verlag in München bestellen.

Diese Videoproduktion anhand eines philosophischen Textes kann auch in medienkritischer Absicht ausgewertet werden. (Jugend-)Talkshows können Ausgangspunkt eines solchen Gesprächs sein. Die Schülerinnen und Schüler können ihre Produkte in Machart und thematischer Ausrichtung mit den Produktionen der Fernsehsender vergleichen.

Eine weitere mediale Verarbeitungsart des Themas Freundschaft könnte eine Fotoreportage sein, in der die Schülerinnen und Schüler versuchen, ihren Begriff von Freundschaft in Einzelbildern oder reportageartig zum Ausdruck zu bringen.

Text

Aristoteles: Die nikomachische Ethik – Buch VIII 1–5, 7 – 1. Abschnitt. (Übersetzung: Olof Gigon) München, 1972.

jetzt vom 9. September 1996 (Jugendmagazin der Süddeutschen Zeitung) „Dabeisein ist alles".

Material

Camcorder und Kassette/n oder Kassettenrekorder und Audiokassetten, ein weißes Bettlaken (1 m x 2 m).

Zeit

zwei Stunden zur Erarbeitung der Fragen, zwei Stunden drehen und interviewen, zwei Stunden auswerten.

Bei Drehzeit und Auswertungszeit kommt es auf die Zahl der Teilnehmenden an. Ein Drehbuch ist bei der reinen Interviewtechnik nicht notwendig und auf Grund der einfachen Videoaufgabe dürfte auch kein Schnitt notwendig werden.

Identität – Annäherung an ein philosophisches Problem mit Fotografie und Video

Zum Philosophieunterricht gehören das begriffliche Suchen und Streben nach Erkenntnis genauso wie die Bemühung um Selbsterkenntnis. Wir können nur etwas wissen, wenn wir auch wissen, wer wir sind, um das eigene Wissen und Können im Verhältnis zu uns selbst und zu den anderen Menschen einzuschätzen, verantwortungsbewusst anzuwenden und unsere Umwelt zu gestalten.

Das sich durch die gesamte Tradition der Philosophie ziehende Problem der Identität ist für junge Menschen, die gerade dabei sind, erwachsen zu werden, ein drängendes Problem des Alltags. Es ist dadurch besonders schwierig, dieses Problem der Reflexion zugänglich zu machen. Gerade weil die Frage nach Identität ein Lebensproblem und dennoch eine abstrakte Angelegenheit ist, bietet sich der Versuch an, diese Frage mit einer kreativen, handlungsorientierten und mediengestützten Unterrichtssequenz zu untersuchen.

Sowohl die Soziologie wie auch Psychologie und Pädagogik reflektieren in ihren jeweiligen wissenschaftlichen Untersuchungen diese individuelle Frage. Die Unterrichtsreihen für die genannten Schulfächer bieten auch viele Texte hierzu an. Dort werden die Probleme der „Identität" gestellt und mit Arbeitsunterlagen thematisch und methodisch entwickelt.

Ziel einer Unterrichtsreihe „Identität" im sozialwissenschaftlichen Aufgaben-
feld des Unterrichts in der Sekundarstufe II ist die Erkenntnis derjenigen
Faktoren, die unser Selbstbild und Weltverhältnis bestimmen. Es ist auch das
Wissen und die Reflexion der individuellen Vorgaben der jeweiligen Person.
Dieser Teil der Unterrichtsarbeit wird im Wesentlichen mit Texten geleistet.

Die anschauliche Vertiefung des Themas erfolgt mit Hilfe visueller Medien.
Die Fotografie und auch die Videografie geben uns technische Möglichkeiten
an die Hand, uns mit Bildern einen Spiegel vorzuhalten oder uns ein Bild der
anderen zu machen. So ist es möglich, das Problem von Selbst- und Fremd-
wahrnehmung handelnd zu erproben.

Der nachfolgende Unterrichtsvorschlag wird mit Fotografie ausgeführt. Nach
einer ausführlichen Phase von Textarbeit sollten die Schülerinnen und Schüler
ein Selbstbild, eine Art Kurzcharakteristik, für sich selbst entwerfen.

Die Aufgabenstellung könnte lauten:
1. Charakterisieren Sie sich mit einigen Eigenschaften selbst.
2. Charakterisieren Sie auf dieselbe Weise die anderen Gruppenmitglieder.
3. Vergleichen Sie die Ergebnisse.

Zu dieser Vorarbeit bekommen die Schülerinnen und Schüler eine Liste mit
Eigenschaften, auf der sie drei positive und drei nicht ganz so positive ankreu-
zen.

Eigenschaft	sehr	mittel	gar nicht
zuverlässig			
freundlich			
still			
laut			
cool			
versteckt sich			
brutal			
empfindlich			
sportlich			
angeberisch			
verschwiegen			
taktvoll			
schüchtern			
träumerisch			
intellektuell			
draufgängerisch			

Es ist selbstverständlich wichtig, eine solche Liste von wesentlichen, charakterisierenden Eigenschaften von der Gruppe selbst erstellen zu lassen!

Die zweite Phase setzt mit der Überlegung ein, wie die Gruppe die jeweiligen Selbst- und Fremdbilder fotografisch oder mit der Videokamera darstellen möchte und kann. Man könnte z. B. eine typische Umgebung, ein typisches Dekor für jede abzubildende Person suchen. Eine weitere Variante wäre der Rückgriff auf einfache Requisiten, die den zu Porträtierenden charakterisieren.

Die weitere Aufgabe könnte so lauten:

1. Suchen Sie eine Requisite (möglichst nur eine), mit der sich Ihr Bild von Ihrer Persönlichkeit oder von der des anderen Gruppenmitglieds möglichst richtig darstellen und ausdrücken lässt.
2. Machen Sie mehrere Bilder, bis Sie meinen, das Porträt sei gelungen.

Material

Requisiten: z. B. Hut, Handschuhe, Baseballkappe, Zigarre, Zigaretten, Brille, Skater, Tennisschläger etc. Wenn man mit einer Requisite auskommt, vermeidet man die Verkleidung. Es wird dann nur eine Eigenschaft oder Tätigkeit herausgehoben.

Zeit

Zwei Stunden für die Auseinandersetzung mit den Charaktereigenschaften, die Erstellung der Liste und das Vorgespräch darüber, wie Stereotype über Personen sich bilden und woran sie sich gewöhnlich festmachen. Zwei Stunden Bilder machen (fotografieren oder ein Video drehen). Zwei Stunden auswerten.

Die Wahl des Mediums hängt von der Ausstattung der Schule und von den Vorlieben der Schülerinnen und Schüler ab. Das Medium bestimmt die Kosten. Die Videokamera bietet die technisch aufwendigere, aber kostengünstigere Lösung an. Die Bilder stehen sofort für die weitere Bearbeitung zur Verfügung. Fotos hingegen lassen sich leichter handhaben und für Ausstellungen und Publikationen verwenden.

Irene Kambas

5. Traum-Kino – Traumwelt Kino

Ziel des Projektes „Traum-Kino – Traumwelt Kino"[8] besteht darin, Kinokultur zu erfahren und zu definieren. Die ästhetischen Qualitäten des Kinos, seine besonderen Bedingungen für das Filme-Sehen und -Erleben sollen durch sinnliche Aufklärung nachvollzogen werden. Dabei geht es nicht um eine nostalgische Verklärung oder eine kulturpessimistische Klage über den Verlust des Kinos oder der Kinokultur zu Gunsten der audiovisuellen „Konkurrenzmedien" Video, Fernsehen und Computer. Vielmehr sollen die Stärken des Kinos und seiner spezifischen Erlebnismöglichkeiten erfahrbar gemacht und mit den Stärken oder Schwächen der anderen Monitormedien verglichen werden.

Das Projekt gliedert sich in fünf Phasen:

- Phase 1: Die eigenen Kinoerfahrungen und -erlebnisse,
- Phase 2: Das Typische des Kinos und des Filme-Sehens
           und -Erlebens im Kino,
- Phase 3: Das Kino und die Monitormedien,
- Phase 4: Wir gestalten ein Traum-Kino,
- Phase 5: Ausstellung „Kino-Spuren".

Phase 1: Die eigenen Kinoerfahrungen und -erlebnisse

Die Schülerinnen und Schüler versuchen, ihre eigenen Erfahrungen mit Kino und dem Filme-Sehen dort zu nennen und zu reflektieren. Die folgenden Fragen stehen dabei im Vordergrund:

- Meine Kino-Premiere: Das erste Mal im Kino …
- Was macht für mich Kino bzw. ein Kinoerlebnis aus?
- An welche Details erinnere ich mich dabei?
- Was ist für mich ein gutes, ein schlechtes Kino?

In Arbeitsgruppen, in Gesprächsform, in Hör- oder Video-Interviews können die entsprechenden Statements festgehalten, dem Klassenplenum präsentiert und gemeinsam besprochen werden.

---

8 Die in dem Projekt vorgestellten typischen Elemente des Kinos und des Filme-Sehens dort finden
   sich in: *Brinkmöller-Becker, Heinrich*: „Kino und die Wahrnehmung von Filmen", in: medien + erziehung, H. 6 (1994) S. 327–332.

Phase 2: Das Typische des Kinos

Ziel dieser Phase ist die Beschäftigung mit folgenden Fragen:

- Was ist das Typische eines Kinos?
- Welche räumlichen, technischen, bildlichen, atmosphärischen Kennzeichen hat das Kino?
- Wie bestimmen und bedingen diese Mittel als Gesamtheit das Filme-Sehen und -Erleben?
- Welche Möglichkeiten filmischer Wahrnehmung und außerfilmischer Erlebnisse bietet das Kino?
- Welche Unterschiede des Filme-Sehens und -Erlebens gibt es zwischen Kino, Video, Fernsehen und Computer?

Die Schülerinnen und Schüler bekommen in Arbeitsgruppen, die sich mit unterschiedlichen Kinos beschäftigen, den Auftrag, ein Kino oder einen bestimmten Typus von Kino mit möglichst vielen typischen Merkmalen zu benennen, zu beschreiben und mit Fotos (auch Polaroid), Videoaufzeichnungen, akustischen Aufzeichnungen oder schriftlich darzustellen. Die zu erwartenden Ergebnisse seien hier nur in Stichworten umrissen:

Fassade und Außenfront des Kinos

Spezifische Bildersprache und Bild-Geschichten; Fassaden- und Außenwerbung; Film in Versatzstücken von Titel, Untertitel, Ankündigungstexten, Filmbildern, Plakaten, Accessoires ...

Vorräume und Foyer

Zwischen-Raum zwischen der Außenrealität und dem eigentlichen Kino-Raum; Konsum-, Versammlungs- und Kommunikationsstätten; Architektur und Räumlichkeit verweisen auf andere Zusammenhänge, zitieren oder kopieren diese oder beschränken sich auf Anspielungen; Kopie baulicher, dekorativer und ritueller Formen des Theaters; zum Teil exotisches Ambiente; in Dekor und Einrichtung greifen Elemente der Kino- und Filmgeschichte auf; Großplakate, Poster, Fotos, Standfiguren, Videoinstallationen, Projektionsgeräte und Filmspulen etc..

Kino-Raum, Filmritual

Theaterähnliche Struktur: starre Platzordnung, auf die Leinwand ausgerichtet; räumliche Aufteilung, Ausstattung und Ablauf der Inszenierung in kultureller Tradition z. B. des Theaters, Kabaretts, allgemein des Spektakels; ritueller

Ablauf der Filmpräsentation:

- Musik bei geschlossenem Vorhang und vollem Raum- und Bühnenlicht,
- Bühnenlicht aus, Raumlicht stark gedämpft, Vorhang auf,
- Werbefilme,
- Kurzfilm,
- Trailershow,
- Eisreklame,
- Vorhang zu, Raumlicht an,
- Eisverkauf,
- Raum- und Bühnenlicht aus,
- Gong,
- Vorhang auf,
- Hauptfilm.

Sinnliches Gesamterleben durch Raum, Bild und Ton

Sinnliches Gesamterleben durch räumliche, optische und akustische Mittel: die Größe des Raumes und des projizierten Filmbildes, die Großzügigkeit der Räumlichkeiten und die Opulenz ihrer Ausstattung, mehr und mehr auch die Qualität des Tons wie Digitalsound-System, THX, SDDS und Sechs-Kanal-Digital-Sound; optimale Bildwirkung: Größe, Farbdichte, Schärfe, Konturen, Kontraste; panoramaartige Bildtableaus; Kasch: fester Rahmen für das projizierte Bild, scharf konturiertes Bild, helles Licht-Bild hebt sich deutlich von außerfilmischer Umgebung ab.

Gegenbeispiele: Schachtelkinos der Siebziger- und Achtzigerjahre: Miniaturisierung der Kinos und Kopie der Konsumgewohnheiten des häuslichen Fernsehens; technische Veränderungen wie Teller- und Spiegelprojektion: miserable Bildqualität durch unsaubere oder nicht richtig justierte Spiegel, Beeinträchtigung von Bildschärfe, Helligkeit und Farbechtheit; inadäquater Bildeindruck durch fehlenden Kasch, einen falschen Bildstrich und ein falsches Projektionsformat; Raucher- und Service-Kinos: Entmythisierung des Filmerlebnisses.

Multiplex-Kinos: riesige und meistenteils technisch bestausgerüstete Kinosäle; Filmangebot: massenträchtige Produkte vor allem US-amerikanischer Herkunft, auch Originalfassungen und filmhistorisch relevante Klassiker; Kontextualisierung von Film durch Ausstellungen, Action-Veranstaltungen, glamouröse Premieren und Feiern: Re-Mythisierung des Filmtheaters; filmbezogene Elemente wie Videotürme und -wände, vor allem aber filmunspezifische wie Restauration, Spielautomaten, Simulationsspiele, angeschlossene Diskothek; Film(-rezeption) ist in einen Zusammenhang von Unterhaltung und Konsum integriert.

Phase 3: Das Kino und die Monitormedien

Eine Bestandsaufnahme der einzelnen kino-typischen Merkmale führt in der Klasse zur Diskussion und Reflexion der Bedingungen für eine möglichst gelungene und adäquate Filmrezeption. Die Erlebnisqualitäten, die Konzentration auf Bild und Ton, deren technisch und ästhetisch optimale Aufnahme dürften dabei im Vordergrund stehen. Der Vergleich mit und die Abgrenzung von den anderen Monitormedien bieten sich in diesem Zusammenhang an. Auf Grund eigener Erfahrungen mit den unterschiedlichen Medien, die eventuell noch in didaktischen Zusammenhängen intensiviert und expliziert werden könnten, sind beim Vergleich folgende Ergebnisse denkbar:

Kino	Video	Fernsehen	Computer
große Leinwand	kleines Monitorbild	kleines Monitorbild	kleines Monitorbild
ästhetische und bild-dramaturgische Dichte	oberflächlicher Bildeindruck	oberflächlicher Bildeindruck	oberflächlicher Bildeindruck
ganze Spannbreite von Einstellungsgrößen	ganze Spannbreite von Einstellungen	Konzentration auf Gesichter	Miniaturisierung des Gesamtbildes
optimaler und differenzierter Ton	„flacher" Ton	„flacher" Ton	„flacher" Ton
öffentliche Nutzung	„private" Nutzung	„private" Nutzung	individuelle Nutzung
Konzentration aller Sinne auf den Film	zerstreute Konzentration	zerstreute Konzentration	Konzentration
Einzelereignis	Einzelereignis	eingebunden in Alltag	Einzelereignis, eingebunden in Alltag
Preis pro Nutzung	Preis pro Nutzung	mtl. Grundgebühr	Preis pro Programm
Einzelfilm	Einzelfilm	Programm	Einzelprogramm
gezielte selektive Nutzung	gezielte selektive Nutzung	oft zufällige Nutzung	gezielte selektive Nutzung
nichtalltäglich, feierlich	nichtalltäglich, in Alltagsumgebung	alltäglich, in Alltagsumgebung	alltäglich, in Alltagsumgebung
eher nicht aktuell	eher nicht aktuell	eher aktuell	eher nicht aktuell
eher fiktive Geschichten	eher fiktive Geschichten	eher realitätsbezogene Themen	Fiktion, Simulation in virtueller Welt
1. Glied der Auswertungskette: Film mit starker Publizität, Glamour	2. Glied der Auswertungskette: schwächere Publizität	3. Glied der Auswertungskette: Überlagerung im Programmangebot	kein oder kaum Publizitätsnutzen innerhalb der Filmauswertung

Phase 4: Wir gestalten ein Traum-Kino

Bei einer Schulveranstaltung oder einem Schulfest gestalten Schülerinnen und Schüler einen Raum als Kino, als Traum-Kino so, dass er zum Träumen animieren soll. Neben den dort gezeigten Filmen soll so der Charakter einer Traumwelt deutlich werden.

Dabei werden die Ergebnisse der vorangegangenen Phasen berücksichtigt, wobei besonderer Wert auf den „mythischen" Charakter gelegt werden sollte. Da wohl kaum eine Kopie eines professionell betriebenen Kinos erreichbar – und angestrebt – ist, kommt es darauf an, zu improvisieren und durch Dekor und Requisiten das Anliegen eines Traum-Kinos zu verdeutlichen. Die lokalen/regionalen Kinobetreiber, die Archive und kommunalen Einrichtungen der Filmarbeit sind bei dieser Werbung für die Kinokultur sicherlich behilflich.

Die technischen Voraussetzungen für eine entsprechende Optik und Akustik dürften bei dem „Traum-Kino" die größten Probleme aufwerfen, der konterkarierende Effekt könnte darin bestehen, hier eine wesentlich schlechtere Qualität zu erreichen als bei dem mittlerweile üblichen Fernsehstandard. Mit Hilfe einer Video-Großbildprojektion ist zumindest die Simulation einer großen Leinwand möglich, zumal wenn man gleichzeitig den Film auf einem möglichst kleinen Monitor abspielen lässt, um so – im Idealfall mit Hilfe eines Breitwandfilms – die dramaturgischen Möglichkeiten des Kinofilms im Kino und seine reduzierte Wahrnehmung über die „Glotze" zu demonstrieren.

Ein entsprechendes „Rahmenprogramm" mit Kartenverkauf, Platzanweisern, Eisverkäufern etc. gibt allen Schülerinnen und Schülern einer Klasse oder AG reichlich Möglichkeiten, sich einzubringen und zu einer „echten" Kino-Atmosphäre beizutragen.

Phase 5: „Kino-Spuren": Ausstellung zur lokalen Kinogeschichte

In dem Projekt „Kino-Spuren. Kinogeschichte in ..."[9] wird die lokale und zum Teil regionale Kinogeschichte aufgearbeitet und im Sinne einer projektorientierten Medienarbeit in Form einer Ausstellung realisiert. Dies erlaubt, sich mit einer Reihe von medienspezifischen Zusammenhängen und Problemen zu beschäftigen wie z. B. Mediengeschichte, alte – neue Medien, Mediengeschichte – Lokalgeschichte, Bedingungen der Filmdistribution und die der Filmrezeption. Das Projekt gliedert sich in folgende Arbeitsschritte:

---

9 Vgl.: *Brinkmöller-Becker, Heinrich*: „Kinogeschichte in einem medienpädagogischen Projekt", in: medien + erziehung, H. 6 (1989) S. 357–360.

Exploration

■ Information/Recherche in Zeitungen, Zeitschriften, Chroniken, Statistischen Jahrbüchern, Adressbüchern, Werbleblättern, Annoncen, etc.

■ Reprotechniken: Foto, Kopierer, Mikrofilm, Scanner.

■ Zeitungs- und Zeitschriftenartikel, Annoncen und Fotos werden von Originalen kopiert oder von Mikrofilmen oder Mikrofiches mit Hilfe eines Lesegerätes ausgewertet und per Rückvergrößerung festgehalten.

■ Interview: Vorbereitung der Interviews (Fragen); Adressatenbezug; Interviewtechniken.

■ Einbezug von Foto, Tonband, Video.

■ Befragung von Zeitzeugen (Kinobetreibern, -besitzern, -angestellten, Kinogängern, Verleihern ...).

(Re-)Produktion

■ Foto-/Videoaufnahmen: alte Kinostandorte – heutige Nutzung; Kino-Spuren; aktuelle Kinos.

■ Dunkelkammertechnik, Videoschnitt.

■ Kommentierende Texte, Überschriften, Bildunterschriften, Erklärungen mit Hilfe von Textverarbeitung und -gestaltung.

■ Kartografie: Reproduktion von vier bis fünf historischen Stadtplänen, in denen die Kinostandorte zu ihrer jeweiligen Zeit markiert werden.

■ Erstellen einer Litfaßsäule mit der Reproduktion von alten Kinoplakaten, Werbeanzeigen, Kinozeitschriften, Postern mit Hilfe von Foto und/oder Scannern.

■ Plakatentwurf und -gestaltung mit Hilfe von DTP-Programm, Druck.

Öffentlichkeitsarbeit

■ Handzettel, Pressemitteilungen, Plakatierung, Einladungen mit Hilfe von Textverarbeitungs- und Grafikprogrammen unter Verwendung von Kino- bzw. Filmmotiven.

■ Pressekonferenz.

Exposition

■ Genaue Ausstellungskonzeption, Raumgestaltung unter ausstellungsdidaktischen Gesichtspunkten.

■ Planung der Eröffnung, Filmprogramm.

■ Betreuung, Führungen.

Eine Öffnung des rein schulischen Rahmens ist bei diesem Projekt ausdrücklich beabsichtigt und insofern auch unumgänglich, als mit verschiedenen für das Thema relevanten Institutionen kooperiert werden muss wie z. B. Stadt-archiv, Pressearchiv, VHS, Kinos, kommunalem Kino, Bibliotheken, Lokal-/ Regionalzeitungen, Kulturzentrum ...

Der optimale Ort für die Ausstellung: das kommunale Kino, ein Programm-kino, unter Umständen ein Multiplex-Kino.

Statt einer (Foto-Text-)Ausstellung ist eine Multimedia-Präsentation denkbar, die die oben genannten Ergebnisse mit den entsprechenden Fotos und Texten ergänzt um gesprochene, animierte Teile bzw. um Videosequenzen z. B. mit Interviews mit Betreibern und Kinogängern, mit Bildern von Kinoräumen und Besonderheiten.

Literaturhinweise

Baacke/Sander/Vollbrecht: Kinder und Werbung (Schriftenreihe des Bundesministeri-ums für Frauen und Jugend; Bd. 12). Stuttgart, Berlin, Köln 1993.

Behne, Klaus E.: Film – Musik – Video oder Die Konkurrenz von Auge und Ohr. Kassel 1987.

Brinkmöller-Becker, Heinrich: „Kinogeschichte in einem medienpädagogischen Pro-jekt", in: medien + erziehung, H. 6 (1989) S. 357–360.

Brinkmöller-Becker, Heinrich: „Förderung informierenden Lesens durch Analyse und Produktion von Nachrichten", in: Landesinstitut für Schule und Weiterbildung (Hrsg.): Lesen in der Sekundarstufe I – Moderatorenmaterialien – Baustein II. Soest 1993a.

Brinkmöller-Becker, Heinrich: „Fernsehnachrichten – Ein Projekt aktiver Medienar-beit", in: medien + erziehung, H. 2 (1993b) S. 89–95.

Brinkmöller-Becker, Heinrich: „Kino und die Wahrnehmung von Filmen", in: medien + erziehung, H. 6 (1994) S. 327–332.

Brosius/Berry: „Ein Drei-Faktoren-Modell der Wirkung von Fernsehnachrichten", in: Media Perspektiven, H. 9 (1990) S. 573–583.

Charlton/Neumann-Braun/Aufenanger/Hoffmann-Riem u. a.: Fernsehwerbung und Kinder – Bd. 1: Das Werbeangebot für Kinder im Fernsehen; Bd. 2: Rezeptionsanalyse und rechtliche Rahmenbedingungen. Opladen 1995.

Erikson, Erik H.: Identität und Lebenszyklus. Frankfurt am Main 1976[3].

Mattusch/Mörchen: Workshop Medien – Nachrichten unter der Lupe – Unterrichtsideen für die Medienerziehung. Paderborn 1997.

Marquard/Stierle: Identität, Poetik und Hermeneutik VIII. München 1979.

Münnix, Gabriele (Hrsg.): Wirklich? Erkenntnis und Ethik (Unterrichtsreihe). Stuttgart 1996.

Schmidt/Spieß (Hrsg.): Werbung, Medien und Kultur. Opladen 1995.

Schulz, Wilfried: Die Konstruktion von Realität in den Nachrichtenmedien – Analyse der aktuellen Berichterstattung. Freiburg, München 1990[2].

Watzlawick, Paul: Wie wirklich ist die Wirklichkeit? – Wahn, Täuschung, Verstehen. München 1990[15].

Kapitel 7:
Multimedia –
Neue Perspektiven für
Medienprojekte in der Schule

Einleitung

Der Modebegriff „Multimedia" bezeichnet die Verbindung mehrerer medialer Kanäle und Ausdrucksformen. Diese technische Innovation bringt auch eine Erweiterung der medienpädagogischen Handlungsfelder mit sich. Mit dem (Leit-)Medium PC werden die unterschiedlichen „traditionellen" Medien wie Schrift, Bild, Film und auditive Medien zusammengebracht. Damit ist es auf den ersten Blick relativ leicht möglich, fertige Bild-Ton-Text-Produkte zu erstellen, diese gemeinsam zu bearbeiten und schließlich zu verteilen. Im Prinzip lassen sich dabei handlungs- und produktorientierte Zielsetzungen der Medienpädagogik umsetzen – mit sämtlichen Vorteilen, die die digitale Informations- und Kommunikationstechnologie bietet.

Hohe Anforderungen stellt Multimedia allerdings an die Nutzungskompetenz, was die technische und die ästhetische Seite angeht. Multimedia setzt in hohem Maße voraus, dass man sich aktiv einbringt, die Teilhabe an den Netzen setzt ein komplexes Know-how voraus, sie kostet Zeit, Energie und Geduld. Der medienintegrierende Verbund aus Textverarbeitung, Bild- und Tonbearbeitung, Video, Grafik und Animation lässt eine Vielzahl von medienpädagogischen Projekten zu – für Offline-Anwendungen und für die Netze wie Mailboxen und Internet, für die Recherche und Kommunikation in den Netzen, für Multimedia-Präsentationen für verschiedene Öffentlichkeiten.

Eine ganze Reihe von Vorschlägen für Unterrichtsreihen und Projekte in diesem Band ist auch als Multimedia-Präsentation zu realisieren. Wegen der unterschiedlichen Spezialisierung und der arbeitsteiligen und dezentralen Struktur (auch am heimischen PC) können sich Schülerinnen und Schüler mit den unterschiedlichsten Talenten der zeitflexibel zu einem Projekt zusammentun und per digitalem Ton- und Bildschnitt, durch Soundsampling, Bild- und Ton-Editieren etc. Hypermedia-Produkte erstellen und gezielt für bestimmte Öffentlichkeiten per eigener CD-ROM, per Netz und E-Mail verteilen.

Das folgende Kapitel gibt zum Stichwort „Multimedia" eine Reihe an Basis-informationen; im zweiten Teil wird als exemplarische Arbeit damit die Erstellung einer Schülerzeitung am PC vom Layout bis zum Druck vorgestellt.

1. Basisinformationen zu Multimedia

Multimediale Nachschlagwerke, Sprachkurse und Trainingsprogramme erobern den Markt. Sicherlich sind auch viele Schülerinnen und Schüler Konsumenten solcher multimedialen „Bücher", die hauptsächlich in Form von CD-ROMs vertrieben werden. Diese „Bücher" haben alle eine Gemeinsamkeit: Sie wurden erstellt mit Hilfe eines Autorensystems. Dies sind spezielle Programme, mit denen diese Multimedia-Applikationen entwickelt werden.

Wie sehr das Thema „Wie mache ich Multimedia-Applikationen selbst" auch Schülerinnen und Schüler interessiert und beschäftigt, zeigen z. B. die vielen Zuschriften und Anfragen, die an einschlägige Computerzeitschriften gerichtet werden. Hier ist die Schule gefordert, ihren Schülerinnen und Schülern Kenntnisse und Fähigkeiten in diesem Bereich zu vermitteln.

Für den Lehrer, der mit dieser Materie nicht so vertraut ist, ergeben sich sicherlich viele Fragen: Was sind Multimedia-Applikationen? In welchen Unterrichtsfächern und zu welchen Themen können Applikationen erstellt werden? Welche Hardware und Software braucht man dafür?

Die folgenden Ausführungen sollen einen ersten Einblick in diese Thematik geben. Weiterhin sollen sie Lehrerinnen und Lehrern helfen, Werkzeuge zu finden, um gemeinsam mit den Schülerinnen und Schülern von Multimedia-Konsumenten zu Multimedia-Produzenten zu werden.

Multimedia-Applikationen

Bei einer Multimedia-Applikation werden Informationen nicht nur als Text und Bilder, sondern zusätzlich als Töne oder bewegte Bilder (Videos, Animationen) gespeichert, übertragen und dargestellt. Dies gab es auch schon früher, aber im Computerzeitalter hat der Begriff „Multimedia" eine neue Dimension bekommen. Es ist heute möglich, diese Informationen mit Hilfe von Computern über weltumspannende Datennetze zu transportieren. Weiterhin ist neu, dass alle diese Informationsarten auf einem einzigen Datenträger (z. B. CD-ROM) vorliegen und von dort prinzipiell in beliebiger Reihenfolge und beliebigen Kombinationen mit Hilfe eines Computers abgerufen werden können. So kann man sich etwa bei einem Multimedia-Lexikon zu bestimmten Stichwörtern kleine ergänzende Videos anschauen oder es können zu Themen aus Naturwissenschaft und Technik Zusammenhänge anhand von Zeichentrickfilmen verdeutlicht werden. Noch ein weiterer Aspekt wird am Beispiel des Multimedia-Lexikons deutlich: Mit einem Mausklick auf einen Verweis kann schnell zu einer ergänzenden Information und von dort aus schnell zurück oder zu anderen ergänzenden Informationen gesprungen werden.

Somit ist ein solches Lexikon eine Anwendung, bei der ein Benutzer nach Belieben (nicht linear) durch die Informationen steuern kann. Sind Informationen auf diese Weise miteinander verknüpft, spricht man von „Hyperlinks". Diese Applikationen werden Hypermedia-Dokumente genannt.

In der Praxis werden zu folgenden Bereichen Multimedia-Applikationen erstellt, wobei der Übergang zwischen den einzelnen Kategorien fließend sein kann:

- *Multimedia-Show* (multimediale Präsentationen bei Schulungen oder Kongressen),
- *Multimedia-Bücher* (Lexika, Reiseführer etc.),
- *Multimedia-Datenbanken,*
- *Multimedia-Kataloge* (z. B. Versandhauskataloge auf CD-ROM),
- *Interaktive Schulungsanwendungen* (Lernprogramme),
- *Computerspiele,*
- *Internet-Publikationen.*

Alle diese Anwendungen werden mit Autorensystemen erstellt.

Fächer und Anwendungsbereiche

In keinem anderen Bereich verändert sich unsere Gesellschaft so stark, wie dies im Moment durch den rapiden Anstieg der Multimedia-Produkte und ihrer Verbreitung durch CD-ROM oder Internet geschieht. Deshalb ist es wichtig, dass die Schule einen Beitrag zum Verständnis dieser neuen Medien liefert, indem sie z. B. Multimedia nicht nur nutzt, sondern selbst kreiert. Fächerübergreifende, projektorientierte und arbeitsteilige Unterrichtsformen bieten sich in diesen Bereich geradezu an.

So sind etwa Aufgaben aus mehreren Bereichen zu bewältigen. Ist ein Thema gefunden, dann ist eine Art „Drehbuch" anzulegen. Texte, Fotos, Grafiken, Tonmaterialien und eventuell Videos sind zu erstellen, zu gestalten und zu bearbeiten. Mit dem Computer ist dann das Material mit Hilfe des Autorensystems zu einer Multimedia-Applikation zu verarbeiten. Neben technischem Know-how sind auch gestalterische und künstlerische Fähigkeiten gefordert.

Aus diesen Gründen ist die Erstellung von Multimedia-Applikationen in einer Projektwoche besonders lohnenswert. Mögliche auf die Schule bezogene

Projektthemen: multimediale Vorstellung von Theater-, Kunst- oder anderen interessanten Schulaktivitäten, Aufbereitung der Jahres-Chronik der Schule, multimediale Zusammenfassung des Verlaufs und der Ergebnisse der Projektwoche.

In diesem Zusammenhang soll auch auf den bundesweiten Schülerwettbewerb „Join Multimedia" hingewiesen werden. Dieser Wettbewerb wird jährlich von der Firma Siemens unter der Schirmherrschaft des Bundesministers Dr. Jürgen Rüttgers durchgeführt. „Join Multimedia" wendet sich an Schülerinnen und Schüler ab der 9. Klasse an Gymnasien, Real- und Gesamtschulen im gesamten Bundesgebiet. Schülerinnen und Schüler erhalten hier eine Plattform, Multimedia aktiv zu erleben und selbst zu gestalten.

Für 1997 lauten die Projektthemen:

- Unsere multimediale Schülerzeitung,
- Die Schule im Jahre 2010,
- Wir präsentieren unsere Schule.

Ein Autorensystem wird von Siemens zur Verfügung gestellt. Mit dieser Software kann dann die entsprechende Multimedia-Anwendung erstellt werden. Nähere Informationen sind unter folgenden Adressen zu erhalten:

Join Multimedia; Postfach 71 08 80; 81458 München
Telefon: 0 89/78 58 28 65; E-Mail: joinmm@t-online.de
Internet: http://www.siemens.de/joinmm

Weiterhin bieten sich auch zahlreiche Themen an, die über den Schulalltag hinausgehen. Verwiesen sei dazu auf ein Projektbeispiel, das in der Zeitschrift *Computer und Unterricht* beschrieben wird: *Gutheil/Mügge*: „Hypermediale Formen des Schreibens von Sachverhalten", in: *Computer und Unterricht*, H. 23 (August 1996), Seite 30–33.

In diesem Artikel wird ein am Leibniz-Gymnasium in Gelsenkirchen durchgeführtes Projekt „Weltbilder" beschrieben, wobei dort das Autorensystem „ToolBook" eingesetzt wurde.

Weitere Anwendungsgebiete sind jahrgangsstufenbegleitende Projekte in allen Fächern. So können z. B. die im Unterricht erarbeiteten Kenntnisse und Ergebnisse in Text, Bild und zusätzlich in Audio und Video festgehalten werden.

Aber auch in „Informatik" und in der „informations- und kommunikationstechnischen Grundbildung" (IKG), die sich seit jeher mit Computeranwendung beschäftigen, kann der Multimedia-Bereich eine interessante Ergänzung sein. So könnte man im Fach IKG gerade die multimediale Informationsvermittlung thematisieren, die ja in Zukunft eine noch größere Rolle spielen wird.

In Informatik können Algorithmen in Bereichen, in denen bildliche Darstellungen und Animationen wichtig sind, mit der Programmiersprache eines Autorensystems kodiert werden. So beinhaltet z. B. die Programmiersprache „OpenSkript" des Autorensystems „ToolBook" auch die von „PASCAL" bekannten Standarddatentypen, Operatoren, Funktionen und Steuerstrukturen (z. B. Verzweigungen und Schleifen). Damit können relativ leicht optisch ansprechende Windows-Programme erstellt werden.

Auch Schülerinnen und Schüler, die weniger an mathematisch-naturwissenschaftlichen Aufgabenstellungen interessiert sind, können durch diese Multimedia-Anwendungen eher motiviert werden. Es soll aber auch nicht verschwiegen werden, dass die im Vergleich zu „Turbo-Pascal" völlig andere Programmierumgebung (Seitenorientierung) und Organisation von „Tool-Book" (botschafts- und ereignisorientierte Programmierung) eine Umgewöhnung und ein Umdenken verlangen.

Hardware, Software und Literatur (Stand: Frühjahr 1997)

Hardware- und Softwareprodukte ändern sich sehr schnell. Für die im Folgenden gemachten Produkt- und Preisangaben gilt der Stand Januar 1997. Aktuelle Produktinformationen erhält man unter anderem bei folgenden Internetadressen:

Soundkarten: http://www.soundblaster.com/
Videokarten: http://www.fast-multimedia.com/; http://www.miro.com/
Software: http://www.adobe.com/; http://www.corel.com/;
http://www.asymetrix.com/ (Informationen zu „ToolBook");
http://www.macromedia.com (Informationen zu „Macromedia-Director").

Will man Shareware-Programme aus dem Internet beziehen (downloaden), dann findet man „links" zu den größten Shareware-Anbietern unter http://www.chip.de/.

Hardware-Voraussetzungen

Ein PC mit 386er-Prozessor, 8 Megabyte Arbeitsspeicher, CD-ROM-Laufwerk, Soundkarte und einer Grafikkarte, die mindestens 256 Farben darstellen kann, stellt das Minimum dar, um mit einem Autorensystem wie „ToolBook" sinnvoll arbeiten zu können.

Wenn Videos aufgenommen und bearbeitet werden sollen, dann ist ein schnellerer PC (486er- oder Pentium-Prozessor) mit mindestens 16 Megabyte Arbeitsspeicher und einer „großen" Festplatte (1 Gigabyte und mehr) erforderlich. Natürlich braucht man dann für die Digitalisierung und Abspeicherung der Videos auch eine Video-Capture-Karte. Man kann solche Karten, die in guter Qualität (etwa VHS-Qualität) Videos digitalisieren, z. B. von den Firmen Fast oder miro für ca. 500 DM erwerben und einen PC nachträglich damit aufrüsten.

Um Fotos schnell in den Rechner eingeben zu können, ist ein Scanner oder eine digitale Kamera erforderlich. Auf beides kann eventuell verzichtet werden, da Kleinbildnegative oder -dias auch auf Foto-CD oder Diskette übertragen werden können. Diese Arbeit kann man heute fast bei jedem Fotohändler in Auftrag geben.

Für die Aufnahme von Ton benötigt man zu der oben erwähnten Soundkarte noch ein Mikrofon, wenn z. B. eigene Kommentare aufgenommen werden sollen. Musik von CDs kann über das eingebaute CD-ROM-Laufwerk aufgenommen oder direkt abgespielt werden. Dafür ist aber eine Soundkarte erforderlich, die mit dem CD-ROM-Laufwerk verbunden ist.

Fotos, Grafiken, Ton und Video benötigen viel Speicherplatz. Sollen Multimedia-Anwendungen dauerhaft abgespeichert werden, dann sollten zusätzlich zur Festplatte andere externe Speicher wie Magnetbandspeicher (Streamer) oder Wechselplattenspeicher vorhanden sein.

Software-Voraussetzung

Alle Programme, die hier erwähnt werden, benötigen Windows 3.1.

Von allen Programmen gibt es aber entweder eine Windows-95-Ausgabe oder sie sind zumindest unter Windows 95 lauffähig.

Für die professionelle Bearbeitung von Fotos eignet sich die hervorragende, aber leider auch sehr teure Software (über 1000 DM) „Adobe-Photoshop". Preiswerter (100–200 DM) geht es z. B. mit „Adobe-PhotoDeluxe" oder „Corel-Photo-Paint", die im schulischen Bereich völlig ausreichen. Aber auch der Shareware-Klassiker „Paintshop Pro" eignet sich als ernst zu nehmendes Bildbearbeitungsprogramm.

Die für die Aufnahme und Bearbeitung von Tönen erforderliche Software wird häufig als Zubehör zu den Soundkarten geliefert oder liegt anderen Programmpaketen (z. B. MultimediaToolBook) bei. Gut geeignet für diese Zwecke ist auch das Shareware-Programm „Cool-Edit".

Die Software, die für die Aufnahme, Bearbeitung und den Schnitt von Videos erforderlich ist, liegt den meisten Video-Capture-Karten bei. Diese sind zwar häufig gegenüber den Vollversionen etwas in der Funktionsvielfalt eingeschränkt, sie reichen aber für schulische Anwendungen völlig aus. Es handelt sich hier meistens um LE-Versionen von „Adobe-Premiere" oder „Ulead-MediaStudio", die sich preiswert zu Vollversionen, die professionellen Ansprüchen genügen, upgraden lassen.

Die bisher erwähnte Software dient im Wesentlichen der Aufnahme und Bearbeitung des Rohmaterials. Mit dem Autorensystem kommt jetzt zusammen, was zusammengehört. Auch hier gibt es viele unterschiedliche Produkte, die in Anschaffungspreis und Qualität sehr variieren können. Hier soll nur auf drei Autorensysteme („ToolBook", „Makromedia-Director" und „JoinMultimedia") hingewiesen werden. Die ersten beiden Systeme genügen professionellen Ansprüchen, sind Alleskönner und als Schulversionen zu beziehen.

„JoinMultimedia" ist ein Programmpaket, das kostenlos Schulen zur Verfügung gestellt wird, wenn sie am gleichnamigen Schülerwettbewerb (s. o.) teilnehmen. Dieses Autorensystem „ToolBook" gibt es in folgenden Versionen:

Die einfache Version „ToolBook 4.0" (ca. 200 DM für die Schulversion) und die Multimedia-Version „Multimedia ToolBook 4.0" (ca. 700 DM für die Schulversion mit Lizenz für fünf Arbeitsplätze). Diese Multimedia-Version erlaubt eine komfortable Einbindung von Ton-, Video- und Animationsdateien. Dann gibt es eine nochmals teurere „CBT"-Version. Diese Version hat zusätzlich spezielle Erweiterungen, um Applikationen im Bereich „CBT" (Computer Based Training) zu erstellen. Seit neuestem sind die Nachfolgeversionen „ToolBook Instructor" für die „CBT"-Version (ca. 1500 DM für die Schulversion) und „ToolBook II Publisher" für die Multimedia-Version (ca. 800 DM für die Schulversion) im Handel. Diese Nachfolgeversionen bieten zusätzlich die Möglichkeit, Multimedia-Anwendungen für das Internet (HTML-Dokumente) zu erstellen.

Auch der „Makromedia Director" ist ein Autorensystem, das allen Ansprüchen genügt. Diese Software (ca. 1400 DM für die Schulversion) ist für Windows- oder Macintosh-Plattformen erhältlich. Erwähnenswert ist, dass Anwendungen, die z. B. unter Windows erstellt wurden, ebenfalls auf dem Macintosh laufen. Auch dieses Autorensystem ermöglicht die Erstellung von Multimedia-Anwendungen für das Internet.

„JoinMultimedia" ist ein Autorensystem für die einfache und schnelle Entwicklung von Multimedia-Anwendungen auf dem PC. Weiterhin enthält „JoinMultimedia" ein Lernprogramm und einige Shareware-Programme, die für die Grafik-, Bild- und Soundbearbeitung geeignet sind.

Literatur

Zu allen oben erwähnten professionellen Programmen sind Bücher auf dem Markt, die über Bedienung und Anwendungsmöglichkeiten dieser Programme Auskunft geben. Da häufig mehrere Verlage zu den bekannteren Programmen wie z. B. „Photoshop", „Premiere" oder „Macromedia-Director" Bücher veröffentlichen, kann hier jeder, seinem Geschmack und Wissensstand entsprechend, die richtigen Bücher anschaffen.

Zu „ToolBook" kann das folgende Buch empfohlen werden: *Eberhard/ Schlicht: Mulimedia ToolBook 3.0/4.0 – Interaktive Anwendungen für Windows entwickeln (mit CD-ROM: Trial-Version von „ToolBook 4.0" CBT-Edition)*. Bonn 1997 (Addison-Wesley Verlag, 69,90 DM). Dieses Buch ist aus der Praxis heraus entstanden und ist in zwei Bereiche aufgeteilt. Im ersten Teil wird gezeigt, wie man mit „ToolBook" Multimedia-Anwendungen erstellt, im zweiten Teil erfährt man, wie mit „ToolBook" professionelle Programme erstellt werden. Dem Buch liegt eine CD-ROM bei, auf der alle Programme und Beispiele, die im Buch vorgestellt werden, abgespeichert sind.

Wichtig für Leute, die „ToolBook" nur mal testen wollen: Auf der Buch-CD-ROM ist zusätzlich eine Test-Version der Software „ToolBook CBT-Edition 4.0" vorhanden. Diese Version ist voll einsetzbar, allerdings ist die zeitliche Dauer, in der man an einer bestimmten „ToolBoook-Anwendung" arbeiten kann, auf zwei Stunden begrenzt.

Aber auch zu „ToolBook" sind weitere Bücher in anderen Verlagen erschienen oder dort angekündigt.

Die Handhabung eines Autorensystems ist am besten durch praktische Übungen am Computer erlernbar. Dazu wurde vom Autor dieses Artikels ein Workshop „Erstellung von Multimedia-Anwendungen mit ToolBook" geschrieben. Die in diesem Workshop angegebenen Übungsbeispiele sind leicht nachzuvollziehen. Sie beschränken sich auf das Notwendigste und sollen helfen, das Grundlagenwissen zu vermitteln, um selbst multimediale Bücher zu erstellen. Nähere Informationen sind unter der folgenden Adresse zu erhalten: Hermann Fuest; Hoyastraße 7; 48147 Münster; Telefon: 02 51/27 98 43; E-Mail: HFuest@t-online.de.

Hermann Fuest

2. Schülerinnen und Schüler werden zu Profi-Layoutern am PC

In diesem Beitrag geht es um technische und gestalterische Aspekte von Schul- und Schülerzeitungen. Es werden Möglichkeiten aufgezeigt, wie unter schulischen Bedingungen Publikationen mit Hilfe des PC in technisch wie gestalterisch ausgezeichneter Qualität entstehen und dabei sogar semiprofessionellen

Ansprüchen genügen können. Diese hohen Standards gewinnen um so mehr an Bedeutung, als dass sich Schulen gegenwärtig ein klareres Profil geben, dieses dokumentieren und damit sich auch in der Öffentlichkeit vorstellen und um Schülernachwuchs werben.

Die Beispiele werden jeweils anhand eines bestimmten Softwarepaketes dargestellt, sind aber sicherlich in Variation auch mit anderer Software realisierbar. Es wird aus Preisgründen vom Schwarzweiß-Druck ausgegangen.

Mit dem hier vorgestellten Projekt sind auch Ziele im pädagogischen Kontext realisierbar. Den Schülerinnen und Schülern kann unabhängig von ihren Vorkenntnissen ermöglicht werden:

- vertiefte Kenntnisse in publikationstypischen Gestaltungsfragen zu erwerben und diese kreativ anzuwenden,
- journalistische Gestaltungsmittel in ihren Möglichkeiten und Wirkungen kennen zu lernen, auszuprobieren und mit diesen Kenntnissen authentische Publikationen zu bewerten,
- mit Hightechsoftware souverän und absichtsorientiert umzugehen,
- grafische Ideen inhaltsorientiert zu realisieren,
- fundierte Kenntnisse in der digitalen Bildbearbeitung und Bildverfremdung zu erwerben,
- den gesamten Ablauf der modernen elektronischen Publikation zu verstehen.

Redaktionelle Vorarbeit

Der Inhalt

Im Kontext der hier beabsichtigten Darstellung wird davon ausgegangen, dass ein Redaktionsteam (Lehrerinnen und Lehrer, Schülerinnen und Schüler, Eltern) den Inhalt einer Schulzeitung „vorgedacht" hat und alle Komponenten einer Schulzeitung (Texte, Fotos, Werbungen) bereits fertig zur Verfügung stehen. Die redaktionelle Arbeit soll hier nicht reflektiert werden.

Vorbereitung aller Texte

Bevor mit eigentlicher Layoutarbeit begonnen werden kann, müssen alle Texte mit einem Textprogramm erfasst sein. Günstig ist in jedem Fall, wenn schließlich alle Texte in einem einzigen standardisierten Format vorliegen.

Fotos

Fotos sollten von technisch guter Qualität sein. Bei dem hier vorgestellten Layoutkonzept spiegelt sich die Qualität der Fotonegative unmittelbar in der Druckqualität wider.

Zeitungserstellung im semiprofessionellen und professionellen Bereich

Arbeit am PC

Mit geeigneter Software (s. u.) wird das gesamte Zeitungslayout (Texte, Grafiken, Fotos, Werbungen) am Bildschirm entworfen. Ergebnis dieser Arbeit sind letztlich viele Computerdateien (auch Texte, Grafiken, Fotos, Werbungen), die von der zentralen Layoutsoftware (z. B. „Adobe Pagemaker", s. Seite 219 ff.) verwaltet werden. Diese Computerdateien werden zu guter Letzt einem Belichtungsstudio übergeben.

Arbeit des Belichtungsstudios

Die übergebenen Computerdateien werden im Belichtungsstudio mit Hilfe der firmeneigenen Software zur Herstellung von so genannten Offsetfilmen genutzt. Diese Offsetfilme sind standardisiert. Es handelt sich um seitenverkehrte Positive der einzelnen Zeitungsseiten im Größenverhältnis 1 : 1. Für einen Laien sehen sie so aus wie lesbar bedruckte Overheadfolien.

Der Vorgang dieser Herstellung heißt Belichtung. Die hierzu verwandten Geräte sind also keine Drucker im herkömmlichen Sinn, sondern eben Belichter. Der technische Vorteil dieser Systeme liegt in der erreichbaren hohen Auflösung. Ab einer Auflösung von 2540 dpi können z. B. die eine Fotografie aufbauenden Punkte nicht mehr einzeln wahrgenommen werden. Genau dadurch entsteht letztlich der technisch brillante Zeitungsdruck. Von der etwas preiswerteren Offsetfilmauflösung von 1270 dpi wird dringend abgeraten, da hier die Fotografien aufgerastert erscheinen.

Arbeit der Druckerei

Die Offsetfilme werden „montiert", d. h. so angeordnet, dass gleich mehrere Seiten auf einmal „gedruckt" werden können. Auf fotochemischem Weg werden dann mit Hilfe der montierten Offsetfilme Aluminiumdruckplatten hergestellt. Das sind die Rohlinge für den eigentlichen Druck auf Papier.

Viele Druckereien bieten auch einen Belichtungsservice an.

Geeignete Software

Die im Folgenden vorgestellte Software wurde für Windows (3.1x/Win95) entwickelt.

Das Layoutprogramm „Adobe Pagemaker"

Eigenschaften des Programms

Das Programm kann am Bildschirm eine Zeitungsdoppelseite in seiner Grundstruktur nachbilden. Durch schwarze Linien sind alle Ränder und der Mittelfalz dargestellt. Durch farbige Linien sind die Positionen der zukünftigen Textspalten angedeutet. In allen Bereichen des Bildschirms können nun Elemente der Zeitung (Texte, Grafiken, Fotos, Werbungen) abgelegt, frei verschoben oder endgültig angeordnet werden. Mit einem Mausklick kann auf eine andere Doppelseite umgeschaltet werden (s. Abbildung 1 – Punkt 6).

Die Mustervorlage

In einer so genannten Mustervorlage werden alle Layoutvorgaben für die zukünftige Zeitung festgelegt. Hierzu gehören

- die Seitengröße (z. B. DIN A4) und -anzahl,
- die Größen von Kopf- und Fußzeile,
- die Breite des Randes und die Breite des Bundsteges,
- die Zahl der Textspalten.

Sind diese Werte festgelegt, so erscheint am Bildschirm die oben erwähnte imaginäre Doppelseite. Für die mit dieser Mustervorlage arbeitenden Schülerinnen und Schüler eröffnet sich jetzt ein großer Gestaltungsfreiraum. Jederzeit kann eine Layoutidee auch wieder verworfen und erneut mit der Mustervorlage begonnen werden. Die Abbildung auf der folgenden Seite zeigt solch eine Doppelseite.

Vorabsprache mit dem Belichtungsstudio

Wenn ein Publikationsprojekt im hier veröffentlichten Sinn in Angriff genommen wird, so sollten zunächst weitere Einstellungen an der Mustervorlage in Zusammenarbeit mit dem Belichtungsstudio vorgenommen werden (z. B. „Belichtungsauflösung" von 2540 dpi).

Die Standardseiten

Eine Mustervorlage stellt vor den nummerierten Seiten zwei nicht nummerierte Standardseiten zur Verfügung. Elemente, die auf diesen Seiten positioniert (s. u.) werden, tauchen auf allen Seiten der Publikation auf. Mittels dieser Seiten lassen sich also z. B. sehr leicht einheitliche Kopf- und Fußzeilen konstruieren. Sollen bestimmte Seiten der Publikation von solch einem Standardlayout abweichen, so können die Standardvorgaben für diese Seiten durch Mausklick abgeschaltet werden.

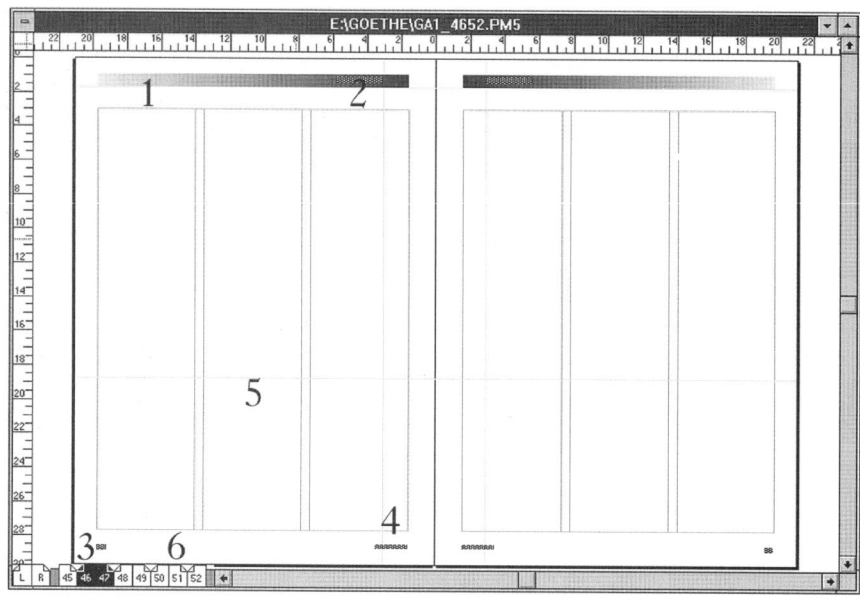

Abb. 1: Die Bildschirmansicht der zukünftigen Doppelseite mit den Seiten-nummern 46/47. Man erkennt bereits den Graustufenbalken der Kopfzei-le (1). Die angedeutete Schrift im Balken erscheint später weiß (2). Jeweils außen in der Fußzeile ist die Seitennummer angedeutet (3). Im Bereich des Bundsteges befindet sich der Hinweis auf den Zeitungsjahrgang (4). Eben-falls zu erkennen ist der dreispaltige Satzspiegel. Zwei vertikale Hilfslinien sind schon auf den Standardseiten (unten links als L und R zu erkennen) angelegt. Sie dienen dazu, die Schrift im Kopfzeilenbalken auf allen Seiten genau auszurichten. Eine horizontale Hilfslinie (5) ist nur für diese Doppel-seite angelegt und stellt die Oberkante für den zukünftigen Textkorpus dar (s. Abbildungen 4 und 5). Lineale oben und links am Bildschirm erleich-tern in Kombination mit Hilfslinien das Positionieren von Grafik, Foto und Text. Unten links sind die Schalter für das Anwählen weiterer Seiten (6).

Positionieren von Zeitungselementen auf einer Doppelseite

„Positionieren" meint anordnen und ist das zentrale Schlüsselwort für alle weiteren Tätigkeiten! Ob Text, Grafik, Foto, alle diese Elemente werden auf der freien Bildschirmdoppelseite nach einem relativ einheitlichen Schema positioniert.

Positionieren von Fotos oder Grafiken

Unter dem Menüpunkt „Positionieren" wird der Dateiname des Fotos oder der Grafik angeklickt. Die entsprechende Datei wird von Adobe Pagemaker geladen und statt des Mauszeigers erscheint jetzt ein Winkelsymbol. Dieses Symbol wird an die linke obere Ecke der zukünftigen Foto- bzw. Grafikposition geführt. Nach einem Mausklick erscheint das Foto bzw. die Grafik auf dem Bildschirm. Sie kann jetzt ganz einfach mit der Maus auf dem Bildschirm verschoben werden. (s. Abbildungen 2 und 3).

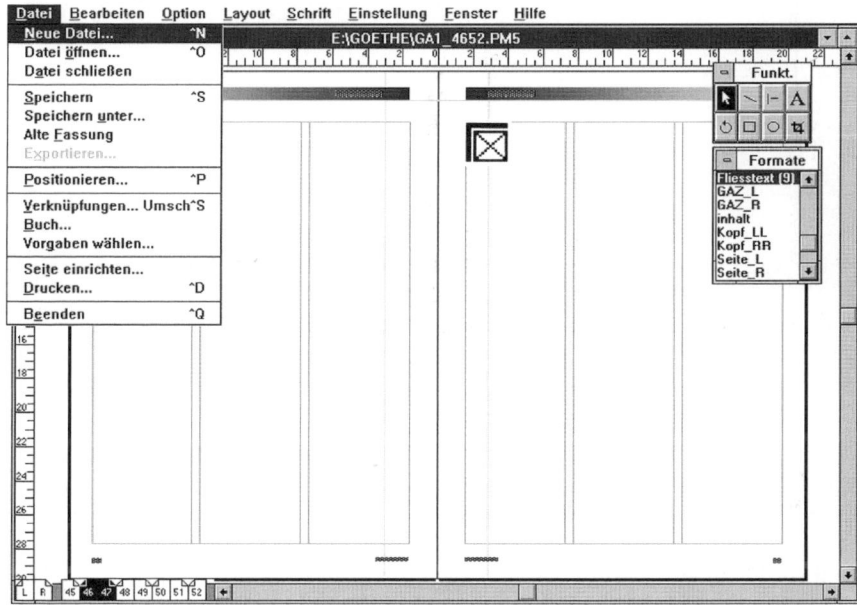

Abb. 2: Das Dateimenü „Positionieren" ist eingeblendet. Hat man über diesen Menüpunkt (z. B.) die Grafik „GLOBUS.TIF" ausgewählt, erscheint kurze Zeit später das Winkelsymbol. Dieses Symbol wird an die zukünftige linke obere Ecke der Grafik geführt. Die Grafik sollte schon im Grafikprogramm auf die beabsichtigte Endgröße eingestellt werden. Skalierungen in „Pagemaker" sind möglich, das Belichtungsergebnis ist aber nicht immer hundertprozentig sicher. Oben rechts ist außerdem die Funktionspalette zu sehen. Mit ihr werden die einfachen „Pagemaker"-Funktionen wie Markieren (Pfeil), Bilder beschneiden (durchgestrichener Rhombus) oder Text korrigieren (Buchstabe A) angesteuert. Darunter findet sich die Druckformatpalette. Sobald der Textcursor in einem Absatz steht, kann aus der Liste das Absatzformat ausgewählt werden.

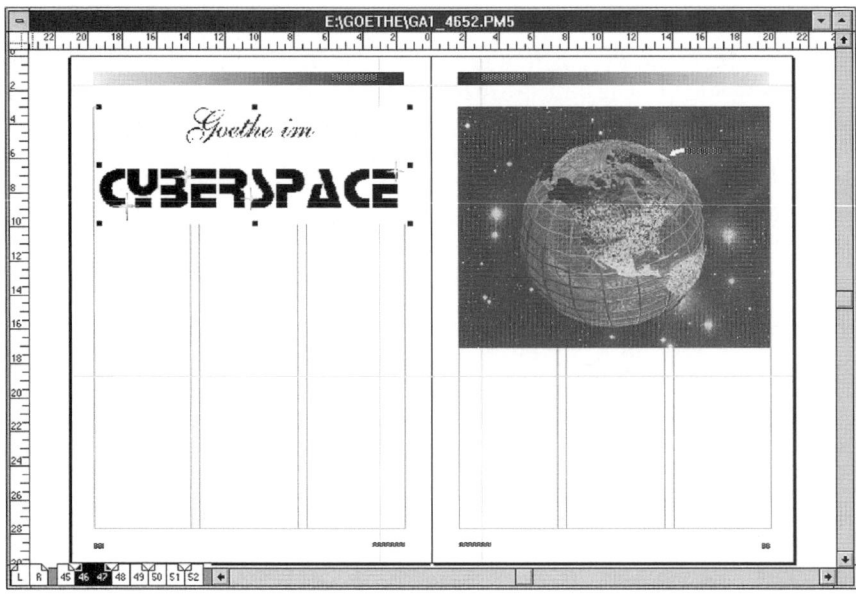

*Abb. 3: Hier ist das Ergebnis der Positionierung der Grafik „GLOBUS.TIF"
zu erkennen. Auf vergleichbare Weise ist außerdem die Titelgrafik positioniert worden.*

Und hier liegt eine ganz besondere Stärke des Programms „Adobe Pagemaker".
Jedes Zeitungselement – es kann noch so groß sein – lässt sich ohne jegliche
Zeitverzögerung verschieben.

Positionieren von Text

Prinzipiell erfolgt das Positionieren von Text genau so wie das von Fotos bzw.
Grafiken. Es gibt jedoch zusätzliche vereinfachende Hilfsmittel. Man kann den
Text in die „vorbereiteten" (s. Mustervorlage) Textspalten fließen lassen. Die
Textzeilen in den einzelnen Spalten liegen dabei automatisch in der gleichen
Höhe. In einfacher Vergrößerung ist ein derartiger Text nur symbolisch (also
nicht lesbar) auf dem Bildschirm dargestellt.

Einen Eindruck von dem späteren Aussehen der Doppelseite erhält man aber
dennoch oder gerade deswegen, weil man sich lediglich auf das Gesamtbild
der Doppelseite einlassen kann (s. Abbildungen 4 und 5).

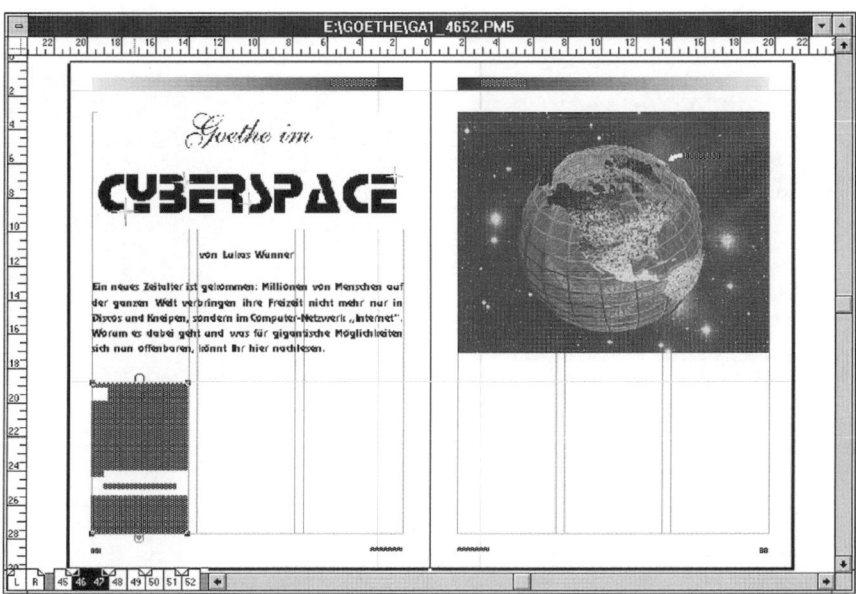

Abb. 4: Die Titelunterschrift ist keine Grafik. Es wird deutlich, dass trotz der Drei-Spalten-Vorgabe einzelne Textpassagen auch frei auf der Seite anzuordnen sind. Der eigentliche Text ist noch nicht vollständig in die Spalten geflossen. Der offene Textblockanfasser markiert den Beginn (oder am unteren Rand eines Textes das Ende) des Textes. Das kleine rote Dreieck im unteren Textblockanfasser (wie hier in unserer Abb.) gibt an, dass der Text noch weitergeht. Er kann hier mit dem Zeigerelement aufgenommen werden und an der Hilfslinie der nächsten Spalte weiter gesetzt werden. Befindet sich ein + in dem Textblockanfasser (nicht abgebildet), so heißt dies, dass vor bzw. nach dem Textblock noch weiterer Text steht.

Formatvorlagen

Die Gestaltung des Textes (Schriftart, Auszeichnung, Schriftgrad) erfolgt wie bei jedem anderen Windows-Programm auch. Alternativ können diese Gestaltungsmerkmale über zuvor definierte Formatvorlagen vergeben werden.

Für ein arbeitsteiliges Vorgehen bieten sich diese natürlich an, weil eine gewisse Einheitlichkeit der einzelnen Doppelseiten einer Zeitung damit ziemlich sicher gewährleistet wird.

Abb. 5: Hier wird die fertige Doppelseite gezeigt. Sie ist aber keine Bild-
schirmkopie der „Pagemaker"-Seite (wie die Abbildungen 1–4), sondern
die eingescannte Originaldoppelseite der hier beispielhaft verwandten
Publikation.

Kontrollpaletten

Ab der Version 5.0 bietet das Programm so genannten Kontrollpaletten. Sie
unterstützen die Realisierung von Gestaltungsdetails.

Eine sei herausgestellt: Mit wenigen Mausklicks oder einfachen Eintragungen
in eine solche Kontrollpalette können Text oder Grafik gedreht, geneigt oder
gespiegelt werden – und das alles auf 0,1 Grad genau (s. Abbildung 6).

Gestaltungshilfen

Gestaltungshilfen gibt es zahlreiche. Sie können hier nicht umfassend besprochen werden. Drei interessante seien herausgestellt: Mit wenigen Mausklicks
können sehr einfach Anfangsbuchstaben von Absätzen in Initialen überführt
werden, Text kann eine Grafik umfließen (s. Abbildung 7) oder Grafik kann
unter Text gelegt werden (s. Abbildung 8).

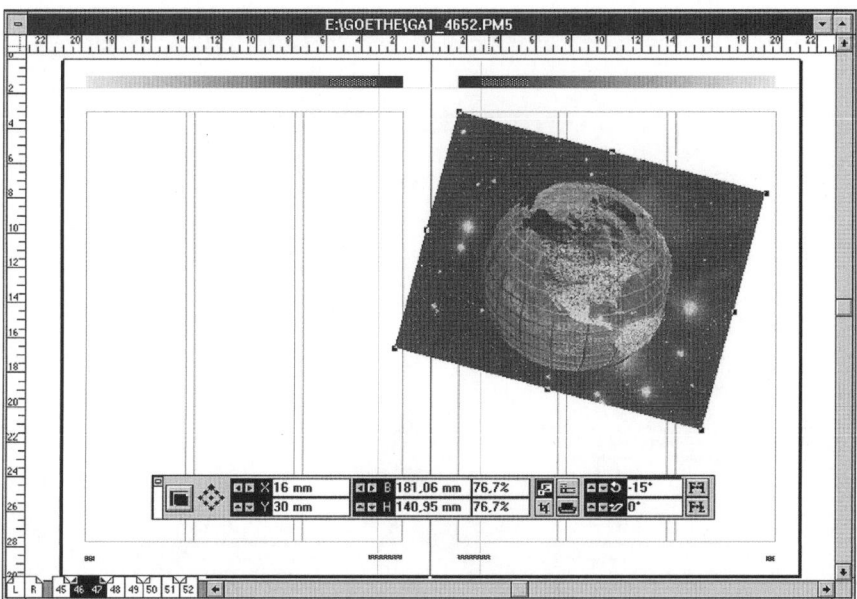

Abb. 6: Diese Abbildung ist der Abbildung 3 ähnlich. Sie zeigt exemplarisch die Funktionsweise der Kontrollpaletten.

Abb. 6a: Die Kontrollpalette: Im oberen rechten Feld der Kontrollpalette ist die Zahl -15 (der Drehwinkel) eingetragen. Das aus Punkten aufgebaute Viereck links in der Kontrollpalette zeigt, dass das Bild um die linke (jetzt obere) Ecke gedreht wurde. Mit Kontrollpaletten kann auch die x/y-Position eines Elementes auf dem Bildschirm eingestellt oder die Größe des Elementes proportional verändert werden.

Ästhetik

Gymnastik / Tanz

Ein Teilbereich der „Ästhetischen Erziehung" in der Schule

„Sport und Kunst scheinen oberflächlich wenig miteinander zu tun zu haben, ja sich sogar entgegenzustehen- Muskel kontra Geist.

Ein genaueres Betrachten aber zeigt gemeinsame Kennzeichen: Beide Sparten sind Medien zur Selbsterfüllung, beide ermöglichen es, in Grenzbereiche vorzustoßen und so den Erfahrungshorizont zu weiten, beide sind nicht direkt nützlich, beide sind wenn auch im Resultat sehr verschieden, schöpferische Akte, die durch Dritte, also Zuschauer, ihren gesellschaftlichen Sinn erhalten, und beide sind endlich nicht verändernde Kräfte, sondern Spiegelbilder ihrer Umwelt" (Dominik Keller).

Unter diesem Gesichtspunkt nimmt die Kombination Gymnastik/Tanz im Fächerkanon der Sportarten der Schule eine Sonderrolle ein. Die beiden äußerst komplexen Bereiche unterscheiden sich von den übrigen sportlichen Handlungsfeldern in zweifacher Hinsicht:

Zum einen sind Regeln nur in geringem Ausmaß vorgegeben und haben hier einen anderen Stellenwert.

Zum anderen sind bestimmte Bereiche aus der Gymnastik und dem Tanz weniger auf den Wettkampf hin angelegt, als dies im Sport ansonsten der Fall ist.

In beiden Sparten können Formungen und Erfahrungen mit Hilfe der überspannenden Handlungsformen Improvisation und Komposition verwirklicht werden.

Formungen liegen Bewegungen zugrunde, die von ästhetischen Kriterien geprägt sind. Die Ästhetik als Prinzip des sportlichen Bewegungsablaufs bezieht sich auf die Struktur und die Harmonie der Bewegung.

Darüberhinaus bilden Erfahrungen im Wahrnehmungsbereich (Außenwelt und eigener Körper) und im sozialen Bereich ein weiteres gemeinsames Merkmal von Gymnastik und Tanz.

Stellt man z.B. die Teilbereiche stilungebundener Tanz und Rhythmische Sportgymnastik gegenüber so ergeben sich zunächst folgende Gegensätze:

Während eine Tänzerin die größtmögliche, individuelle Vervollkommnung ihrer Bewegung anstreben kann, hat sich die Gymnastin dem jeweils gültigen Kriterienkatalog zu unterwerfen und ihre Bewegungen dem Anspruchsniveau möglichst genau anzugleichen.

Während eine Tänzerin ihren Körper als künstlerisches Medium verwenden kann, um z.B. poetische und psychologische Inhalte auszudrücken, hat eine Gymnastin dafür nur einen beschränkten Spielraum.

Betrachtet man am Ende jedoch die Zielvorstellung - die Vervollkommnung von Struktur und Harmonie von Bewegung, das Erstreben von Bewegungsausdruck - eine breite Handlungsgrundlage für beide Bereiche. Weiterhin weisen die Lernprozesse und Lernsituationen große Ähnlichkeiten auf.

Die Musik, der ähnliche Ordnungs- und Gestaltungskomponenten wie der Gymnastik und dem Tanz zugrunde liegen, kann hier als verbindender Faktor bezeichnet werden. Sie fungiert bei der zeitlicher Regulierung von Bewegungsabläufen, kann bewegungsunterstützend, intensivierend beim dynamisch-rhythmischen Bewegungsverhalten wirken, und als Inspirationsquelle und als Interpretationsvorlage verwendet werden.

Auf dieser zuvor geschilderten breiten Grundlage bietet die sportlich gestaltete Bewegung, der Tanz und die Musik im Schulsport eine Vielfalt von Darstellungsmöglichkeiten.

Die Zusammenarbeit mit den Fachbereichen Musik und Kunst kann dabei überaus befruchtend wirken.

Seit vielen Jahren hat der Bereich Gymnastik/Tanz an der Goethe-Schule die vielfältigsten Beiträge dazu geleistet:

Zuletzt in der „Goetheshow - Wolfgang hält den Atem an" am 7. und 8. März 94 experimentierten Schülerinnen mit Lichteffekten und verfremdeten zu argentinischer Tangomusik Gymnastikhandgeräte zu darstellenden Objekten.

RUTH BORNEMANN

Photo Bornemann

Abb. 7: In dem hier gezeigten Beispiel wurde (von Schülerinnen und Schülern!) der Versuch unternommen, das Thema „Ästhetik in der rhythmischen Sportgymnastik" gestalterisch umzusetzen. Die ästhetische Tanzpose wurde unterstrichen, indem eine Kontur um die Figur gelegt wurde. Der Text lehnt sich dann automatisch an diese Kontur an und umrahmt das Bild.

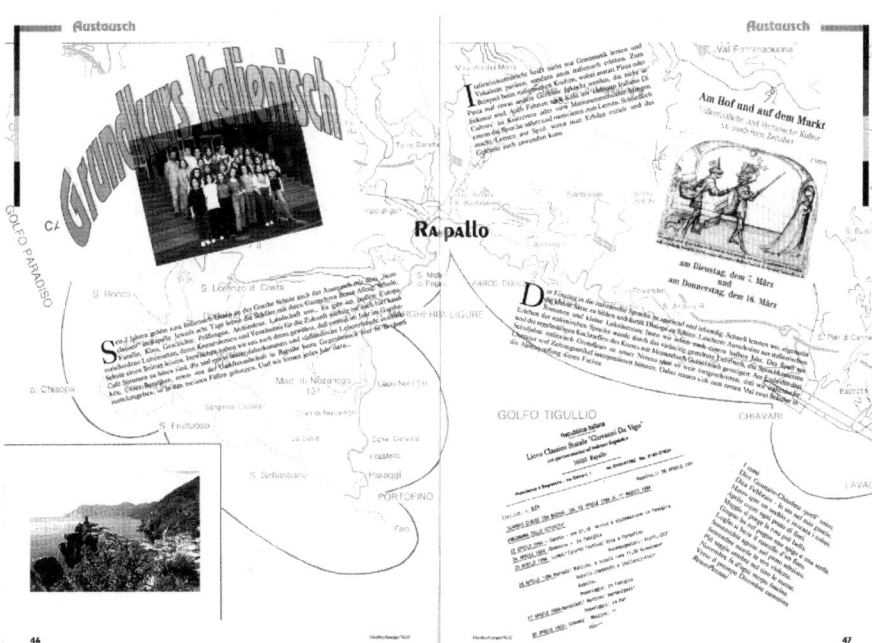

Abb. 8: Jede beliebige Grafik oder jedes beliebige Foto kann in beliebiger Helligkeitsabstufung anderen Seitenelementen unterlegt werden. Hier wird mit einem Kartenausschnitt gearbeitet, in dessen Zentrum die Stadt liegt, die auch im inhaltlichen Zentrum der Seite steht; es wird über ein Austauschprogramm berichtet. Diese Abbildung zeigt gleichzeitig, dass die Elemente einer Doppelseite tatsächlich frei positionierbar sind.

Der „Adobe Type Manager"

Es handelt sich um eine Software, die Postscriptschriften verwalten kann. Da ein „Belichter" (s. o.) häufig mit solchen Schriften (und nicht TrueType-Schriften) arbeitet, sollte er verwandt werden. Die Software ist dem Programmpaket „Adobe Pagemaker" beigefügt. Wenn diese Software installiert ist, merkt der PC-Benutzer außer einer Anfangsmeldung keinen Unterschied gegenüber der Verwendung des TrueType-Managers von Windows.

Grafiken erstellen mit „CorelDraw"

Auf diese sicherlich weithin bekannte Software soll hier nicht besonders ausführlich eingegangen werden. Die Anschaffung lohnt für Publikationszwecke aus folgenden Gründen:

■ Es handelt sich um ein vektororientiertes Grafikprogramm, mit dem ohne großen Aufwand recht ansprechende Titelgrafiken oder Ähnliches erstellt werden können. Für die Einbindung in das Programm „Adobe Pagemaker" müssen die erstellten Grafiken in das Standardgrafikformat *.TIF exportiert werden. Mit diesem Dateiformat arbeitet „Adobe Pagemaker" 100%ig sicher zusammen.

■ Zu dem Programmpaket gehören mehr als 1000 Postscriptschriften, die mit „Adobe Pagemaker" verwandt werden können.

■ Das Programmpaket enthält eine Sammlung von über 1000 Clip-Arts, die für besondere Gestaltungszwecke eingesetzt werden können.

■ Zum Programmpaket gehört ein relativ gutes Fotobearbeitungsprogramm, das im Grunde genommen alle Bedürfnisse im Kontext des vorgestellten Projektes erfüllt.

Auch die älteren Versionen (z. B. 4.0) dieses Softwarepaketes bieten wirklich mehr als genug Möglichkeiten für kreative Gestaltung und sind zudem ausgesprochen preisgünstig.

Digitale Fotobearbeitung mit „Adobe Photoshop"

Fotos und CD-ROM

■ Fotos sollten auf eine Kodak-Foto-CD überspielt werden, weil dies gegenwärtig zu den besten technischen Resultaten bei der digitalen Fotonachbearbeitung führt. Die Bearbeitung von gescannten Bildern führt nur mit größerem Aufwand zu (annähernd) vergleichbaren Ergebnissen.

■ Wenn alle Fotos mit demselben Filmmaterial erstellt werden, ist die nachträgliche Bearbeitung erheblich leichter, weil besser zu standardisieren.

■ Auch wenn die Fotos in der Zeitung später schwarzweiß sind, so sollte doch der besser standardisierte Farbnegativfilm mit einem größeren Belichtungsspielraum verwandt werden.

Digitale Fotobearbeitung

Fotos von CD-ROM müssen vor der Positionierung in „Adobe Pagemaker" (s. o.) digital nachbearbeitet werden. Folgende Arbeitsschritte sind im Allgemeinen notwendig:

■ Umwandeln in Graustufenbilder,

■ Scharfzeichnen,

■ Tonwertangleichung.

Jedes auch noch so einfache Bildbearbeitungsprogramm kann inzwischen Farb-RGB-Bilder in Graustufenbilder umwandeln. Zu technisch besonders überzeugenden Resultaten führt das Programm „Adobe Photoshop".

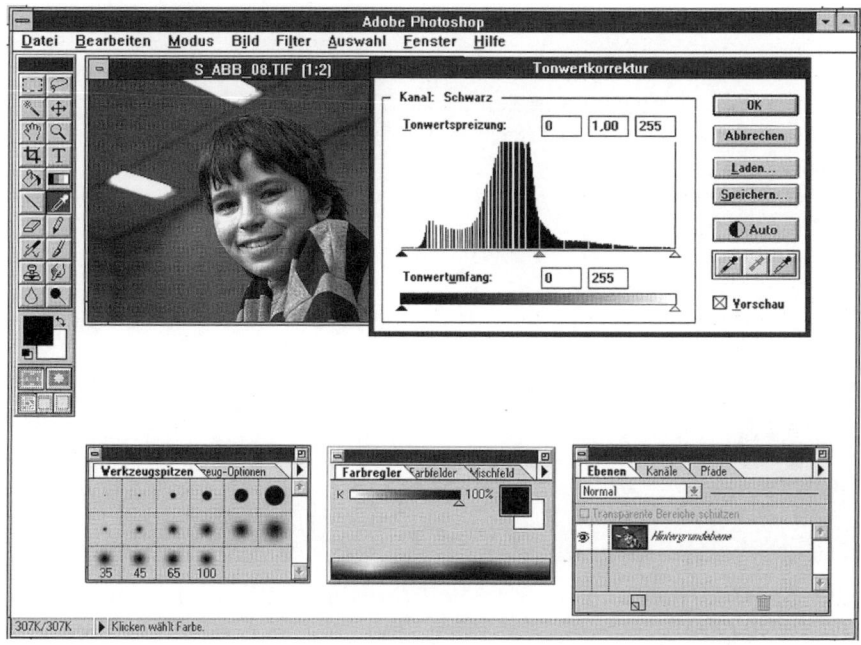

Abb. 9: Die Abbildung zeigt die Bildschirmoberfläche von „Adobe Photoshop 3.0". Geladen ist das Bild, das in Abbildung 10 dargestellt ist. Der Untermenüpunkt Tonwertkorrektur ist aufgerufen. Jetzt könnte das Bild noch manuell nachjustiert werden.

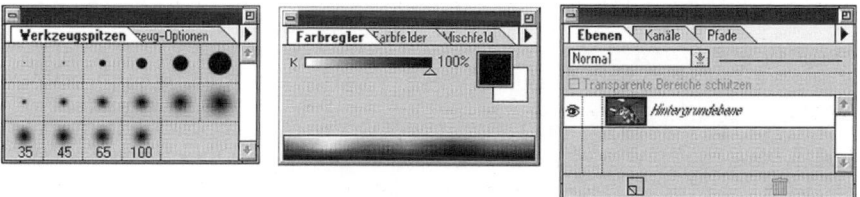

Abb. 9a: Drei „Paletten" sind eingeschaltet: **Werkzeugspitzen** *für die Einstellung des Malwerkzeugs,* **Farbregler** *zur Beeinflussung der Vordergrundfarbe und die* **Ebenen***palette, sicherlich eine der herausragendsten Bildmanipulationshilfen (s. Seite 232).*

Abb. 10: Dieses Foto wurde von Foto-CD als RGB-Bild eingelesen und in „Photoshop 3.0" in ein Graustufenbild umgewandelt. Das Bild wurde scharfgezeichnet, und es wurde eine automatische Tonwertkorrektur vorgenommen. Die folgenden Abbildungen 11 und 12 basieren auf Manipulationen an diesem Bild.

Verfremden

Alle erdenklichen Filter zur Bildmanipulation können genutzt werden.

Spiegelungen, Drehungen, Vergrößerungen, Verkleinerungen, Verzerrungen … alles ist möglich, nur die eigene kreative Vorstellungskraft setzt Grenzen.

Die folgenden beiden Beispiele zeigen eine kleine Auswahl der Verfremdungsmöglichkeiten beim Einsatz der Filter und der Arbeit in Ebenen (s. Seite 232). Auch im „Land der unbegrenzten Manipulationsmöglichkeiten" ist weniger oft mehr, d. h., die übervolle Trickkiste von „Photoshop" verführt so manchen zu einem Feuerwerk an Verfremdungen, ohne dabei Sinn und Zweck der Abbildung im Auge zu behalten.

Abb. 11: Im Bereich der beiden Leuchtstoffröhren wurde der Filter „Blendenflecke" für ein Zoom-Objektiv definiert.

Abb. 12: Eine sehr individuelle Sicht des Porträts des jungen Schülers. Diese Verfremdung enstand durch Ausnutzen verschiedener Filter auf mehrere Kopien der Originalfotodatei. Anschließend wurden diese Kopien mit dem Originalfoto unter Zuhilfenahme der Ebenenpalette miteinander kombiniert. Zusätzlich wurden Beleuchtungseffekte verwandt.

Die Arbeit in Ebenen

Eine besondere Stärke des Programms „Adobe Photoshop" ab der Version 3.0 besteht darin, dass eine Fotocollage in verschiedenen Bildebenen aufgebaut werden kann. Die Gewichtung jeder einzelnen Ebene in der Gesamtkomposition sowie die Art der Einblendung jeder Ebene kann frei eingestellt werden. Es können einzelne oder mehrere Ebenen ein- und ausgeblendet werden. Bis zum letzten Moment behält man so die Kontrolle über jede Collagenkomponente und erhält ständig bereits einen kompositorischen Gesamteindruck.

Die Auflösung

Auf einer Kodak-Foto-CD ist jedes einzelne Foto in verschiedener Auflösung aufgespielt. Für ein im Endausdruck hochwertiges Graustufenbild (256 Graustufen!) in Originaldruckgröße reicht eine Auflösungsfestlegung auf 200 – 300 dpi. Höher aufgelöste Graustufenbilder verschwenden Festplattenspeicher ohne Qualitätssteigerung. Wenn das Foto nachbearbeitet ist, sollte es im Grafikformat *.TIF für die spätere Nutzung in Pagemaker gespeichert werden.

Geeignete Hardwareausstattung (Stand: Frühjahr 1997)

Die in diese Publikation einfließenden Erfahrungen wurden mit einem PC-System gewonnen. Deshalb hierfür (und nicht für das in jeder Hinsicht gleichwertige Macintosh-System) der Vorschlag:

- Pentium-Prozessor (Pentium 100/133 oder besser),
- mindestens 16 MB RAM (besser 32 MB),
- Festplatte EIDE 2GB,
- Bildschirm 17 Zoll,
- CD-ROM Laufwerk,
- Einrichtung zur *Datensicherung* (externer Streamer, Zip-Laufwerk; Absprache mit dem Belichtungsstudio zwecks Datentransfer wird empfohlen!),
- Scanner (für Werbung).

Ablauf bei der Erstellung einer Zeitung und Organisation der Schülerarbeit

Arbeitsform und Gruppeneinteilung

Der gegenwärtige Fächerkanon sieht keinen Klassen- oder Kursunterricht zum Themenbereich Publikationsgestaltung bzw. Layout vor. Insofern bietet sich einerseits die Arbeitsform „Arbeitsgemeinschaft" an, andererseits kann eine elektronische Publikation als „Projekt" realisiert werden; hierbei werden Verlauf und Ergebnisse präsentiert. Die Arbeitsgruppe arbeitet für ein Gesamtkonzept des Layouts sicherlich als Team, die Endgestaltung einzelner Texte oder Rubriken erfolgt dann besser arbeitsteilig.

Ausbildung der Schülerinnen und Schüler – Teil 1: Theoretischer Teil

Es erscheint ratsam, zunächst das eigentliche Layoutprogramm („Adobe Pagemaker") vorzustellen. Diese Software wird wohl aus finanziellen Erwägungen nur in Einzellizenz zur Verfügung stehen. Es sei aber darauf hingewiesen, dass ab März 1996 im Rahmen des „Education Purchase Plan" der Firma Adobe fünffach Schullizenzen zum günstigen Preis erhältlich sind. Falls keine Projektionsmöglichkeiten für das Monitorbild bestehen sollten, scheiden Demonstrationen direkt am PC aus. Hält man aber eine OHP-Folie entsprechend der Abbildung 1 und bewegliche Folienelemente analog den Abbildungen 2 bis 6 bereit, so kann der Vorgang des Positionierens nachgeahmt und eine Doppelseite auch wie am Bildschirm später sukzessive aufgebaut werden. Es ist hier denkbar, dass Gestaltungsvarianten als bewegliche Folien erstellt werden, sodass unmittelbar eine Diskussion über Layoutvorzüge und -nachteile initiiert werden kann.

Sämtliche Arbeitsvorgänge lassen sich auf diese Weise im Grunde genommen simulieren: die Benutzung der Hilfslinien, die Einbeziehung der Lineale, die Nutzung der Druckformatpalette und der Kontrollpalette etc. Es ist allenfalls die Frage, wie akribisch die Projektleiterin bzw. der Projektleiter solche Folienpuzzles zusammenstellen will. Anschaulichkeit wird in jedem Fall erreicht! Die Zeitinvestition lohnt hier, weil die spätere reine Bildschirmarbeit in der Anordnung solcher „Puzzleelemente" besteht. Für die anderen Programme empfiehlt sich diese Vorgehensvariante nicht (s. u.).

Es erweist sich als hilfreich, wenn Schülerinnen und Schülern ein kleines selbstverfasstes Nachschlagewerk zur Verfügung gestellt wird, das z. B. in Form eines Fließschemas alle wichtigen Hinweise zur Gestaltung einer Doppelseite enthält. Auch in Form von Fragen und zugehörigen Antworten ist solch ein Hilfsmittel geeignet. Schülerinnen und Schüler können sich bei der späteren Bildschirmarbeit (s. u.) dann in vielen Fällen weiterhelfen.

Ausbildung der Schülerinnen und Schüler – Teil 2: Praktischer Teil

Es ist günstig, den Schülerinnen und Schülern mehrere fertig gestaltete Doppelseiten als Ausdruck vorzulegen und alle hierfür verwandten Elemente (Fotos, Grafiken, Texte) als Computerdateien bereitzuhalten. Alle im Folgenden vorgeschlagenen Aufgaben bereiten auf das hier favorisierte Konzept vor, einen Layoutentwurf erst auf Papier anzufertigen und dann am Bildschirm umzusetzen.

Eine erste Aufgabe kann darin bestehen, eine Doppelseite *genau* nachzustellen. Diese Aufgabe berücksichtigt, dass zunächst der formal technische Umgang mit der Software erlernt werden muss, bevor später zunehmend die gestalterische Frage im Mittelpunkt steht. Neben den Positionierungsverfahren für Text, Grafik und Foto erlernen die Schülerinnen und Schüler hier auch den Umgang mit Hilfslinien und Linealen.

In einer nächsten Aufgabe kann der Schwierigkeitsgrad gesteigert werden, indem z. B. die Grafikelemente zwar ausgedruckt werden, aber nicht als Computerdateien zur Verfügung stehen. Bei der Bewältigung dieser Aufgabe müssen die Schülerinnen und Schüler auch mit Hilfslinien im Grafikprogramm umgehen, um die Größe der Grafik geeignet anzupassen.

Eine weitere Steigerung des Schwierigkeitsgrades ergibt sich, wenn bei einem anderen Beispiel statt eines Ausdrucks lediglich eine Layoutskizze als Vorlage dient. Wenn dann z. B. auch noch Grafikelemente fehlen oder auch ein Foto noch nicht nachbearbeitet wurde, dann simuliert diese Aufgabe die spätere Bildschirmarbeit ziemlich genau.

Für eine letzte vorbereitende Phase eignet sich besonders gut Textmaterial der zukünftigen Publikation. Wählt man auch in dieser Phase fiktives Übungsmaterial, wird der Arbeitsaufwand für die folgende Übung eher gescheut. Die Layoutgruppe kann zunächst gemeinsam eine Skizze entwerfen und dabei Gestaltungsmerkmale ausprobieren und ihre Wirkung besprechen. Jede Arbeitsgruppe erhält dann die Aufgabe, das Layout am Bildschirm zu realisieren. Die Diskussion auftretender Probleme und die Beurteilung des Ergebnisses kann dann wieder im Plenum erfolgen.

Besonderes Augenmerk ist auf die Nachbereitung der Fotos zu legen. Insbesondere muss erreicht werden, dass zumindest die Fotos auf einer Doppelseite in ihren Grauwerten miteinander harmonieren. Nur dann wird die Publikation – wie hier angestrebt – als semiprofessionell empfunden. Zur Einübung bietet sich folgendes Verfahren an: Die Schülerinnen und Schüler erhalten ein digitalisiertes und sachgerecht nachbereitetes Foto. Die Aufgabe besteht darin, dasselbe Foto von einer Foto-CD nun auch zu bearbeiten und es der Vorgabe so weit wie möglich anzupassen. Da mehrere Fotos gleichzeitig in „Adobe Photoshop" dargestellt werden können, ist der unmittelbare Vergleich auch möglich.

Eine Erweiterung dieser Aufgabe besteht darin, (z. B.) das Klassenfoto einer Parallelklasse einem vorgegebenen, aber schon nachbereiteten in seinen Grauwerten anzupassen.

Letztere Übung bereitet ein Verfahren vor, das favorisiert werden sollte. Es erweist sich als günstig, wenn den Schülerinnen und Schülern (mindestens) ein technisch perfektes digitales Foto zum Vergleich mit von ihnen bearbeiteten Fotos zur Verfügung steht. Der unmittelbare Vergleich am Bildschirm lässt am besten abschätzen, wo das Foto im Endausdruck vielleicht noch zu dunkel oder zu hell sein könnte. Ein solches „Musterfoto" sollte auch als Offsetfilm vorliegen (Probebelichtung!). Bei richtiger Kalibrierung des Monitors (eine Einstellungsmöglichkeit, die „Adobe Photoshop" bietet) gleichen sich das digitalisierte „Musterfoto" am Bildschirm und auf dem Offsetfilm annähernd.

Vorbereitung der Texte

Arbeitserleichternd ist es, wenn die Autoren ihre Texte bereits mit einem Textprogramm erstellen. Realistischerweise stehen einer „Layoutarbeitsgruppe" dann allerdings Texte mit ganz unterschiedlichen Dateiformaten zur Verfügung. Dennoch ist es leichter, die Texte in ein Standardformat zu konvertieren, als alle Texte erst noch (neu) zu tippen.

- Vor der Erstellung des Endlayouts sollte die *Endkorrektur* der Texte erfolgen, weil spätere einfache Änderungen (z. B. Einschieben einer Silbe) gegebenenfalls die gesamte Gestaltungsarbeit für diesen Text zunichte machen können.
- Verwendet man in dem Textprogramm (z. B. „Word für Windows") namensgleiche *Druckformatvorlagen* wie später in „Adobe Pagemaker", so erhält der Text automatisch die Gestaltungsmerkmale der „Pagemaker"-Druckformatvorlage. Dieser Hinweis sollte in seiner Tragweite für die weitere Arbeit nicht unterschätzt werden. Die Abstimmung der Druckformatvorlagen kostet zwar „Installationsmühe", erspart aber später im Endlayout viel Arbeit und trägt zur Vereinheitlichung der Zeitungsgestaltung bei.

Entwurf des Layouts auf dem Papier – denke in Doppelseiten!

Ein Layoutprogramm verführt Schülerinnen und Schüler häufig zu unproduktivem Herumexperimentieren mit verschiedenen Seitenelementen. Tatsächlich entsteht so meist auch niemals eine ansprechende Layoutlösung für die geplante Doppelseite. Es fehlt zu diesem Zeitpunkt ja gerade die zündende Layoutidee.

In einer Layout-Arbeitsgruppe wird man sicherlich zum größeren Teil technik- und computerfaszinierte Schüler finden. Sie sollten schon sehr früh erkennen, dass beim elektronischen Publizieren die „Technik" samt den damit verbundenen Problemen weit in den Hintergrund gestellt werden muss. Der PC soll möglichst nur Hilfsmittel für die Umsetzung gestalterischer Ideen sein. Hier gilt es zwischen Computerbegeisterung und Gestaltungsabsicht zu vermitteln.

Als gut geeignet erweist sich die Aufgabenstellung, die Doppelseite zunächst einmal auf Papier zu konzipieren. Die Schülerinnen und Schüler erhalten dazu einen Ausdruck ähnlich der Abbildung 1. Die einzelnen Elemente sollen dabei mit einfachen Symbolen auf das Blatt gebracht werden. Es entsteht so sukzessive eine Layoutskizze, die der Abbildungsfolge 1–5 in etwa entspricht. Wenn dabei die zukünftige Doppelseite auf DIN A4 verkleinert entworfen wird, so ist dies eher hilfreich. Es entsteht unmittelbarer der Gesamteindruck dieser Doppelseite. Wenn die Schülerinnen und Schüler Seitenelemente vertauschen und die Wirkung überprüfen, merken sie, worum es eigentlich beim Layouten geht. Jetzt wird festgelegt, wie groß einzelne Seitenelemente werden sollten etc.

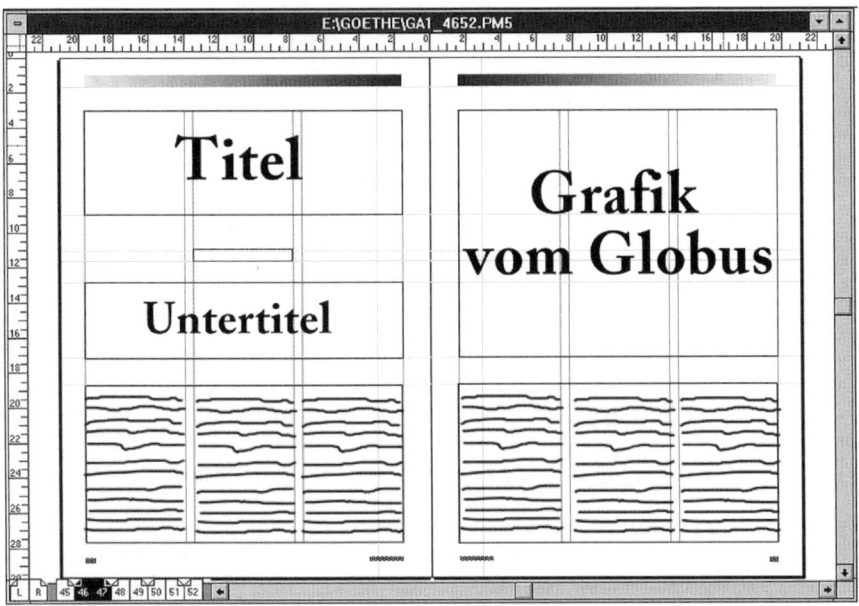

Abb. 13: So in etwa könnte der Layoutentwurf „auf dem Papier" für die in Abbildung 5 gezeigte Doppelseite aussehen. Danach erfolgt erst die Bildschirmarbeit. Auf einer leeren Doppelseite der Mustervorlage werden Hilfslinien eingerichtet und die Text- und Grafikelemente positioniert.

Erst später erfolgt die möglichst maßstabgerechte Übertragung der Layoutskizze auf die Computerbildschirm-Doppelseite. Wenn hier immer von Doppelseite gesprochen wird, so ist der zukünftige Leser im Blick, der auch immer einen optischen Gesamteindruck von einer Doppelseite hat.

Die gestalterischen Ideen

Eine Analyse verschiedener professioneller Layoutkonzepte ist sehr hilfreich für die eigene Arbeit. Die Schülerinnen und Schüler werden sensibilisiert für mehrere Fragestellungen:

- Wie kann man Kopfzeilen für eine Zeitung gestalten und wie einheitlich sollten sie für alle Seiten der Publikation aussehen?
- Wie werden die Seiten nummeriert?
- An welchen verschiedenen Positionen kann man „Überschriften" setzen und welche Folgen ergeben sich daraus für die Anordnung des Fließtextes?
- Durch welche grafischen Elemente werden Überschriften, Aufzählungen, markante Aussagen, Leitgedanken, neue gedankliche Absätze etc. hervorgehoben?
- Wie werden Fotografien in die Thematik des Textes einbezogen?
- Welche Wirkung haben Initialen?
- Wie wirken unterschiedliche Schriftsätze?
- Welche Möglichkeiten gibt es, den Standardsatzspiegel aufzubrechen und die gesamte Doppelseite zur Darstellung zu benutzen?

In der anschließenden gemeinsamen Arbeit wird es darum gehen, das einheitliche Gesicht der eigenen geplanten Publikation zu prägen. In dem hier vorgestellten Beispiel (s. Abbildungsfolge 1 bis 5 und die Beschriftung in Abbildung 1) war Ergebnis solcher Überlegungen:

- der Grauverlaufbalken mit weißer Leitüberschrift in der Kopfzeile und dessen genaue Position in Bezug auf den Satzspiegel;
- Größe und Spaltenzahl des Satzspiegels und Abmessungen aller Ränder;
- die Position der Seitennummer und des Hinweises auf die Nummer der Ausgabe in der Fußzeile;
- Festlegung der hauptsächlich verwandten Schriften in Überschrift und Fließtext.

Die gezielte Auseinandersetzung mit Profilayouts führt dazu, eigene Vorlieben zu entdecken, aber dennoch nicht den notwendigen Zusammenhang zwischen Inhalt und Gestaltung aus den Augen zu verlieren. Wenn hier den Schülerinnen und Schülern genügend Freiraum gegeben wird, komponieren sie aus den (subjektiv) besonders gut empfundenen Beispielen und ihrer eigenen Vorstellungswelt neue Layoutkreationen. Dann erhält jede Doppelseite der Publikation eher auch eine individuelle Note. Und tatsächlich gelingen die Doppelseitenlayouts verschiedener Arbeitsgruppen auch objektiv unterschiedlich gut. Diese gestalterischen Unterschiede sind durchaus produktiv. Eine Schulzeitung unterscheidet sich eben letztlich von einer einheitlich und perfekt durchgestylten Profipublikation.

Realisierung in arbeitsteiliger Arbeitsform

Als im gerade angesprochenen Sinn günstig erweist es sich, Gestaltungskonzepte für Doppelseiten zwar in Plenumsarbeit vorzudenken, aber die Hauptarbeit und Verantwortung doch Arbeitsgruppen von zwei bis drei Schülerinnen und Schülern zu überlassen. Das fordert heraus, schafft mehr Identifikation mit dem Ergebnis und schützt gegebenenfalls vor allzu massiver Kritik der anderen Schülerinnen und Schüler.

Technisch bereitet die Arbeit mit verschiedenen „Pagemaker"-Dateien keine Probleme. Es ist für den Belichtungsservice sogar von Vorteil, wenn die Publikationsseiten portionsweise gespeichert sind. Eine kontinuierliche Seitennummerierung ermöglicht die Software dennoch.

Strukturierung der Arbeit

Als Leiterin bzw. Leiter einer Layout-Arbeitsgemeinschaft sollten folgende strukturierende Arbeiten erledigt bzw. bedacht werden:

- Initiierung der Ideensammlung für das Grundlayoutkonzept der Publikation,
- Erstellung der Mustervorlage (s. o.) als Ergebnis der vorher genannten Phase,
- Organisation der Vorbereitung der Texte,
- Gruppeneinteilung und Festlegung der Arbeitsaufgaben für jede einzelne Gruppe.

Zu diesem Zeitpunkt sollte ein Überblick über sämtliche zu erledigende Aufgaben bestehen. Es gibt auch weniger angenehme Aufgaben im Kontext des Gelingens einer Publikation wie z. B. die Erstellung von Werbungen oder die Beschriftung von Klassenfotos mit Namen. Es hat sich gezeigt, dass Schülerinnen und Schüler ehrgeizig an der Erfüllung ihrer Aufgaben arbeiten, aber im Nachhinein ungern noch weitere Aufgaben übernehmen. Bedenken wir bitte, dass diese Arbeit im Prinzip von dem wesentlichen Aufwand nur außerhalb des Stundenkanons in Mehrarbeit erfolgen kann.

- *Individuelle Beratung der einzelnen Arbeitsgruppen.* Häufig fehlen gestalterische Impulse, die dann in einer Art Brainstorming herausgearbeitet werden sollten. Bei der Umsetzung besonders schwieriger grafischer Ideen kann z. B. die Hilfestellung von kompetenten Mitschülerinnen und Mitschülern aus anderen Arbeitsgruppen koordiniert werden.
- *Organisation der Vergabe von Dateinamen.* Es fallen sehr viele Grafik-, Foto- und Textdateien während der Gruppenarbeit an. Es ist günstig, jeder Arbeitsgruppe einen Buchstaben zuzuordnen, mit dem jeder ihrer Dateinamen beginnen muss. Der Vorteil liegt in Folgendem:

„Adobe Pagemaker" bietet in der Schlussphase der Arbeit die Möglichkeit, die eigentliche „Pagemaker"-Datei *und alle hiermit verknüpften Dateien* in ein neues Unterverzeichnis zu kopieren. Diese Option sollte man nutzen! Alle vorübergehenden Vorentwürfe werden so automatisch ausgesondert, und nur die Endentwürfe bleiben in dem Unterverzeichnis erhalten. Wenn dieses Unterverzeichnis auf ein geeignetes Transportmedium kopiert wird, so erhält das Belichtungsstudio genau die richtigen Dateien – und eben nicht versehentlich einen Vorentwurf. Da bei diesem dringend zu empfehlenden Verfahren aber alle Dateien in einem Unterverzeichnis landen, müssen sich die Dateinamen auch sicher unterscheiden.

- *Datensicherung:* Weil Grafik- und Fotodateien sehr groß werden können, ist die Datensicherung auf Diskette beinahe nicht mehr möglich. Die Sicherung auf einem *Streamerband* oder einer *Wechselfestplatte* bietet sich an. Nach jedem Arbeitstag sollten alle neu entstandenen Dateien hier gesichert werden. Die Streamerbackupsoftware bietet standardmäßig die Möglichkeit, nur diesen Zuwachs an Dateien – und nicht jedesmal wieder alle Dateien – zu sichern.

Möglichkeiten der Öffnung von Schule

Das hier vorgestellte Konzept ist darauf angelegt mit Firmen zu kooperieren und die technischen Projektvorgaben schon im Vorfeld abzuklären. Obwohl hier sicherlich immer die Projektleiterin bzw. der Projektleiter der Gesprächspartner ist, könnten einzelne Schülerinnen und Schüler die Rolle der Gesprächsbeobachter und Berichterstatter für die Arbeitsgruppe übernehmen. Wünschenswert wäre sicherlich außerdem die Besichtigung eines Belichtungsstudios und/oder einer Druckerei. Dadurch ließen sich die eingangs dargestellten Zielvorhaben bestens abrunden.

Ein abschließender Hinweis

Jedem der erwähnten Softwarepakete liegen ausführliche Benutzerhandbücher mit umfassenden Erklärungen, Lektionen und Beispiellösungen bei.

Adressen

- Autor: Hartmut Stolp, E-Mail im Internet:
  Hartmut.Stolp@rz.ruhr-uni-bochum.de
- Adobe-Info-Telefon: 01 80-2 30 43 16
- Internet: http://www.adobe.com/; http://www.corel.com/

Hartmut Stolp

Kapitel 8

„Multimedia und Telekommunikation" – Lehren und Lernen offline und online

Das folgende Kapitel gibt einen Überblick über die unterschiedlichen Neuen Medien, über die verschiedenen Begriffe und Verwendungsweisen von Offline- und Online-Medien für schulisches Lehren und Lernen. Neben dieser orientierenden Funktion im Dschungel von Multimedia und Telekommunikation erhält man nützliche Adressen und Tipps für konkrete unterrichtliche Anwendungsmöglichkeiten.

1. Multimedia – neue digitale Medien

Neue Medien zum Zweck der Information und zur Unterhaltung

„Multimedia" versetzt heute viele Menschen und Firmen in euphorische Stimmung. Mehrere Tausend bunt und grell aufgemachte Titel sind im Angebot. Die Multimedia-Industrie ist Jahr für Jahr bemüht, einen Überblick zu vermitteln.[10] Versucht man die Fülle zu ordnen, so entdeckt man Medien, die dem Zweck der Information oder dem der Unterhaltung dienen sollen. So gibt es z. B. elektronische multimediale Museumsführer am Eingang von Museen. Sie helfen dem Besucher dabei, einen persönlich bestimmten Weg durch die Ausstellung zu finden. Ebensolche multimedialen Wegweiser finden sich auf Landes- und Bundesgartenschauen. Und multimediale Kaufhauskataloge, ob offline oder online, sollen unterhaltend Kaufreize aus dem Wohnzimmersessel heraus ermöglichen.

Zur „Veranschaulichung" solcher Informationsmedien werden hier in aller Kürze Beispiele aus drei unterschiedlichen Sachgebieten skizziert.

---

10 *Joachim Graf (Hrsg.)*: Multimedia Jahrbuch 1997 der deutschsprachigen Produzenten und Dienstleister in Europa. (mit CD-ROM, ca. 500 Seiten Kleingedrucktes) HighText Verlag, München.

Gegen das Vergessen

Das Informationswerk stellt eine multimediale Dokumentation des Holocaust mit Sachinformationen zur Verfügung. Interaktive Karten erlauben eine „schreibende" Eigenaktivität. Navigo, CD-ROM, Windows/Mac, 99,– DM.

Die Atombombe – Ein Wettlauf gegen den Krieg

Hier wird die Geschichte des Los-Alamos-Projektes erzählt, in dem Tausende von Wissenschaftlern eine Waffe entwickelten, die die Welt veränderte. Zu finden sind aufbereitete Fakten und Porträts von beteiligten Forschern im Rahmen einer Simulation, die in die Zeit von 1943 bis 1945 zurückführt. Corbis/Bomico, CD-ROM, Windows, 99,– DM.

Abenteuer Seidenstraße

Der Globetrotter Bruno Baumann führt in Form einer virtuellen Reise mit Filmen und Dias quer durch beeindruckende Landschaften und vorbei an Denkmälern. Er zeigt so auch den Ruhm des damaligen Handelsweges. United Soft Media, CD-ROM, Windows/Mac, 79,– DM.

Neben einer Fülle von Informationsmedien gibt es ein fast ungezähltes Angebot an Medien, die der Unterhaltung dienen sollen. Im Vordergrund stehen dabei die Offline-Computerspiele aber auch die Online-MUDs im Netz.[11] Es gibt reine Unterhaltungsspiele, aber auch solche, die das Lernen von komplexen Sachverhalten unterstützen. Hierzu werden drei Offline-Beispiele dargestellt, die gleichzeitig drei unterschiedliche Spielkategorien verdeutlichen.

Night Shift – Kategorie: Geschicklichkeitsspiel und Funny Game

Der Arbeiter Fred oder die Arbeiterin Fiona treten in das Büro des Unternehmers und erhalten den Auftrag, eine bestimmte Anzahl bestimmter Puppen in einer Nachtschicht (Night Shift) zu produzieren. Sie gelangen dann in eine fünf Stockwerke (fünf Bildschirme) hohe und sehr komplex aufgebaute Maschine, die realitätsnah Plastikpuppen aus flüssigem Kunstharz herstellt. Dabei sind 15 x 15 unterschiedliche Farben und Formen möglich. Fast alle möglichen Teile der Maschine haben aber immer wieder Fehlsteue-

---

11 Der Name MUD (MultiUserDungeons) ist zurückzuführen auf ein in den Siebzigerjahren beliebtes Fantasiespiel, das Dungeons and Dragons hieß. Eine ganze Reihe von MUDs arbeitet heute noch auf der Ebene von Fantasiespielen, in denen regelgeleitet Abenteuer bewältigt werden, in denen sich Feen, Zauberer und Zwerge tummeln und in denen man mit Hilfe von „Charisma"-Punkten zum „Wizard" aufsteigt. Als Zauberer kann man einerseits die Datenbasis verändern und ist andererseits im Konfliktfall für Schlichtungen zuständig.

rungen und behindern Fred und Fiona bei ihrer Arbeit. Nach Beendigung eines Auftrages wird dieser geprüft und dann beginnt entweder die nächste Schicht oder Fred oder Fiona werden entlassen.

Lure of the Temptress –
Kategorie: märchenhaftes Grafik-Adventure

Die Spielenden befinden sich bei diesem Spiel in der Stadt Turnvale, in welcher die böse Zauberin Selena mit ihren Gehilfen Skorl die Menschen unterdrückt. Aufgabe der Spielenden ist es, als Diermot, einem der Jagdtreiber des im Kampf gegen Selena gefallenen Königs, die Stadt von der Unterdrückungsherrschaft der Zauberin zu befreien. Diermot zur Seite steht dabei der Hofnarr Ratpouch, der sich oftmals ein wenig klüger, geschickter und stärker anstellt als die von den Spielenden zu steuernde Spielfigur und somit des öfteren um Hilfe gebeten werden muss. Das Böse wird durch das Gute bekämpft und endlich besiegt. Neben Ausdauer sind Fantasie, Kombinationsgabe und strategisch-analytisches Denken Voraussetzungen, um die Aufgaben erfüllen zu können.

SimCity 2000 – Kategorie: Simulation eines Städtebaus

„*SimCity 2000* macht Sie zum Planer, Ingenieur und Bürgermeister einer unbegrenzten Zahl von Städten." (Handbuch). Zunächst kann zwischen verschiedenen Startjahren (1900, 1950, 2000 und 2050) und drei Schwierigkeitsgraden gewählt werden. Sodann geht es darum, Flächen entsprechend ihrer Nutzung (Wohn-, Einkaufs-, Büro- und Industriegebiete) auszuweisen. Dann können im Gelände Flüsse platziert sowie Bäume oder auch ganze Wälder angepflanzt werden.

Nach Schaffung einer notwendigen Infrastruktur – unter anderem müssen Kraftwerke (abhängig von dem jeweiligen Stand der Technik Kohle-, Kernkraft-, Solar-, Fusions- oder Windkraftwerke) gebaut, Stromleitungen gelegt und Straßen geteert werden – beginnt die Stadt zu wachsen. Häuser, Fabriken und Geschäfte entstehen, ein geschäftiges Treiben entwickelt sich. Aber mit wachsender Einwohnerzahl entstehen auch weitere Bedürfnisse, unter anderem nach Schulen, Krankenhäusern und Polizeistationen sowie nach dem Bau und Betrieb eines großen Stadions oder eines Parks. Der Bürgermeister muss mit dem vorhandenen Geld gut wirtschaften. Zwar kann er auch den Steuersatz selbst bestimmen, aber er muss abwägen, denn Steuererhöhungen nimmt die Bevölkerung nur murrend zur Kenntnis. Und ab einer gewissen Quote wandern viele Einwohner ab.

SimCity; eine Aufnahme aus dem Spiel

Die Bundeszentrale für politische Bildung in Bonn bietet seit einigen Jahren für Computerspiele medienpädagogisch durchdachte Hilfen an.[12] Im Heft 19/1995 „Computerspiele – virtuelle Welten" der Zeitschrift *Computer und Unterricht* werden acht Unterrichtsbeispiele zum Einsatz von Computerspielen beschrieben. Dem Heft liegt auf CD-ROM die Datenbank „Search & Play" der Bundeszentrale für politische Bildung bei.

Neue Medien zum Zweck des Lernens

Auf diesen Medien liegt in den folgenden Ausführungen der Schwerpunkt. Regelmäßig werden seit zehn Jahren alle auf dem deutschen Markt angebotenen Neuen Medien für das Lernen gesichtet, bewertet und teilweise auch erprobt (s. u.: **Die Datenbank SoDIS – das Gütesiegel „beispielhaft"**). Eine Verbesserung des Lernerfolgs mit Neuen Medien ist aber nur dann zu erwarten, wenn gleichzeitig ein Wechsel vom Lehren zum Lernen erfolgt. Anders formuliert: Die Neuen Medien leisten nichts von sich aus. Werden Neue Medien also

---

12 Die aktuellste Lieferung dieser als Loseblattsammlung konzipierten Reihe: *Bundeszentrale für politische Bildung (Hrsg.)*: Edutainment. Bonn 1997. Die Bundeszentrale (Referat Neue Medien) gibt auch kostenfrei die Datenbank „Search & Play" über Computerspiele auf CD-ROM heraus.

zum Zweck des Lernens bewertet, so ist dazu ein Werte-Maßstab notwendig, in dem eine klare Position zum Lernen eingenommen werden muss. Er liegt der folgenden Klassifizierung und den folgenden zusammenfassenden Bewertungen zu Grunde.[13]

Lehren und Lernen vor Hunderten von Jahren?

Lern- und Übeprogramme

Drill & Practice sowie *Courseware* werden für das fachliche Lernen in der Schule und zu Hause und für die betriebliche Weiterbildung angeboten.[14] Immer häufiger sind sie als Info- oder Edutainment gestaltet, unterliegen aber dem Lern-Paradigma des operanten Konditionierens oder der Instruktionstheorie. Sie bieten einen multimedial aufbereiteten programmierten Unterricht

---

13 *Landesinstitut für Schule und Weiterbildung (Hrsg.):* Kriterien zur Bewertung Neuer Medien. Soest 1995[5]. Die Kriterien zur Bewertung Neuer Medien werden regelmäßig weiterentwickelt. Zur Zeit werden sie auch auf Online-Medien ausgedehnt. Eine Neuauflage der Schrift erscheint im Sommer 1997 unter dem Titel „Lernen mit Neuen Medien – Grundlagen und Verfahren der Prüfung Neuer Medien".

14 Intelligente tutorielle Systeme (ITS) sind eine Weiterentwicklung der Programme. Ein ITS besteht aus einer Modellierung eines Wissensgebiets (*domain model*), einem Modell des Lernenden (*student model*), modellierten pädagogischen Strategien (*tutor model*) und einer Komponente für die Kommunikation des Programms mit dem Lernenden (*interface*).

auf der Basis von operationalisierten Feinlernzielen in einer nun medial organisierten *teacher-proof*-Umgebung.[15] Das gilt auch für alle Lern- und Übeprogramme, die aus dem Internet heruntergeladen werden können.

ULK

ULK ist ein Lern- und Übeprogramm zur Rechtschreibung, das sich äußerlich von früheren Verwandten deutlich unterscheidet; hierfür sorgen Anleihen beim Computer-Adventure. Zunächst muss man sich aber einem Rechtschreibtest unterziehen, der mögliche Fehlerschwerpunkte ermitteln will. Die Testergebnisse dienen dann als Grundlage für weitere Übungen. Wie es der Zufall nun will, kann man die in den Übungen erworbenen Kenntnisse auch gleich anwenden. In *ULKS* Garten ist nämlich ein Raumschiff notgelandet, dessen Besatzung im Tiefschlaf liegt. Es kann erst wieder starten, wenn die Schäden repariert sind. Hierzu muss man mit den Robotern im Schiff kommunizieren – also schreiben und lesen können (und diese Dinger bestehen auf korrekter Verschriftung). Außerdem sind beschädigte Datenspeicher in Ordnung zu bringen – auch das fordert einiges an Tipparbeit, zu der man sich wiederum Informationen aus *ULKS* Bibliothek besorgen kann. Sind alle Schäden behoben, so entschwinden die Außerirdischen endlich wieder dorthin, wo sie hergekommen sind und der Jugendliche sollte einiges über Rechtschreibung gelernt haben. Was soll an diesem Programm auszusetzen sein? Nun, mancherlei. Die Nachahmung von Oberflächenelementen moderner Computerspiele ist so unzulänglich, dass sogar die Zeitschrift *c't* (10/1995) hinsichtlich der Grafik zum Urteil „scheußlich" kam. Ein Zweites: Unbestritten ist, dass *ULK* ein durchdachtes und vielfältiges Lernangebot macht. Aber wohl immer dann, wenn man die Lernwege eines einzelnen Schülers oder einer Schülerin programmtechnisch zu antizipieren sucht, kommt es zu Ungereimtheiten, die tatsächliches Lernen eher hemmen und stören. Der ganz normale Sprachunterricht ohne Computer ist hier didaktisch manchmal schon weiter. (Auszug aus SODIS)

Zusammenfassende Bewertung von Lern- und Übeprogrammen: Viele Lern- und Übeprogramme werden in Computerzeitschriften mit „sehr gut" oder „gut" bewertet. Einige erhalten sogar einen Bildungs-Softwarepreis.[16] Informationstechnisch sind diese Programme heute in der Regel auch sehr gut gemacht, sie bieten Sound und Edutainment sowie viel multimedialen Schnickschnack. Das

---

15 *Helmar G. Frank*: Kybernetische Grundlagen der Pädagogik. (2 Bde.) Berlin 1969². In den Sechzigerjahren und Anfang der Siebzigerjahre versuchte man die Lernschritte in kleinste Einheiten so zu operationalisieren, dass sie in informellen Tests direkt abprüfbar waren. Eine *teacher-proof*-Umgebung war u. a. dadurch charakterisiert, dass minutiös das Lehrerverhalten, die zu wählende Differenzierungsmethode, die einzusetzenden Medien und der Abschlusstest vorgeplant waren. Genauso funktioniert auch der programmierte Unterricht.

16 *ULK* ist 1995 mit dem Deutschen Bildungssoftware-Preis digita für das „Lernen am Nachmittag" ausgezeichnet worden. Der Wettbewerb wird jährlich ausgeschrieben vom Institut für Bildung in der Informationsgesellschaft (Berlin) zusammen mit der Stiftung Lesen, der Zeitschrift *bild der wissenschaft* und dem Börsenverein des deutschen Buchhandels.

ist die neue „Cyber-Welt", für die in der Informationsbranche intensiv geworben wird. Und solche Programme werden auch gekauft, denn die Vorstellung, dass Lernen Pauken sei, ist noch weit verbreitet. Lernprogramme dieser Art schaden zwar nicht, aber sie helfen langfristig auch nicht. In jedem Fall machen sie das Lernen teurer. Sie sind „alter Wein in neuen Schläuchen".

Eine dauerhafte Qualitätssteigerung des fachlichen Lernens und Übens ist mit dem „programmierten Lernen" grundsätzlich nicht zu erreichen. Das sagt aber nichts darüber aus, dass Menschen auch durch Konditionierung lernen können, denn Menschen sind auch Säugetiere. Außerdem wird nicht behauptet, dass Üben nicht notwendig sei. Es fragt sich aber, wie Geübtes längerfristig reproduziert und auch noch nach längerer Zeit in Anwendung gebracht werden kann. Die Multimedialität in den Programmen, die ein Mehrkanal-Lernen unterstützt, sowie die spielerischen Elemente in diesen Medien, die positive Grundstimmungen und Gefühle auslösen können, wirken sich zwar positiv auf das Lernen aus, kommen aber in Programmen nicht zu einer nachhaltigen Wirkung.[17]

Hinweis auf Einzelbewertungen: In der letzten Zeit sind in Lern- und Übeprogrammen immer mehr Teileelemente zu finden, wie sie auch in Datenbanken, Werkzeugen und Hypermedien, die in der Folge beschrieben werden, zu finden sind. Solche Programme (s. o.: *ULK* oder *ZUFALL*), die den Lernenden nicht nur führen und gängeln, sondern auch zur Selbstständigkeit und Selbstverantwortung herausfordern, werden in letzter Zeit mit „bedingt beispielhaft" bewertet. Die vorstehende zusammenfassende Bewertung ist daher eine Grobeinschätzung. Will man mehr und Genaueres über ein Programm erfahren, so sollte man die Einzelbewertung lesen, die in der Datenbank SODIS zu finden ist.

Die Datenbank SODIS – das Gütesiegel „beispielhaft"

Die Datenbank SODIS ist ein Gemeinschaftsunternehmen aller 15 Bundesländer. Sie dokumentiert die Ergebnisse von bisher insgesamt 4496 gesichteten Neuen Medien. 2559 davon wurden (zum Teil mehrfach) bewertet und 84 erhielten das Prädikat „beispielhaft". Zu 55 Neuen Medien gibt es Erfahrungsberichte. Die Bewertungen und Erfahrungsberichte stammen von mehreren Hundert dafür qualifizierten Lehrpersonen, die sich regelmäßig in Fachgruppen treffen und dabei ihre Bewertungsstandards austauschen. Die Datenbank SODIS ist auf CD-ROM beim Landesinstitut für Schule und Weiterbildung in Soest, Referat Z 3, zum Preis von 40,– DM erhältlich.

Neue Medien werden unter technischen, fachdidaktischen und medienpädagogischen Gesichtspunkten bewertet. Sie erhalten dann das Gütesiegel „beispielhaft", wenn sie: (A)

---

17 *Willi van Lück*: „Können *Lern- oder Übe*-Programme eigentlich gut sein? – Überlegungen, auch als Hilfe zur Beratung von Eltern", in: *Computer und Unterricht,* H. 23 (1996).

Unterrichtsinhalte besser veranschaulichen *oder* (B) neue wissenschaftlich bedeutsame Untersuchungen oder Explorationsmethoden ermöglichen *oder* (C) neue pädagogisch beutungsvolle Ziele (z. B. basale Kulturtechniken oder Schlüsselqualifikationen) besser als bisher erreichen lassen oder solche Ziele erreichen lassen, die bisher nicht oder kaum erreichbar waren, *und zugleich* (D) ein eigenaktives, eigenverantwortliches und konstruktives Lernen in fachlichen und überfachlichen Sach- und Sinnzusammenhängen sowie ein erfahrungs-, wissenschafts- und zukunftsorientiertes Lernen fördern und anregen.

Datenbestände und Datenbanken

Multimediale oder hypermediale themenbezogene Datenbestände und Datenbanken enthalten mehr oder weniger umfangreiche Informationen und unterscheiden sich zunächst inhaltlich oder thematisch. Weiterhin unterscheiden sie sich in ihrem Typ (Abstract- oder Volltextdatenbank, statistische Daten, Bild- oder Tondateien), in ihrem Zugriff (Offline- oder Online-Datenbank) und im Grad ihrer Multimedialität (Texte, Grafiken, farbige Bilder, „Bewegtbilder", Tonfolgen, Animationen oder Musikstücke). Sind die Datenbestände mit einem Retrievalsystem (s. Seite 259: **Suchmaschinen im Internet**) versehen[18], so spricht man von einer Datenbank.

Hypermediale Lernsysteme sind multimedial gestaltete, themenorientierte Datenbanken, deren Informationsbausteine (elektronisch) miteinander verbunden (verlinkt) sind. Die Vernetzung (Entlinearisierung) reicht von einfachen lexikalischen Verweisen bis hin zu einer strukturellen Aufbereitung von fachlichen, methodischen, logischen, normativen und argumentativen Zusammenhängen der gesamten Information. Ist die Vernetzung eingegrenzt, so spricht man speziell von „Guided Tours" und Präsentationen sowie von elektronischen Büchern und Enzyklopädien (beispielhaft werden benannt: *Compton's Interactive Encyclopedia, Encarta 97, Encyclopedia of Nature, 500 Nations, Kingfisher Children's Micropedia 96, My First Incredible Amazing Dictionary* und *History of the World*). Hypermedien sind immer mit einem Navigationssystem und in der Regel auch mit einem Retrievalsystem ausgestattet. Das Suchen von Informationen geschieht assoziativ auf der Grundlage der Vernetzung und begrifflich über das Retrievalsystem.

Zusammenfassende Bewertung zu Datenbeständen und Datenbanken: Das begriffliche und/oder assoziative Suchen sowie das Kommunizieren und Bewerten der gefundenen Informationen *kann* das fragen-, aufgaben-, anwendungs- oder problemorientierte, selbstständige und eigenverantwortliche Arbeiten der Lernenden unterstützen. Assoziatives Suchen knüpft – qua Asso-

---

18 Ein Retrievalsystem ist ein Suchwerkzeug, mit dem in umfangreichen Datenbeständen Informationen gefunden werden können.

ziation – an die bereits vorhandenen Wissensstrukturen der Lernenden an. Mit dem Bewerten der gefundenen Informationen, das notwendig ist um eine Anwort zu finden oder ein Problem zu lösen, geht ein Analysieren und Interpretieren der Information einher. Dabei *kann* das vorhandene subjektive Wissensnetz umstrukturiert, ergänzt oder teilweise neu aufgebaut werden. Wird die gefundene Information kommuniziert, so *kann* sich intersubjektives Wissen entwickeln. In diesem Kontext erhalten auch die Multimedialität und die spielerischen Elemente eine verstärkende und sichernde Funktion. Enthält das Navigationssystem eine Protokollierungsmöglichkeit des beschrittenen (Such-)Weges im Datenbestand, so kann mit Hilfe dieses Protokolls das Lernen reflektiert werden.

Einzelbewertungen von allen beispielhaften multimedialen oder hypermedialen Datenbeständen und Datenbanken, und nicht nur von den im vorstehenden Text genannten, sind im Arbeitsbereich „Lernen mit Neuen Medien" in Learn-Line (s. **learn:line – der Bildungsserver-NRW**) zu finden. Zu einigen dieser Medien findet man dort auch Unterrichtsideen sowie Erfahrungsberichte aus dem Unterricht.

Werkzeuge

Werkzeuge zum Schreiben, Rechnen, Kalkulieren, Zeichnen und Malen (z. B. alle so genannte Anwendersysteme aber auch *Cabri Géomètre, Euklid 1.4, Geometer's Sketchpad, FBG, Trigonom* und alle weiteren Funktionenplotter) sind im Gegensatz zu den Datenbanken (s. o.) und zu den Umgebungen (Lern- oder Arbeitsumgebungen) in der Regel inhaltsneutral und für eigenaktive Anwendungen offen. Sie können eine zügige und auch kooperative Bearbeitung, Ergänzung, Produktion oder Konstruktion von Texten, Berechnungen, funktionalen Zusammenhängen, geometrischen Figuren oder freien Zeichnungen sowie eine Veranschaulichung von Fakten und Abläufen unterstützen.

Hypertextsysteme (z. B. *BookMaker, ToolBook* und HTML-Generatoren) sind komplexe Werkzeuge, mit denen Hypermedien frei gestaltet werden können. Sie können also als neue Schreib- und Gestaltungswerkzeuge angesehen werden. Sie führen hin zu einer erweiterten Kulturtechnik in der Informationsgesellschaft.[19]

Werkzeuge zur Modellbildung und Datenanalyse (z. B. *Modus, Dynasys, Powersim* und *Interactive Physics*) sind spezielle Werkzeuge, mit denen es möglich ist, für unterschiedliche Anwendungs- und Gegenstandsbereiche eigenständig Modelle sowohl zu entwickeln (zu konstruieren) als auch zu

---

19 Heft 29: „Erweiterte Kulturtechnik: Schreiben" (1997), *Computer und Unterricht.*

evaluieren. Zur Modellierung dynamischer Prozesse gibt es inzwischen Werkzeuge, die mittels einer grafischen Oberfläche eine symbolische Modellierung (Programmierung) ermöglichen. Mit dieser Objektorientierung gelingt es, die oft recht schwierige formale Mathematik (Differenzen- oder Differenzialgleichungssysteme) im Hintergrund zu belassen. Entscheidend ist, dass ein Lerneffekt schon bei der Konzeption eines bestimmten Modells beginnt, sich bei den folgenden Simulationen des Modells fortsetzt und sich mit der gegebenenfalls notwendigen Revision der ursprünglichen Modellannahmen vertieft. Werkzeuge zur explorativen Datenanalyse (z. B.: *GrafstatPlus*) gestatten die Auswertung von anwendungsbezogen erhobenen Datenbeständen unter verschiedenen Bedingungen. Es gibt z. B. Werkzeuge (unter anderen: *WinStat, Tabletop*), mit denen statistische Daten unter verschiedenen Gesichtspunkten miteinander verknüpft und ausgewertet werden können.

ZUFALL

ZUFALL ist ein bedingt beispielhaftes Simulationswerkzeug mit einem Übeprogramm zur Stochastik. Es bietet motivierende Beispiele zu den Teilgebieten „Zufallsexperimente", „Binomial- und Normalverteilung" und „Irrfahrten". Das Medium kann bei der Gestaltung eines anschaulichen und praxisnahen Stochastik-Unterrichts eine Hilfe sein. Zu *ZUFALL* gibt es ein 45-seitiges Handbuch in deutscher Sprache. Die Bedienungsoberfläche ist insgesamt übersichtlich, wenn auch ein wenig gewöhnungsbedürftig; eine Bedienung mit der Maus ist nicht vorgesehen. Unter „Zufallsexperimente" können unter anderem Experimente mit Glücksrädern, Urnenziehungen, die Bestimmung von π durch Zufallsregen und das Galtonbrett simuliert werden. Leider ist *ZUFALL* nicht frei von Programmierfehlern. So werden einige Zufallsversuche bei hoher Versuchszahl nicht korrekt ausgeführt. In gewissen Situationen (allerdings selten) kann es sogar zum Absturz des Programms kommen.

Computeralgebrasysteme (CAS) (wie *Derive* und *MathPlus*) gestatten eine elektronische Manipulation vielfältiger Objekte aus Algebra und Analysis. Beispielsweise sind Term- und Gleichungsumformungen, die „beliebten" Kurvendiskussionen und auch die grafische Darstellung der Lösungsmengen von Differenzialgleichungssystemen auf „Knopfdruck" möglich. CAS schaffen mittelfristig für den gesamten Mathematik- und Physikunterricht neue, revolutionierende Möglichkeiten. Die pädagogisch-didaktische Diskussion steckt aber noch in ersten Anfängen. (Vergleiche hierzu aber den Arbeitsbereich „Modellierung und Simulation dynamischer Systeme" in learn:line, s. **learn:line – der Bildungsserver-NRW.**)

Zusammenfassende Bewertung von Werkzeugen: Werkzeuge *können* das selbstständige, eigenverantwortliche, kommunikative und konstruktive Lernen individuell unterstützen und fördern. Da sie für Inhalte offen sind, gestatten sie eine Anwendungsorientierung (z. B. auch an Schlüsselproblemen) in allen Fächern und *können* daher auch ein fachübergreifendes Lernen in Dimensionen[20] sowie eine Öffnung des Unterrichts unterstützen. Daher werden sie in der Regel mit „beispielhaft" bewertet, können aber auf Grund der Gestaltung und des Anspruchs ihrer Benutzeroberfläche auf eine Schulstufe eingeschränkt sein. So gibt es z. B. Schreibsysteme (unter anderem *Junior Schreibstudio*), die nur für die Primarstufe beispielhaft sind, und solche zur Modellierung (unter anderen *Modus*), die nur in der Sekundarstufe II einen Sinn ergeben.

Einzelbewertungen von allen beispielhaften Werkzeugen und nicht nur von den im vorstehenden Text genannten, sind im Arbeitsbereich „Lernen mit Neuen Medien" in Learn-Line (s. u.) zu finden. Zu einigen Medien findet man dort auch Unterrichtsideen sowie Erfahrungsberichte aus dem Unterricht.

Lern- oder Arbeitsumgebungen

In Erlebnis-, Simulations-, Experimentier- und Explorationsumgebungen (wie in *SimCity, Ökolopoly, Myst, Öko-Planspiel, Hunger in Afrika, Landwirtschaft im Sudan, Albert PhysCal, ExplorerBiologie: Populationsdynamik* und *Supermarkt)* sind unter anderem Situationen, Geschichten, historische Abläufe, zufallsbedingte Abläufe oder dynamische Prozesse aus Natur oder Gesellschaft als fiktive Mikrowelten oder als Modelle der Wirklichkeit multimedial oder hypermedial aufbereitet und mit einer begrenzten Anzahl von Parametern fest abgebildet. Solche Lernumgebungen werden insbesondere für den sprachlichen, gesellschaftswissenschaftlichen und naturwissenschaftlichen Unterricht angeboten. Experimentierumgebungen gestatten in der Regel auch, reale Messwerte hinzuzufügen und Daten auszuwerten.

Zusammenfassende Bewertung von Lernumgebungen: Medien dieser Art *können* kausale, historische oder hermeneutische Zusammenhänge veranschaulichen, das eigenaktive und entdeckende Lernen fördern und für Wechselwirkungen in komplexen Systemen sensibilisieren. Daher gibt es in dieser Gruppe viele Medien (z. B. die genannten), die mit „beispielhaft" bewertet worden sind.

Hypermedia-Arbeitsumgebungen sind erst im Entstehen und sind im Wesentlichen durch zwei zusammenwirkende Systemelemente gekennzeichnet: (a) durch ein themenorientiertes Hypermedium mit hochgradiger Vernetzung, vielfältigen Navigationsfunktionen und einem elaborierten Retrievalsystem und (b) durch Werkzeuge etwa zum Schreiben und Lesen, Rechnen und

---

20 Zukunft der Bildung – Schule der Zukunft. (Denkschrift der Bildungskommission in NRW, im Luchterhand Verlag erschienen) Neuwied 1995, S. 107 f.

Kalkulieren, Malen und Zeichnen, Modellieren und Simulieren, Ergänzen und Gestalten sowie Kooperieren und Kommunizieren. Beispiele hierfür – wie *Winnie im grünen Klassenzimmer* und *Winnie spitzt die Ohren* – sind in Modellversuchen gestaltet worden.

Oberfläche von „Winnie im grünen Klassenzimmer": Die Abbildung lässt sofort erkennen, dass diese Arbeitsumgebung für den Sachunterricht und für den naturwissenschaftlichen Unterricht in den Klassen 5 und 6 gedacht ist.

Zusammenfassende Bewertung von Arbeitsumgebungen: Mit Medien dieser Art *kann* die Lernqualität erneut gesteigert werden, weil hier Hypermedien mit Werkzeugen zusammenwirken. Die Gruppenbewertungen von Datenbanken und Werkzeugen müssen also im Zusammenhang gesehen werden. So können gefundene Informationen problembezogen ergänzt werden oder es kann eigenständig entwickeltes Wissen dem Hypermedium als Information hinzugefügt werden. Zusätzlich *kann* das fachliche Üben in die Sinn- und Sachzusammenhänge des Hypermediums integriert sein. Dann wird Üben ganzheitlicher und weniger isoliert, wie es heute noch in „bedingt beispielhaften" Übeprogrammen die Regel ist.

Lernen mit Neuen Medien – einige grundlegende Aussagen

Nur diejenigen Online- oder Offline-Medien fördern grundsätzlich die Qualität des Lernens, die Lernende zum Fragen, Staunen und Verwundern anregen, die deren eigene Interessen und Gefühle aufgreifen, die an persönliche Erfahrungen und Beobachtungen assoziativ anknüpfen, die für sinnliche Wahrnehmungen und authentische Begegnungen aufschließen und die keinen Lernweg vorgeben. Medien dieser Art fördern eigenaktive Tätigkeiten wie: Lesen, Stöbern, Schreiben, Anordnen, Strukturieren, Umgestalten, Modellieren und Simulieren. Solche Medien besitzen in der Regel im hypermedialen Datenbestand auch vielfältige Dokumente, die zum gemeinschaftlichen Handeln herausfordern wie: Diskutieren, Interpretieren, Bewerten, Befragen, Beobachten und Experimentieren. Operative Werkzeuge in diesen Medien erlauben, mit einer zunehmenden Fülle von Text-, Grafik-, Bild-, Ton- und Animationsbausteinen, komplexe Sach- und Sinnverhalte „aufzuschreiben", diese zu „rechnen" und zu „lesen".

Lernen ist, wie wir heute wissen, ein eigenaktiver, entdeckender, kreativer, kommunikativer und zirkulärer mentaler Prozess von Selbstorganisation und Konstruktion, in dem Informationen in Wissen (rück-)verwandelt werden und Wissensnetze neu aufgebaut, umgeordnet oder erweitert werden. Und auch Üben ist ein wiederholtes Lernen und nicht Pauken oder Drillen. Lernen nach dem Modell der „Instruktion", wonach Wissen beim anderen dann vorhanden ist, wenn es „umgefüllt" wurde, gehört abgeschafft.

Individuelles Lernen geschieht durch Interpretieren der im zentralen Nervensystem (unter anderem im Gehirn) eingehenden Signale (Informationen) auf der Basis des bereits vorher Gelernten, also auf der Grundlage derjenigen Wissensnetze, die sowohl in der Evolution der Art als auch im Leben des lernenden Einzelindividuums bereits konstruiert worden sind. Gesellschaftliches Lernen oder der Aufbau von wissenschaftlich-objektivem Wissen geschieht durch intersubjektive und interkulturelle Vereinbarungen und auch durch Interpretieren und Bewerten auf der Grundlage des bisher Vereinbarten, also z. B. auf der Grundlage bereits vereinbarter wissenschaftlicher Theorien oder wertbezogener Normensysteme. Lernen ist aber auch ein angeleiteter Prozess, der durch Informationen von außerhalb der Lernenden unterstützt werden muss. Lernen kann also durch subjektive Bedürfnisse und Interessen aber auch durch objektive Interessen, die den Lernenden ehrlich und rational begründet werden, ausgelöst werden. Immer müssen dafür Informationen zur Verfügung stehen und auch angeboten werden. Aber eine Teilung des Lernparadigmas in Schule und zu Hause (Nachmittag), wie es die Werbebranche versucht, ist zwar kaufmännisch, nicht aber wissenschaftlich sinnvoll.

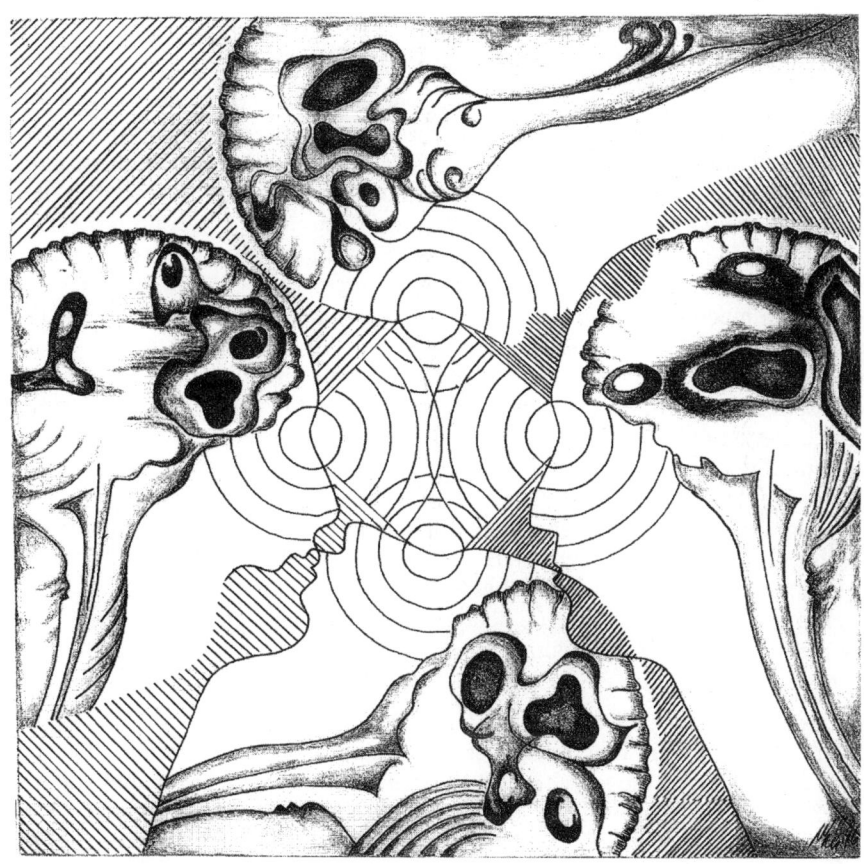

Verändertes Lernen: eigenaktiv, kommunikativ und konstruktiv

Werden beispielhafte Neue Medien im fachlichen oder fachübergreifenden Unterricht, so wie beschrieben, zu Lernzwecken eingesetzt, dann werden sie produktiv genutzt. Gleichzeitig ist dies dann ein Beitrag zur Vermittlung von Medienkompetenz.

Lernen mit Neuen Medien – Erfahrungen und ausgewählte Projekte

Bei der Erprobung von Neuen Medien wurden einige Probleme deutlich. Sie liegen auf mehreren Ebenen. Zunächst ist bekannt, dass der vorfindbare Unterricht in Schule und Hochschule sowie in der Lehrerausbildung noch stark auf dem Instruktionstheorem beruht (s. Abbildung Seite 244). Auch Eltern sowie Schülerinnen und Schüler verstehen in der Regel unter Lernen, insbesondere aber unter Üben, operantes Konditionieren und verlangen von einem „guten Lehrer" genau dies. So entstehen positive Rückkoppelungen, die es schwer machen, mit den beispielhaften Neuen Medien gleichzeitig auch das neue Lernparadigma (s. Abbildung Seite 253) einzuführen. Andererseits ist aber auch bekannt, dass gerade diejenigen Lehrerinnen und Lehrer, die sich auf dem Weg vom Lehren zum Lernen befinden, Medien mit einem *instructional design* ablehnen. Soll also in der Schule ein vorhandenes Innovationspotential wirksam werden, so müssten erstens wesentlich mehr beispielhafte Neue Medien mit einem *constructional design* angeboten werden und zweitens müssten sie im Klassenraum oder in leicht zugänglichen Räumen in Medienecken jederzeit verfügbar sein. Eine weitere Schwierigkeit bei der Einführung von Neuen Medien besteht darin, dass die Medien in sehr kurzen Zeiträumen immer wieder neue Benutzeroberflächen besitzen. Der Grund dafür ist die dynamische Entwicklung im Bereich der Informations- und Kommunikationstechnik.

Ausgewählte Projekte zum Lernen mit beispielhaften Neuen Medien sind vielfältig zu finden in der Zeitschrift *Computer und Unterricht*, die vom Friedrich Verlag herausgegeben wird. Diese Zeitschrift will, gegenüber anderen Fachzeitschriften, regelmäßig Materialien für ein Lernen in der Informationsgesellschaft liefern (http://friedrich-verlag.de/Schulfächer/). Jedes Einzelheft enthält Praxisbeiträge für alle Fächer und Schulformen. Auch im Arbeitsbereich „Lernen mit Neuen Medien" in learn:line (s. u.) sind mehr und mehr auch Unterrichtsideen und Erfahrungsberichte zu finden. Ausgearbeitete Unterrichtseinheiten stehen dort als FDP-File zur Verfügung, lassen sich herunterladen und am persönlichen Computer weiterbearbeiten.

Orientierungshilfe zur Ausstattung von Schulen

Regelmäßig und aktualisiert herausgegebene Orientierungshilfen (a) „… zur Ausstattung von allgemeinbildenden Schulen mit Hardware und Neuen Medien" sowie (b) „… zur Ausstattung von kaufmännischen beruflichen Schulen" sind zum Preis von 7,– DM beziehbar beim DruckVerlag Kettler, Robert-Bosch-Straße 14, 59199 Bönen/Westf. (Fax: 0 23 83/9 10 13-40; ISDN-Server: 0 23 83/9 10 13-5 02).

Völlig ungelöst sind aber die Probleme einer ausreichenden und einer immer wieder neuen Ausstattung von Schulen. Im Prinzip müsste in jedem Klassenraum eine Medienecke sein, die im Unterricht immer dann von einer Kleingruppe genutzt werden kann, wenn (alte oder) Neue Medien eine Hilfe beim Lernen versprechen. Computerräume sind dafür keine gute Lösung. Auch der einzelne Multimedia-Rechner mit Internet-Anschluss, der durch die Initiative „Schulen ans Netz" in die Schule kommt, reicht als Telematikstation (etwa in der Schulbibliothek) bei einer verbreiteten Nutzung nur dann, wenn in der Schule oder der Gemeinde ein Intranet (s. u. **Schulnetze**) eingerichtet wird. Ungelöst ist ebenso die langfristige Finanzierung der Folgekosten sowie der Netz- und Telefongebühren.

2. Schulen ans Netz – Telekommunikation

Die Initiative des Bundes (http://www.san-ev.de) und der Länder

In den beiden bisherigen Ausschreibungsrunden im April 1996 und im Frühjahr 1997 war es möglich, dass Schulen sich – je nach ihrer bisherigen Erfahrung – für Einstiegs- oder Modellprojekte bewerben konnten, um dafür mit Sachleistungen unterstützt zu werden. Aus Kostengründen wurden bei Einstiegsschulen im Wesentlichen Einzelplatzlösungen realisiert. Sie umfassen einen komplett ausgestatteten Multimedia-Rechner neuester Technologie, eine ISDN-Karte, einen ISDN-Anschluss, Software zur Arbeit am Computer (Office-Paket) und für die Arbeit im Netz einen Zugang zum Internet über einen der Online-Dienste AOL, CompuServe, T-Online oder den WinShuttle-Dienst des DFN-Vereins sowie ein Telefongebührenkontingent.

Das Ziel der Bundesinitiative von „Schulen ans Netz" ist es, 10 000 Schulen innerhalb von drei Jahren ans Netz zu bringen. „Die Initiative versteht sich als Impulsgeber für die Fortentwicklung des Schulwesens vor dem Hintergrund der Informationsgesellschaft. Technik steht dabei nicht im Vordergrund, sondern ist Voraussetzung, um neue, zeitgemäße Formen von Unterricht und Schule realisieren zu können. Mit dem Ende der dreijährigen Projektphase von ‚Schulen ans Netz' soll 1999 die Frage der systematischen Integration von Multimedia und Telekommunikation in den Unterricht an Bedeutung gewinnen. Dazu soll dann erfahrungsbezogenes Wissen bereitgestellt werden." So D. Garbe von der Telekom in: „Schulen ans Netz", *Computer und Unterricht*, H. 25 (1997), Seite 5 f.

Alle Länder haben sich am Bundesprojekt beteiligt. Die nahezu kostenlose Ausstattung reizte viele Schulen sich zu bewerben. Nun beginnt eine pädagogische Diskussion. In Tages- und Wochenzeitungen sowie in Computer- und Fachzeitschriften wird überlegt, was denn der eigentliche pädagogische Mehrwert des Internets beim Lernen oder bei der Vermittlung von Medienkompetenz ist. Die Antworten spreizen sich von barem Unsinn bis zu höchster Euphorie. Und genau diese Spreizung zeigt die große Unsicherheit im pädagogischen Raum. Die Wirtschaft versteht in der Regel unter Medienkompetenz lediglich, dass die neuen Geräte und Werkzeuge bedient werden können. Denn genau solche Fertigkeiten sind – weit verbreitet – notwendig, damit die „Cyber-Welt" auch gekauft wird.

Nordrhein-Westfalen hat das Ziel bis 1999 alle weiterführenden Schulen ans Netz zu bringen. Hier ist also im Prinzip kein Versuchsspielraum mehr gegeben, denn es geht um eine flächendeckende Implementation. Von daher ist die pädagogische Anforderung an ein durchdachtes Konzept sehr hoch. Dies drückt sich sowohl im pädagogischen Konzept des Bildungsservers-NRW (s. u.) als auch in den Zielen des Landesprojektes „NRW-Schulen ans Netz – Verständigung weltweit" aus: „Telekommunikation kann für Schulen eine Informations-, Kommunikations- und Kooperationsplattform schaffen:

1. zur Unterstützung von Lernprozessen als Neues Medium für das Lernen,
2. zur Unterstützung bei der Planung und Auswertung von Lernprozessen,
3. zur Intensivierung der Zusammenarbeit der Lehrenden untereinander und mit anderen,
4. zur Unterstützung bestehender und zur Erprobung neuer Formen von Fortbildung und Beratung."
   (*Paul Eschbach*: „NRW-Schulen ans Netz", in: *medien praktisch*, Heft 2 (1997), Seite 9).

Telekommunikationsdienste und Bildungsserver

Dienste der Telekommunikation

Die Angebote der Netzanbieter und Provider an Telekommunikationsdiensten wie E-Mail, Foren, Schwarze Bretter, Chats und Suchmaschinen (s. u. **Suchmaschinen im Internet**) sind in den jeweiligen Einstiegsseiten (home-pages) der Unternehmen und Firmen nachzulesen. Es ist zunächst ein rein technisches Angebot, dessen möglicher pädagogischer Mehrwert für das Lernen noch erprobt werden muss. Denn auch eine kritische Medienkompetenz, wie sie bereits in den Richtlinien und Lehrplänen formuliert ist, ist nicht isoliert vom fachlichen und überfachlichen Lernen zu vermitteln. Ja, der oben formulierte Lernbegriff ist sogar zentral für das Lernen von Systemen, also auch für

die Weiterentwicklung des Systems Schule. Dazu schaffen die neuen technischen Möglichkeiten lediglich eine – allerdings notwendige – mediale Voraussetzung.

Der Deutsche Bildungsserver (http://dbs.schule.de) oder (http://www.schule.de)

Bildungsserver bieten aufbereitete Informationen – manchmal für das Lernen.
Der Deutsche Bildungsserver (DBS) bietet Informationen an unter den Rubriken: Aktuelles, Forum, Institutionen, Landesserver, Materialien, Projekte,
Ressourcen und Teilnehmer. Blättert man in den hierarchisch strukturierten
Informationen, so findet man etwa „Angebote des DBS für Lehrer" und hier
„Online-Ressourcen und Internet-Projekte für den Fachunterricht". Ein Klick
auf „Lernsoftware" führt zu einer Dokumentation wichtiger Daten zu zufällig
ausgewählten Neuen Medien. Hier sind aber weder Bewertungen noch Ideen
für den Unterricht zu finden. Unter „Projekte" findet man lediglich eine
Kurzbeschreibung und eine Ressourcen-Angabe.

Bildung Online (http://www.b-o.de) und Adressen von Landesservern

„Bildung Online" ist der Bildungsserver der Verlage Cornelsen, Klett, Schroe-
del und Westermann. Die Seiten sind poppig aufgemacht und ansprechend.
Die Startseite lässt sogar eine Schulklingel ertönen. Es werden folgende
Rubriken angeboten: Lehrer, Schüler, Eltern, Schule und Anbieter sowie
E-Mail. Alle Wege in die angebotenen Informationen führen aber schließlich
über ein Check-In. Das ist verständlich, denn die Nutzung der angebotenen
Informationen wird in der Regel mit Kosten verbunden sein.

Alle Länder bieten mittlererweile Landesserver an. Sie verweisen direkt oder
über den DBS aufeinander. Die aufbereiteten Informationen sind kostenlos.
Hier dazu einige weitere Online-Adressen: Offenes Deutsches Schulnetz e.V.
(http://www.be.schule.de); ODS Kommunikationsrechner Duisburg
(http://www.du.nw.schule.de); Zentrale für Unterrichtsmedien (ZUM)
(http://www. zum.de); Linguistik Server Essen (LINSE) (http://www.linse.
uni-essen.de); Landesinstitut für Erziehung und Unterricht, Stuttgart
(http://www.bw.schule.de); Zentralstelle für Computer und Unterricht
(http://www.zs-augsburg.de); ODS Server Berlin (http://www.be.schule.de);
Bildungserver MPZ (http://www.brandenburg.de/Schule); Bremer Schul-
server (http.//www.schule.bremen.de); Hamburger Bildungsserver (http://
lbs.hh.schule.de); Landesbildungsserver Hessen (http://www.bildung.he. schule.
de); Niedersächsischer Bildungsserver (NiBiS) (http://www.uni-hildesheim.
de/nli); in Rheinland-Pfalz wird es in Kürze einen Bildungsserver geben
(http://www.rp.schule.de); ODS Server Sachsen (http://www.sn.schule.de);

ODS Server Sachsen-Anhalt (http://OLSNSrv.cs.uni-magdeburg.de); Landes-institut Schleswig-Holstein für Praxis und Theorie der Schule (http://www.ipts.de); Thüringischer Bildungsserver (http://www.th.schule.de). Für Meck-lenburg-Vorpommern und das Saarland findet man zur Zeit nur die Angabe der an „Schulen ans Netz" beteiligten Schulen im DBS.

learn:line – der Bildungsserver-NRW (http://www.learn-line.nrw.de)

Learn:line ist anders. Der Bildungsserver-NRW stellt nicht nur eine Fülle an „handverlesenen" Informationen bereit, sondern bietet darüber hinaus eine Kommunikations- und Kooperationsplattform für Lernende und Lehrende. Das pädagogische Konzept von learn-line berücksichtigt die grundlegenden Erkenntnisse zum konstruktivistischen Lernparadigma und hat daher ein *constructional design* gegenüber einem sonst zu findenden *instructional design*. Typisch für learn:line sind daher die *themenbezogenen Arbeitsbereiche*, die es anderswo im Netz so (noch) nicht gibt. Hessen und Hamburg beginnen damit, ebensolche Angebote aufzubereiten.

Auf der Suche nach guten Ideen etwa für den Englischunterricht stösst man z. B. auf den Arbeitsbereich „Young People". In der Mediothek dieses Arbeits-bereichs werden die für das Thema bedeutsamen Informationen hypermedial aufbereitet und zugänglich gemacht. Neben der Mediothek gibt es in diesem Arbeitsbereich auch noch ein schwarzes Brett. Hier können Fragen zum Thema gestellt, Kontaktangebote in Hinblick auf das Thema unterbreitet oder Antworten gegeben werden. Will man selbst einen ausführlichen Beitrag zum Thema liefern (z. B. Projektergebnisse), so steht dafür das Foyer offen. An weiteren Kooperations- und Kommunikationsbausteinen für die Arbeitsberei-che – „Seminarraum", „Konferenzraum" und „Werkstatt" – wird noch gearbei-tet. Jeder themenbezogene Arbeitsbereich in learn:line stellt ein Lernarrange-ment dar. Er ist so etwas wie eine Hypermedia-Arbeitsumgebung (s. o.). Arbeitsbereiche in learn-line sind also Neue Medien für das Lernen, die nicht nur hypermedial aufbereitete Informationen, sondern auch „Werkzeuge" an-bieten zum kreativen Mitgestalten oder zur themenbezogenen Kommunika-tion und Kooperation.

Themenbezogene Arbeitsbereiche erkennt man in den Verzeichnisstrukturen von learn:line an den vorangestellten „roten Quadraten". Andere Angebote – meist reine Informationsangebote – erkennt man am vorangestellten „grünen Pfeil". Eher fachbezogene Angebote findet man unter der Rubrik Fächer/Lern-bereiche (z. B.: Spoken Word Poetry, Young People, Elections und RAP Music oder Geometrie mit dem Computer) und eher fächerübergreifend angelegte unter der Rubrik Themen/Aufgabenbereiche (z. B.: Bevölkerungsentwicklung, Marktwirtschaft zwischen Ökologie und Ökonomie und Explorative Datenanalyse). Im Arbeitsbereich „Lernen mit Neuen Medien" erhält man einen aktuellen Überblick über die „Beispielhaften Neuen Medien". Jedes dieser Medien wird ausführlich vorgestellt und zum Teil werden Unterrichtsideen und -beispiele gleich mitgeliefert.

Die anderen Rubriken: „Anbieter/Institutionen", „Suchen", „Mitarbeit", „Info/ Service", Projekt „NRW-Schulen ans Netz" erklären sich selbst. So sind aus learn-line heraus z. B. viele Adressen im WWW direkt anwählbar, bei manchen kann man sich zuvor über einen Kommentar darüber informieren, was sie bieten. So soll für Lehrerinnen und Lehrer eine Orientierung in der „Wüste Internet" (Clifford Stoll) geschaffen werden.

Suchmaschinen im Internet (http://infoseek.com) und (http://suchmaschine.com)

Im unübersichtlichen Angebot des Internets ist es ziemlich schwer, geeignete Informationen zu finden, es sei denn über Bildungsserver. Für eine gezielte Suche im Internet sind deshalb Werkzeuge entwickelt worden: die Suchmaschinen. Einige suchen ausschließlich in den Schlüsselwörtern, andere im gesamten Volltext der Dokumente. Jede Suchmaschine untersucht aber nur bestimmte Bereiche im Dokumentenangebot des Internets, sodass es von daher schon geboten erscheint, mit mehreren Suchmaschinen zu arbeiten. Meistens wird auch eine Suche in thematisch zusammengestellten Teilmengen des Dokumentenangebots erlaubt, z. B. in der Menge der Dokumente einer bestimmten Landessprache. Schließlich unterscheiden sich die Suchmaschinen darin, ob sie die Möglichkeit zur logischen Verknüpfung (und/oder/nicht) von Begriffen bieten. Leider ist die Syntax im Internet nicht normiert, sodass jeder Umgang speziell erlernt werden muss. Unterstützung bieten die Hilfesysteme der jeweiligen Suchmaschine. Einige Regeln haben sich aber durchgesetzt. Die Angabe mehrerer, durch Leerzeichen getrennter Wörter gilt als UND-Verknüpfung. Außerdem wird jedes Stichwort als Teilstring aufgefasst, wenn nicht explizit die Suche nach „ganzen Wörtern" ausgewählt wird. Groß- und Kleinbuchstaben werden üblicherweise nicht unterschieden. Aber bei angelsächsischen Suchmaschinen führt die Eingabe von Großbuchstaben häufig dazu, dass ein Eigenname (z. B. der Name eines Unternehmens) gesucht wird. Entscheidend für die Relevanz der Suchergebnisse ist die sinnvolle Wahl der Stichwörter oder die Verknüpfung mehrerer Stichwörter durch logische Operatoren. So führt eine UND-Suche (in der Regel) zur Schnittmenge und eine ODER-Suche zur Vereinigungsmenge. Es ist sinnvoll, sich von komplexeren Suchstrings Schnittmengen- und Vereinigungsdiagramme zu zeichnen, damit man weiß, was zu erwarten ist.

Spezielle Adressen für Suchmaschinen sind die folgenden: deutsche Suchmaschine WEB (http://web.de); deutsche Suchmaschine Dino (http://dino-online. de); deutsche Suchmaschine ALADIN (http://www.aladin.de); deutsches InternetVerzeichnis (http://vroom.web.de); weltweite Suchmaschine Lykos (http://lykos.cs.cmu.edu); weltweite Suchmaschine yahoo (http://www.yahoo. com); gigantische Suchmaschine altavista (http://www. altavista.digital. com/). Einen schnellen Spiegel der besten WWW-Suchroutinen findet man unter: http://www. zum.de/schule/Suchen/html.

Schulnetze

Zum Thema lokale Netzwerke und deren Anbindung an das Internet wird die Schrift „Netze in Schulen" (Stand 03/97) kostenfrei angeboten.[21] Diese Schrift soll Lehrerinnen und Lehrern, Fachberaterinnen und Fachberatern sowie Schulträgern eine erste Orientierung ermöglichen. Um lokale Netzwerke gegenüber Einzelplatzlösungen richtig einschätzen zu können, ist in dieser Schrift versucht worden, einmal die industrielle Großlösung darzustellen, bei der ein zentraler Rechner (Server) mehrere angeschlossene Arbeitsstationen (Clients) mit Hilfe eines speziellen Netzbetriebssystems versorgt und verwaltet (so genannte Servernetze). Zum anderen werden in der Schrift aber auch alle Zwischenlösungen, angefangen bei der einfachen Druckervernetzung bis zur gleichberechtigten Vernetzung im Prinzip autonomer Einzelplatzrechner (Peer-to-Peer-Netze) dargestellt.

Zusätzliche aktuelle Informationen zu Schulnetzen finden sich auch in Bildungsservern. Neben exemplarischen Installationen verschiedener Netzwerke in allen Schulformen werden in learn:line unter Info-Service subjektive Erfahrungen beschrieben, die bei der Arbeit mit lokalen Netzwerken, bei der Systempflege, bei der Unterrichtsvor- und nachbereitung sowie im Unterricht gewonnen worden sind. Verbesserungsvorschläge im Umgang mit Netzwerken, Tipps und Tricks werden hier ebenfalls gesammelt.

Informationen zu Netzwerken finden sich auch im Heft 25 „Schulen ans Netz" der Zeitschrift *Computer und Unterricht*. Unter der Überschrift „Hammer Schulen ans Netz" berichtet Walter Hupfeld über eine geplante Vernetzungsstruktur in der Stadt Hamm, in die auch das Medienzentrum der Stadt mit angeschlossen ist.

---

21 *Landesinstitut für Schule und Weiterbildung (Hrsg.)*: Netze in Schulen. Soest 1997 (das Heft kann bei der Beratungsstelle für Neue Technologien, Paradieser Weg 64, 59494 Soest; Fax: 0 29 21/68 33 88; E-Mail: axel.heymann@lsw.nrw.de kostenlos bezogen werden).

Adressen für Materialien für Schulprojekte

Zum Abschluss sollen, über die vielen Adressen, die in den Bildungsservern gegeben werden, noch einige Adressen aus Wirtschaft, Wissenschaft und Technik und zu deutschsprachigen Zeitschriften und Zeitungen genannt werden, die gegebenenfalls bei der Durchführung von Projekten helfen können.

Wirtschaft: Beschreibungen von Datenbanken zur Wirtschaft (http://www.wirtschaftswoche.co.at/wirtschaftswoche/business.html); Infos zur Nutzung der Statistik mit Links (http://www.koeln.de/themen/Statistik); Deutsches Institut für Wirtschaftsforschungen (http://www.diw.-berlin.de); Deutsche Wirtschaft mit Links zu Unternehmen, Institutionen, staatlichen Einrichtungen (http://www.german-business.de); Börsenkurse und Firmenprofile (http://www.bank24.de/t.dax.html); Börsenlexikon Göttinger Studenten (http://www.wiso.gwdg.de/-arink/arbeit/optionen.html).

Wissenschaft und Technik: Projekt Gutenberg (http://www.abc.de); Klimaschutz (http://www.pschologie.uni-kiel.de); Deutsches Museum München (http://www.Irz-münchen.de/DT-MUSEUM/index.html); Forschung zum Schutz des Menschen und seiner Umwelt (http://www.gsf.de); Akademie für Technikfolgenabschätzung Stuttgart (http://www.afta-bw.de); globales Bevölkerungswachstum (http://www:ilsebill.biologie.uni-freiburg.de/cgi-bin/worldpop).

Deutschsprachige Zeitungen und Zeitschriften: Süddeutsche Zeitung (http://www-dw.gmd.de/sz/); Handelsblatt (http://www.handelsblatt.de); taz (http://www.taz.de); Der Spiegel (http://www.spiegel.de); Focus (http://www.focus.de); Die Zeit (http://www.zeit.de); Katalog zur Presse (http://www.presse.de); Der Stern (http://www.stern.de).

Willi van Lück

Literaturhinweise

Aufenanger/Lauffer/Thiele: Mit Multimedia in die Zukunft? – Multimediale Möglichkeiten in der kulturellen Kinder- und Jugendbildung. Bielefeld 1995.
Bertelsmann Stiftung (Hrsg.): Die Informationsgesellschaft von morgen – Herausforderung an die Schule von heute (4. Deutsch-Amerikanischer Dialog zur Medienkompetenz als Herausforderung an Schule und Bildung). Gütersloh 1996.
Bertelsmann Stiftung/Heinz Nixdorf Stiftung (Hrsg.): Neue Medien in den Schulen – Projekte – Konzepte – Kompetenzen – Eine Bestandsaufnahme. Gütersloh 1996.
Computer und Unterricht; die im Beitrag mehrfach erwähnte Zeitschrift ist zu beziehen beim Erhard Friedrich Verlag in Seelze (Tel.: 05 11/40 00 40).
Graf, Joachim (Hrsg.): Multimedia Jahrbuch 1997. München 1997.
Grieser/McCready: Lernorte im Internet – Hilfreiche Adressen für Schule und Unterricht. Mülheim 1996.
Hildebrand, Jens: internet – ratgeber für lehrer. Köln 1996.
Issing/Klimsa: Information und Lernen mit Multimedia. Weinheim 1995.

Hilfen zum Weiterhelfen:
Tipps und Adressen

An wen kann man sich wenden, wenn man auf der Suche nach Medien für den Unterricht ist? Welche neue Lernsoftware gibt es und wie kann sie sinnvoll eingesetzt werden? Welche Projekte im Bereich neuer Medien und Schule laufen gerade und welche davon sind vielleicht auch für die eigene Arbeit von Interesse? Wie ist der aktuelle Stand medienpädagogischer Forschung und Diskussion?

Kurzum, ein Großteil dessen, was medienpädagogisch von Belang sein könnte, ist hier in einer gezielten Auswahl zusammengestellt. Dieser Überblick über medienpädagogische Institutionen und Literatur zielt darauf ab, Praktiker dabei zu unterstützen, sich in der (gar nicht mehr so) neuen Medienwelt zu orientieren und zu einem bewussten und kompetenten Umgang in Alltag und Beruf mit alten und neuen Techniken zu ermuntern. Begriffe wie Datenautobahn, Multimedia, Internet oder Medienkompetenz wollen mit Inhalt angereichert und einzelne Aspekte davon für die Praxis nutzbar gemacht werden.

Die Auswahl der Institutionen und Literatur ist subjektiv und zur Anregung eigener Initiative gedacht. Ein Anspruch auf Vollständigkeit wird nicht erhoben.

Weiterbildung und Qualifikation

Über die Medienakademie des Gemeinschaftswerks der Evangelischen Publizistik können Workshops und Seminare zu medienerzieherisch relevanten Fragen belegt werden. Dabei reicht die Themenpalette vom Filmgespräch bis zum richtigen Einsatz von audiovisuellen Medien in der Schule. Informationen erhält man beim:

Gemeinschaftswerk der Evangelischen Publizistik e. V. (GEP)
Emil-von-Behring-Straße 3
60439 Frankfurt am Main
Ev. Medienakademie
Telefon: 0 69/5 80 98-2 07
Fax: 0 69/5 80 98-2 54
Fachreferat Medienpädagogik
Telefon: 0 69/5 80 98-2 10

Eine gute Adresse, sich im Umgang mit neuen Medien zu schulen, ist die Akademie Remscheid. Sie führt medienpädagogische und medienpolitische Seminare und Arbeitstagungen (z. B. zur Kinder-und Jugendfilmarbeit) durch und gibt neben Katalogen und Medien-Empfehlungslisten medienpädagogische Arbeitshilfen heraus.

Akademie Remscheid für musische Bildung und Medienerziehung
Kinder- und Jugendfilmzentrum, Kontakt: Dieter Glaap
Küppelstein 34
42857 Remscheid
Telefon: 0 21 91/7 94-0
Fax: 0 21 91/7 94-2 30

Im Kommunikations- und Medienzentrum KOMED in Köln finden sich unterschiedliche Institutionen aus der Aus- und Weiterbildung im Bereich Medien und Kommunikation unter einem Dach zusammen. Ziel ist die Kompetenz für die Medienwelt zu fördern. Ein breites Publikum soll ebenso „fit" gemacht werden im Umgang mit neuen Technologien wie Multiplikatoren (Lehrer und Lehrerinnen). Das Themenspektrum reicht von Medienpädagogik und Computerbildung über Film, Hörfunk und Fernsehen bis zu Journalismus, Wirkungsforschung und Werbung.

Kommunikations- und Medienzentrum (KOMED)
Im Mediapark 7
50670 Köln
Telefon: 02 21/5 74 33 33
Fax: 02 21/5 74 33 39

Engagiert in der Lehrerfortbildung zeigt sich die Bertelsmann-Stiftung. Sie initiiert Seminare, Workshops und Tagungen, um den multimedialen Unterricht zu unterstützen. Am Gütersloher Evangelisch Stiftischen Gymnasium werden diese Ansprüche beispielhaft in die Praxis umgesetzt. Unter dem Titel „Bildungswege in der Informationsgesellschaft" wurde mit der Heinz-Nixdorf-Stiftung eine Gemeinschaftsinitiative gestartet.

Bertelsmann Stiftung – Bereich Medien
Postfach 103
33311 Gütersloh
Telefon: 0 52 41/81 71 54, Fax: 0 52 41/81 66 77
On-line: http://stiftung.bertelsmann.de

Projekte

Rüstzeug für den multimedialen Unterricht und Konzepte für den sinnvollen Einsatz im Klassenzimmer sind gefragter denn je. Verschiedene Projekte versuchen vor diesem Hintergrund neue Wege in der Lehreraus- und Lehrerfortbildung zu beschreiten.

Das Multimedia-Projekt „Comenius" strebt an, ausgewählte Unterrichtsziele mit multimedialer Unterstützung effizienter zu erreichen. Der Multimedia-Einsatz ist dabei selbst Gegenstand des Unterrichts. Die Schülerinnen und Schüler sollen sich mit der neuen Technik ebenso wie mit gesellschaftlichen Chancen und Risiken auseinandersetzen. „Comenius" wird mit Unterstützung der Deutschen Telekom im Rahmen der Aktion „Schulen ans Netz" seit dem Schuljahr 1995/96 an fünf Berliner Schulen durchgeführt. Kontakt und Infos sind über die Landesbildstelle Berlin (Anschrift s. u.) erhältlich.

Das Bielefelder Modellprojekt Medienkompetenz in der Lehrerausbildung (MeKoLa) will Medienkompetenz bereits in der wissenschaftlichen Ausbildung fördern. Schwerpunkte liegen auf der handlungsorientierten Mediennutzung, der Medienkunde und der Medienrezeption.

Medienkompetenz in der Lehrerausbildung (MeKoLa)
Universität Bielefeld, Fakultät für Pädagogik
Kai-Uwe Hugger
Universitätsstraße
33615 Bielefeld
Telefon: 05 21/1 06 45 36, Fax: 05 21/1 06 60 28

Entstanden aus einer gemeinsamen Initiative der Länder und ihrer jeweiligen Institute, hat sich das „Software Dokumentations- und Informationssystem" (SODIS) mittlerweile etabliert. Es verschafft einen Überblick über das aktuelle Angebot neuer Medien für den Unterricht und liefert dazu eine große Anzahl an Bewertungs- und Erprobungsberichten. Gemeinsame dokumentierende Stelle ist das Landesinstitut für Schule und Weiterbildung Nordrhein-Westfalen:

Landesinstitut für Schule und Weiterbildung (NRW)
Referat Z 3 – SODIS
Paradieser Weg 64
59494 Soest
Telefon: 0 29 21/6 83-2 00
Fax: 0 29 21/6 83-2 28

Warum nicht einmal eine Klassenfahrt in virtuelle Welten? Zwei neue Zentren in Deutschland und Österreich machen das möglich. Das Zentrum für Kunst und Medientechnologie mit einem digitalen Medienmuseum bietet im Stile eines Internet-Cafés Zugänge zu Netzwerken und erlaubt eine Vielzahl von technischen Spielereien.

Zentrum für Kunst und Medientechnologie (ZKM)
Kaiserstraße 64
76133 Karlsruhe
Telefon: 07 21/93 40-0
Fax: 07 21/93 40-19

Das Ars Electronica Center in Linz ist ein Museum neuen Typs. Es bietet seinen Besuchern Raum und Möglichkeiten, Technologien und Ideen kennen zu lernen, auszuprobieren und selbst zu gestalten – kurz: interaktiv zu lernen. Unterhaltsam und benutzerfreundlich, passt es sich dem jeweiligen Wissensstand des Besuchers an.

Ars Electronica Center
Hauptstraße 2
A-4040 Linz
Telefon: +43-7 32/71 21 21 74
Fax: +43-7 32/71 21 21 77
E-Mail: info@aec.at
On-line: http://www.aec.at

Ausflüge in die Welt des Films bieten Filmerlebnisparks an. Hier können vor Ort die Kulissen aus großen Kinofilmen oder bekannten Fernsehserien bestaunt werden. Die genannten Parks organisieren Studiotouren. Nähere Informationen sind von den Veranstaltern direkt erhältlich:

Babelsberg Studiotour GmbH	Bavaria-Film-Tour
August-Bebel-Straße 26–53	Bavariafilmplatz 7
14482 Potsdam	82031 Geiselgasteig
Telefon: 03 31/7 21-27 50	Telefon: 0 89/64 99-23 04
Fax: 03 31/7 21-27 37	Fax: 0 89/64 99-31 52

Warner Bros.
Movie World GmbH & Co. KG
Warner Allee 1
46244 Bottrop-Kirchhellen
Telefon: 0 20 45/8 99-0
Fax: 0 20 45/89 97 06

Einen anderen, aber nicht minder reizvollen Zugang zum Medium Film bieten Filmmuseen. Hier kann man Filme aus den Anfängen des Kinos sehen, Ausstellungen besichtigen, in Archiven wühlen oder hauseigene Bibliotheken und Mediotheken nutzen:

Deutsches Filmmuseum
Schaumainkai 41
60596 Frankfurt am Main
Telefon: 0 69/2 12-3 88 30
Fax: 0 69/2 12-3 78 81
Präsentation der Abteilungen und Ausstellungen
des Deutschen Filmmuseums im Internet:
http://www.stadt-frankfurt.de/dfm/

Filmmuseum Potsdam
Marstall, Schloßstraße
14467 Potsdam
Telefon: 03 31/27 18 10

Düsseldorfer Filmmuseum
Schulstraße 4
40213 Düsseldorf
Telefon: 02 11/8 99 24 90

Virtuelle Besuche von Filmstudios im Internet sind unter folgenden Adressen möglich:

Paramount-Filmstudios: http://voyager.paramount.com/ oder http://www.paramount.com, MGM/UA: http://www.mgmua.com, Twentieth Century Fox: http://tcfhe.com, Bavaria Film: http://www.bavaria-film.de und Disney: http://www.disney.com.

Einblicke in den Fernsehalltag können nicht weniger spannend sein als die große weite Welt des Films. Viele TV-Anbieter ermöglichen Schulklassen den Besuch ihres Senders und informieren über Hintergründe, Technik und Sendeablauf. Auskunft erhält man von den jeweiligen Fernsehanstalten.

Für die ARD-Sender:
Arbeitsgemeinschaft der Öffentlich-Rechtlichen
Rundfunkanstalten der Bundesrepublik Deutschland
ARD-Büro
Bertramstraße 8
60320 Frankfurt am Main
Telefon: 0 69/59 06 07
Fax: 0 69/1 55 20 75

Zweites Deutsches Fernsehen
ZDF-Straße 1
55110 Mainz
Telefon: 0 61 31/70-1
Fax: 0 61 31/70-21 57

RTL Television
Aachener Straße 1036
50858 Köln
Telefon: 02 21/4 56-0
Fax: 02 21/4 56-16 90

SAT.1   Pro Sieben – Television AG
Otto-Schott-Straße 13   Bahnhofstraße 28
55127 Mainz   85774 Unterföhring
Telefon: 0 61 31/9 00-0   Telefon: 0 89/95 07-10
Fax: 0 61 31/9 00-1 00   Fax: 0 89/95 07-11 22

Gibt es in der Nähe keinen Fernsehsender, besteht die Möglichkeit, direkt eine der
zahlreichen Produktionsfirmen im Bereich Film, TV und Video anzusprechen. Häufig
lässt sich auf diese Art und Weise der Besuch eines Studios realisieren.

Medienpraxis und Forschung

Neben dem praktischen Zugang zu neuen Technologien befassen sich mehrere For-
schungseinrichtungen außerhalb der Universitäten mit für Lehrer und Lehrerinnen
interessanten Problemen, wie z. B. der Medienrezeption von Kindern und Jugendlichen,
der Wirkung von Medien und mit Daten zur Mediennutzung. Informationen über
aktuelle Forschungsvorhaben und Publikationen erteilen die folgenden Institute:

Deutsches Jugendinstitut (DJI)
Nockherststraße 2
81541 München
Telefon: 0 89/6 23 06-0
Fax: 0 89/6 23 06-1 62
Regelmäßige Publikationen:
Diskurs (Ausgabe 1/94 befasst sich mit Jugend und Medien),
DJI-Bulletin

Institut Jugend Film Fernsehen (JFF)
Pfälzer-Wald-Straße 64
81539 München
Telefon: 0 89/68 98 90
Fax: 0 89/68 98 91 11

Internationales Zentralinstitut für das Jugend- und Bildungsfernsehen (IZI)
Rundfunkplatz 1
80335 München
Telefon: 0 89/59 00 21 40
Fax: 0 89/59 00 23 79

Das Adolf-Grimme-Institut, Medieninstitut des Deutschen Volkshochschul-Verbandes,
arbeitet im Kooperationsfeld Medien, Bildung und Kultur. Bildungsinstitutionen können
dort Unterstützung für ihre Arbeit erhalten. Medienpakete zu den Themen „Rechtsradi-
kalismus und Fernsehen" und „Eine Welt Visionen" können über das Institut bezogen
werden.

Adolf-Grimme-Institut
Eduard-Weitsch-Weg 25
45768 Marl
Telefon: 0 23 65/91 89-0
Fax: 0 23 65/91 89 89
E-Mail: hans.paukens@wrd.de

Handbücher

Einen Überblick über Institutionen und Personen aus den Bereichen Ausbildung und Forschung, Bildstellen, Fernsehen und Hörfunk, Festivals, Studio, Kino, Printmedien, Medienhäuser und Kulturzentren und mehr vermitteln Handbücher und medienpädagogische Atlanten, die es in mehreren Bundesländern und Städten bereits gibt:

Karl Heinz Roller: Medienpädagogischer Atlas Baden Württemberg (LfK Landesanstalt für Kommunikation Baden-Württemberg). Villingen-Schwenningen, Neckar-Verlag 1995 (Schriftenreihe der LfK 1)

Günter A. Thiele, Claudia Herget (Hrsg.): Medienpädagogik in Berlin – Institutionen, Initiativen, Projekte. Bezug über die Landesbildstelle Berlin (Anschrift s. o.)

Adolf-Grimme-Institut/Gesellschaft für Medienpädagogik und Kommunikationskultur (Hrsg.): Medienpädagogischer Atlas Nordrhein-Westfalen. Opladen 1997 (Schriftenreihe der LfR 24)

Medienhandbuch Niedersachsen/Bremen 1996 (250 Seiten, 20,– DM)

Bezug:
Film & Medienbüro Niedersachsen,
Postfach 1861
49008 Osnabrück

Das Handbuch liegt auch als Diskettenversion vor.

Christel Steinmetz/Antje Diehl: Medienhandbuch Köln. Die audiovisuellen Medien. Hermann-Josef Emons Verlag, Köln 1996

Weitere Auskünfte, ob für das jeweilige Bundesland ein entsprechendes Handbuch existiert, können die Landesbildstellen und Landesfilmdienste (s. u.) oder die Gesellschaft für Medienpädagogik und Kommunikationskultur (GMK) erteilen. Die GMK als größter Berufsverband der in Theorie und Praxis tätigen Medienpädagoginnen und -pädagogen ist Ansprechpartner in allen Fragen zur Medienpädagogik. Die GMK gibt neben der Schriftenreihe zur Medienpädagogik einen Rundbrief (ein- bis zweimal jährlich) heraus und veranstaltet einmal jährlich das Forum „Kommunikationskultur."

Gesellschaft für Medienpädagogik und Kommunikationskultur (GMK)
Körnerstraße 3
33602 Bielefeld
Telefon: 05 21/6 77 88
Fax: 05 21/6 77 27
E-Mail: gmk@post.uni-bielefeld.de
Online: http://www.erzwiss.uni-hamburg.de

Innerhalb der GMK besteht die Fachgruppe Schule, Ansprechpartner Wolfgang Schill, Landesbildstelle Berlin (Anschrift s. u.) und Dr. Wolf-Rüdiger Wagner im Niedersächsischen Landesinstitut für Fortbildung und Weiterbildung im Schulwesen (NLI) Dezernat 4 Medienpädagogik, Stiftstraße 13–15, 30159 Hannover, Telefon: 05 11/4 59 95 57.

Landesbildstellen und Landesfilmdienste

Wenn es um Fragen von Unterrichts- und Bildungsmedien geht, ist das Institut für Film und Bild in Wissenschaft und Unterricht (FWU) in München, das Medieninstitut der Länder in der Bundesrepublik, ein wichtiger Ansprechpartner. In einer breiten Palette von Unterrichtsmedien (16-mm-Filme, Diareihen, Videos, didaktische Software und CD-ROMs) bilden das Videoangebot und verstärkt die didaktische Software Schwerpunkte. Produktionen zu allen Fächern und wichtigen aktuellen Fragen sind darunter zu finden. Informationen zu Vertrieb und Verleih dieser Medien erhält man über folgende Anschrift:

FWU Institut für Film und Bild in Wissenschaft und Unterricht
Bavariafilmplatz 3
Geiselgasteig
82031 Grünwald
Telefon: 0 89/64 97-2 13, -2 15
Fax: 0 89/64 97-3 00

Das FWU gibt darüber hinaus ein regelmäßig erscheinendes Magazin heraus, in dem es über Neuproduktionen informiert und Hintergrundinformationen zu möglichen Unterrichtsthemen liefert. Das FWU-Magazin erscheint bis zu sechsmal jährlich und ist über folgende Anschrift zu beziehen: FWU Magazin, Postfach 2 60, 82026 Grünwald, Telefon: 0 89/6 4 97-3 81, Fax: 089/6 4 97-3 60.

Vom FWU beliefert werden in erster Linie die Landesbildstellen und Medienzentren. Sie sind Anlaufpunkt bei der Suche nach Medien für den Unterricht. Sie erteilen auch Auskunft über die nächstliegenden Kreisbildstellen, die dann die Beschaffung der gewünschten Medien in die Wege leiten. Die Landesbildstellen verfügen über ein umfangreiches Medienangebot, das öffentlichen und privaten Organisationen kostenlos zur Verfügung steht. Nachfolgend die Anschriften der Landesbildstellen in der Bundesrepublik:

Landesbildstelle Baden
Rastatter Staße. 25
76199 Karlsruhe
Telefon: 07 21/88 08-0
Fax: 07 21/88 08-69

Landesbildstelle Berlin,
Zentrum für audio visuelle Medien
Wikingerufer 7
10555 Berlin
Telefon: 0 30/3 90 92-1
Fax: 0 30/3 90 92-3 49

Medienpädagogisches Zentrum
Brandenburg
Yorckstraße 2
14467 Potsdam
Telefon: 03 31/2 89 98-0
Fax: 03 31/2 89 98-32

Landesbildstelle Bremen
Uhlandstraße 53
28211 Bremen
Telefon: 04 21/3 61-0
Fax: 04 21/3 61-31 15

Landesbildstelle Hamburg
Kieler Straße 171
22525 Hamburg
Telefon: 0 40/54 99-2 90
Fax: 0 40/54 99-5 05

Landesbildstelle Hessen
Gutleutstraße 8 – 12
60329 Frankfurt am Main
Telefon: 0 69/25 68-1
Fax: 0 69/25 68-2 37

Landesinstitut
Mecklenburg-Vorpommern
für Schule und Ausbildung (L.I.S.A.)
Medienzentrum
Möllner Straße 9
18109 Rostock
Telefon: 03 81/49 8-0
Fax: 03 81/49 8-37 70

Niedersächsisches Landesinstitut
Dez. Medienpädagogik
Stiftstraße 13/15
30159 Hannover
Telefon: 05 11/4 59-0
Fax: 05 11/4 59-95 40

Landesbildstelle Nordbayern
Carl-Burger-Straße 26
95445 Bayreuth
Telefon: 09 21/74 63-0
Fax: 09 21/74 63-2 80

Landesbildstelle Rheinland
Stadtbildstelle Düsseldorf
Prinz-Georg-Straße 80
40479 Düsseldorf
Telefon: 02 11/8 99-1
Fax: 02 11/48 44 76

Landesmedienzentrum
Rheinland-Pfalz
Hofstraße 257
56077 Koblenz
Telefon: 02 61/97 02-0
Fax: 02 61/97 02-2 00

Landesinstitut für Pädagogik und Medien
(LPM)
Landesbildstelle
Beethovenstraße 26
66125 Dudweiler
Telefon: 0 68 97/79 08-20
Fax: 0 68 97/79 08-22

Sächsisches Staatsinstitut
(Comenius-Institut)
Landesmedienzentrum
Dresdner Straße 78
01445 Radebeul
Telefon: 03 51/83 24-30
Fax: 03 51/83 24-4 14

LISA Sachsen-Anhalt
Landesmedienstelle
Riebeckplatz 9
06108 Halle
Telefon: 03 45/8 34-0
Fax: 03 45/8 34-3 19
E-Mail: lisa-halle@t-online.de

Landesinstitut Schleswig-Holstein
für Praxis und Theorie der Schule
(IPTS) Landesbildstelle
Schreberweg 5
24119 Kronshagen
Telefon: 04 31/54 03-0
Fax: 04 31/54 03-1 77
E-Mail: 100 601.21 63
@compuserve.com

Landesbildstelle Südbayern
Am Stadtpark 20
81243 München
Telefon: 0 89/12 65-25 00
Fax: 0 89/12 65-25 05
ISDN: 0 89/89 62 32 23

Thüringer Institut für Lehrerfortbildung,
Lehrplanentwicklung und Medien
(ThILLM)
Hopfengrund 1
99310 Arnstadt
Telefon: 0 36 28/74 26-0
Fax: 0 36 28/86 59
E-Mail: thillm45@online.de

Landesbildstelle Westfalen
Warendorfer Straße 24
48145 Münster
Telefon: 02 51/5 91-01
Fax: 02 51/5 91-39 82

Landesbildstelle Württemberg
Rotenbergstraße 111
70190 Stuttgart
Telefon: 07 11/28 50-6
Fax: 07 11/28 50-7 80

Eine vergleichbare Aufgabe erfüllen die Landesfilmdienste. Im Unterschied zu den von den einzelnen Ländern bzw. Kommunen unterhaltenen Landesbildstellen handelt es sich hier um freie, gemeinnützige und als besonders förderungswürdig anerkannte Träger der Jugend- und Erwachsenenbildung. Auch hier ist der Verleih der Medien kostenfrei. Dachorganisation (in einigen Ländern gibt es mehrere Dienststellen) ist die:

Konferenz der Landesfilmdienste e. V. Bundesverband
Rheinallee 59
53173 Bonn
Telefon: 02 28/35 50 02
Fax: 02 28/35 82 69

Landesbildstellen bzw. Medienzentren und Landesfilmdienste e. V. beschränken sich nicht auf eine flächendeckende Verleihstruktur audiovisueller Medien, sondern nehmen darüber hinaus weitere Aufgaben wahr:

- ■ Durchführung von medienpägagischen Fortbildungsveranstaltungen,
- ■ Verleih von Medientechnik und Beratung und Unterstützung des Einsatzes,
- ■ Herausgabe von Publikationen.

Zeitschriften, Literatur und Multimedia

Die aktuelle medienpädagogische Diskussion spiegelt sich auch in der kleinen Auswahl einschlägiger Zeitschriften wider. Hier finden sich neben fundierten Berichten zu theoretischen Fragen und Berichten aus der Praxis Hinweise zu Veranstaltungen, Literatur und Arbeitshilfen für den Unterricht.

Computer und Unterricht
Erhard Friedrich Verlag
Im Brande 17
30926 Seelze
Telefon: 05 11/40 00 40
Fax: 05 11/4 00 04 19

*Media Perspektiven (*Hrsg. im Auftrag der ARD-Verlagsgesellschaften)
Am Steinernen Stock 1
60320 Frankfurt am Main
Telefon: 0 69/1 55 34 37, Fax: 0 69/1 55 28 57

medien praktisch – Zeitschrift für Medienpädagogik
Bezug über Gemeinschaftswerk der Evangelischen Publizistik e. V.
(GEP; viermal jährlich)
Emil-von-Behring-Straße 3
60439 Frankfurt am Main
Telefon: 0 69/5 80 98-152
Fax: 0 69/5 80 98-100

medien + erziehung (merz)
KoPäd Verlag Kommunikation und Pädagogik (sechsmal jährlich)
Pfälzer-Waldstraße 64
81539 München
Telefon und Fax: 0 89/6 89 19 12

L. A. – Multimedia
(vormals Medien + Bildung und Lehrmittel Aktuell)
Magazin für Medien und Bildung
B + B Verlagsgesellschaft (viermal jährlich)
Rathenaustraße 16
33102 Paderborn
Telefon: 05 31/70 8-3 72, -3 73, -3 75
Fax: 05 31/7 08-1 27, -2 48
E-Mail: ortner@omp.paderborn.de

agenda – Zeitschrift für Medien, Bildung, Kultur. Die vom Adolf-Grimme-Institut
herausgegebene Medienfachzeitschrift erscheint alle zwei Monate mit einem umfangreichen Schwerpunktthema, Essays, Kritiken und Hintergrundberichten. Ein im November
1996 erstmals erschienenes *agenda spezial* „Lernort Cyberspace" befasst sich ausführlich
mit Multimedia. Bezug:

Adolf-Grimme-Institut
Postfach 11 48
45741 Marl
Telefon: 0 23 65/91 89-0
Fax: 0 23 65/91 89-89
E-Mail: agenda@wrd.de

Internet-Adressen

Zum Abschluss einige für Lehrer interessante Adressen aus dem „Netz der Netze"
verbunden mit Hinweisen auf neue Software-Produkte. Damit soll lediglich angedeutet
werden, welche Möglichkeiten in den neuen On- und Offline-Medien stecken. Wer sich
im schnelllebigen Multimedia-Bereich auf einem aktuellen Stand halten will, sei auf oben
aufgeführte Zeitschriften verwiesen.

http://www.b-o.de – Dieser Server ist eine Initiative der vier Schulbuchverlage Schroe-
del, Cornelsen, Klett und Westermann und fasst alles rund um das Thema Bildung
zusammen: Informationen, Dienstleistungen, Schulen und Schulprojekte.

http://dbs.schule.de. Der deutsche Bildungsserver bietet in etwa ein dem „bildung
online"-Server (s. o.) vergleichbares Angebot.

http://www.learn-line.nrw.de – Der NRW-Bildungsserver legt seinen Schwerpunkt auf
das Angebot in Nordrhein-Westfalen.

http://www.san-ev.de – Die Seiten des Projektes „Schulen ans Netz" bieten eine Übersicht über alle beteiligten Schulen und informieren über Zugangsvoraussetzungen zum
Projekt.

http://www.netcologne.KIF – Hier gibt es Informationen zum Modell „Kölner Internet-
führerschein" für Lehrer und Lehrerinnen.

http://www.aktivnetz.de/ZUM/ – Die Zentrale für Unterrichtsmedien im Internet und
um das Internet.

Internet-Quellen für die Medienarbeit

Zeitungsarbeit:
medienpädagogisches Projekt des IZOP-Instituts: http://www.izop.de

Vorstellen eines Zeitungsprojekts mit der Möglichkeit, eigene Zeitungsseiten zu erstellen: http://www.firstsurf.com/grieser.htm#4

Fotoarbeit:
umfassende Datenbank von Fotografien; viele Fachartikel, Tipps und Tricks; Antworten auf (fast) alle Fragen zum Thema „Foto": http://www.fotoline.ch/

CD-ROMs

Planet Erde, Bertelsmann New World Edition, RV Verlag Stuttgart und München, 1996/97. Mit dieser CD-ROM kann unser Globus auf den Bildschirm geholt werden: zweidimensional aufgerollt, öffnet sich der Planet Erde dem Betrachter auf physischen, politischen und thematischen Karten.

Surfin' California, WDR, Köln (für Schulen zum Sonderpreis zu beziehen). Ein Beispiel einer qualitativ hochwertigen CD-ROM, die das forschende Lernen in den Bereichen Sprache, Landeskunde und Geografie unterstützt. Wenn ein Zugang vorhanden ist, können über entsprechende Links auch Ausflüge ins Internet unternommen werden.

Die CD-ROM „Medienpädagogik" ist Teil des Gesamtprojektes „Kinder und Medien" des Südwestfunks Baden-Baden und der Landesanstalt für Kommunikation Baden-Württemberg (LfK) und entstand unter Mitwirkung der Bayerischen Landeszentrale für neue Medien, der Bertelsmann Stiftung, der Bundeszentrale für politische Bildung, dem Deutschen Institut für Internationale Pädagogische Forschung (DIPF), der Hessischen Landesanstalt für privaten Rundfunk und der Landesanstalt für Rundfunk (LfR) Nordrhein-Westfalen.

Die CD-ROM enthält eine Reihe von Grundlagen und Basisinformationen in Form einer Text- und Materialiensammlung.

Neben Werkzeugen wie Adressenverzeichnissen, Datenbanken, Aufsätzen werden Projekte vorgestellt und sechs Themenfelder behandelt:

– Einflussnahme durch Medien insbesondere durch Werbung,
– Werbung und Medien,
– Texte zur Medienplattform Computer,
– Nutzung von Medien,
– Wirklichkeit und Medien.

Geplant sind Updates; zu beziehen ist die CD-ROM kostenlos beim:

Südwestfunk Fernsehen   oder bei der Bundeszentrale für politische Bildung
Bildungs- und Serviceprogramme   Postfach 13 69, 53003 Bonn
Postfach 8 20, 76522 Baden-Baden   Telefon: 02 28/5 15-0
Telefon: 0 72 21/9 20   Fax: 02 28/5 15-1 13
Fax: 0 72 21/92 20 10

Axel Wolpert

Literaturverzeichnis

Albersmeier/Roloff (Hrsg.): Literaturverfilmungen. Frankfurt am Main 1989

Aufenanger/Lauffer/Thiele: Mit Multimedia in die Zukunft? – Multimediale Möglichkeiten in der kulturellen Kinder- und Jugendbildung. Bielefeld 1995

Baacke/Sander/Vollbrecht: Kinder und Werbung (Schriftenreihe des Bundesministeriums für Frauen und Jugend; Bd. 12). Stuttgart, Berlin, Köln 1993

BDKJ-Landesarbeitsgemeinschaft Bayern: Paloma – Partizipation durch lokale Medienarbeit (bai-Forum 5). München 1992

Behne, Klaus E.: Film – Musik – Video oder Die Konkurrenz von Auge und Ohr. Kassel 1987

Bertelsmann Stiftung (Hrsg.): Die Informationsgesellschaft von morgen – Herausforderung an die Schule von heute (4. Deutsch-Amerikanischer Dialog zur Medienkompetenz als Herausforderung an Schule und Bildung). Gütersloh 1996

Bertelsmann Stiftung/Heinz Nixdorf Stiftung (Hrsg.): Neue Medien in den Schulen – Projekte – Konzepte – Kompetenzen – Eine Bestandsaufnahme. Gütersloh 1996

Bildungskommission in NRW: Zukunft der Bildung – Schule der Zukunft. Neuwied 1995

Böhmer, Peter: „Ein Paar Ohren fürs ganze Leben – Radiopraxis mit Bremer Kindern und Jugendlichen", in: Schill/Baacke (Hrsg.): Kinder und Radio – Zur medienpädagogischen Theorie und Praxis der auditiven Medien. Frankfurt am Main 1996, S. 225–233

Brinkmöller-Becker, Heinrich: „Kinogeschichte in einem medienpädagogischen Projekt", in: *medien + erziehung,* H. 6 (1989) S. 357–360

Brinkmöller-Becker, Heinrich: „Förderung informierenden Lesens durch Analyse und Produktion von Nachrichten", in: Landesinstitut für Schule und Weiterbildung (Hrsg.): Lesen in der Sekundarstufe I – Moderatorenmaterialien. Soest 1993a

Brinkmöller-Becker, Heinrich: „Fernsehnachrichten – Ein Projekt aktiver Medienarbeit", in: *medien + erziehung,* H. 2 (1993b) S. 89–95

Brinkmöller-Becker, Heinrich: „Kino und die Wahrnehmung von Filmen", in: *medien + erziehung,* H. 6 (1994) S. 327–332

Brosius/Berry: „Ein Drei-Faktoren-Modell der Wirkung von Fernsehnachrichten", in: *Media Perspektiven,* H. 9 (1990) S. 573–583

Buddecke/Hienger: „Verfilmte Literatur – Probleme der Transformation und der Popularisierung", in: *Zeitschrift für Literaturwissenschaft und Linguistik,* H. 36 (1979) S. 12–30

Bundesverband Jugend und Film e. V. (Hrsg.):
– Teenie-Kino – Filmarbeit zwischen Kindheit und Jugend. Frankfurt am Main 1993
– Kamera läuft …! – Handlungsorientierte Medienarbeit mit Kindern und Jugendlichen. Frankfurt am Main 1993
– Medienkompetenz – Handlungsmöglichkeiten für Kinder und Jugendliche. Frankfurt am Main 1996

Charlton/Neumann-Braun/Aufenanger/Hoffmann-Riem u. a.: Fernsehwerbung und Kinder – Bd. 1: Das Werbeangebot für Kinder im Fernsehen; Bd. 2: Rezeptionsanalyse und rechtliche Rahmenbedingungen. Opladen 1995

Clobes/Paukens/Wachtel: Bürgerradio und Lokalfunk – Ein Handbuch. München 1992

Dehbostel u. a.: Lernziel Praxis – Weiterbildung für die Medienarbeit in und außerhalb der Schule. München 1995

Eberhard/Schlicht: Multimedia Toolbook 3.0/4.0 (mit CD-ROM). Bonn 1997

Erikson, Erik H.: Identität und Lebenszyklus. Frankfurt am Main 1976[3]

Erlinger, Hans Dieter (Hrsg.): Neue Medien – Edutainment – Medienkompetenz – Deutschunterricht im Wandel. München 1997

Faulstich, Werner: Einführung in die Filmanalyse. Tübingen 1995[5]

Faulstich/Lippert (Hrsg.): Medien in der Schule – Anregungen und Projekte für die Unterrichtspraxis in Sekundarstufe I und II. Paderborn 1997

Ferenz, Hans: „Kinder sind die besseren Profis – Ein Erfahrungsbericht zur Hörfunkarbeit mit Kindern", in: Schill/Baacke (Hrsg.): Kinder und Radio – Zur medienpädagogischen Theorie und Praxis der auditiven Medien. Frankfurt am Main 1996, S. 203–210

Fiege/Hartmannn: „Zur Didaktik und Methodik der Filmanalyse in der Jugendarbeit", in: *medien praktisch* (1997) H. 3, S. 48–53

Field, Syd: Das Handbuch zum Drehbuch – Übungen und Anleitungen zu einem guten Drehbuch. Frankfurt am Main 1991

Field/Märtheseimer/Längsfeld u. a.: Drehbuchschreiben für Fernsehen und Film – Ein Handbuch für Ausbildung und Praxis. München 1988[2]

Gast, Wolfgang: Film und Literatur (Grundbuch) – Einführung in Begriffe und Methoden der Filmanalyse, Frankfurt am Main 1993

Gast/Deiker: Film und Literatur – Band 1 (Sekundarstufe I: Die Ilse ist weg; Die verlorene Ehre der Katharina Blum). Frankfurt am Main 1993

Gast/Deiker: Film und Literatur – Band 2 (Sekundarstufe II: Der Untertan; Woyzeck; Effi Briest; s. a. bei *Matiaske*). Frankfurt am Main 1993

Gast/Deiker/Wachtel: Film und Literatur – Band 3 (Sekundarstufe I: Flussfahrt mit Huhn; Die Welt in jenem Sommer; Der Schimmelreiter). Frankfurt am Main 1995

Gast/Vollmers: „Fontane, Plenzdorf, Goethe – sehen oder lesen?", in: *Diskussion Deutsch*, H. 12 (1981), S. 432–457

Graf, Joachim (Hrsg.): Multimedia Jahrbuch 1997 der deutschsprachigen Produzenten und Dienstleister in Europa. München 1997

Grieger/Kollert/Barnay: Zum Beispiel Radio Dreyeckland – Wie Freies Radio gemacht wird – Geschichte, Praxis, Politischer Kampf. Freiburg 1987

Grieser/McCready: Lernorte im Internet – Hilfreiche Adressen für Schule und Unterricht. Mülheim 1996

Grund, Uwe: „Die Verwandlung" – Audiovisuelle und literarische Erzähltechnik – Ein Kursmodell zu Kafka. Tübingen 1982

Hant, Peter: Das Drehbuch – Praktische Filmdramaturgie. Waldeck 1992

Hasebrook, Joachim: Multimedia Psychologie – Eine neue Perspektive menschlicher Kommunikation (inkl. CD-ROM). Heidelberg, Berlin, Oxford 1995

Hickethier, Knut: Film und Fernsehanalyse. Stuttgart/Weimar 1993

Hiegemann/Swoboda (Hrsg.): Handbuch der Medienpädagogik. Opladen 1994

Hildebrand, Jens: internet – ratgeber für lehrer. Köln 1996

Howard/Mabley: Drehbuch Handwerk – Techniken und Grundlagen mit Analysen erfolgreicher Filme. Köln 1996

Hülsbusch, Robert: „Schule ‚ON AIR' – Presse und Rundfunk – Ein Lernfeld für Schülerinnen und Schüler", in: *Pädagogik* 3 (1997), S. 40–42

Hüther/Schorb (Hrsg.): Grundbegriffe der Medienpädagogik. Grafenau 1991

Institut für Bildung und Kultur Remscheid: Mediencollage – Kreativer Umgang mit Medien in der kulturellen Bildung (Förderschwerpunkt 1990). Remscheid 1992

Kluth/Ferling/Thier: Medienpädagogik in öffentlichen Bibliotheken – Beispiel Video. Berlin 1990

Koshofer, Gert: So macht man bessere Fotos. Niedernhausen 1991[2]

Kunczik, Michael: Gewalt und Medien. Köln 1994

Landesinstitut für Schule und Weiterbildung (Hrsg.): Sinnvoller Umgang mit Medien. Projekt- und Unterrichtsbeispiele zur alternativen Medienerziehung. Soest 1986.

Marquard/Stierle (Hrsg.): Identität, Poetik und Hermeneutik VIII. München 1979

Matiaske/Marci-Boehncke/Kirchner: Film und Literatur – Band 4 (Sekundarstufe II: Sansibar oder der letzte Grund; Homo Faber; Der Mann auf der Mauer). Frankfurt am Main 1995

Mattusch/Mörchen: Workshop Medien – Nachrichten unter der Lupe – Unterrichtsideen für die Medienerziehung. Paderborn 1997

Monaco, James: Film verstehen – Kunst, Technik, Sprache, Geschichte und Theorie des Films. Reinbek 1995 (Erstausgabe 1980)

Münnix, Gabriele (Hrsg.): Wirklich? Erkenntnis und Ethik (Unterrichtsreihe). Stuttgart 1996

Mühlen-Achs/Schorb (Hrsg.): Geschlecht und Medien. München 1995

Paech, Joachim: Literatur und Film. Stuttgart 1988

Palme/Schell: Voll auf die Ohren – Jugendradioarbeit in der Bundesrepublik – Beispiele, Anregungen, Ideen. München 1992

Ribbeck von, Dietrich: Filmproduktion verstehen. München 1990

Schell, Fred: Aktive Medienarbeit mit Jugendlichen – Theorie und Praxis. Opladen 1993[2]

Schild, Walter: Besser Videofilmen – Moderne Technik für perfekte Videos. Niedernhausen 1994

Schill/Tulodziecki/Wagner (Hrsg.): Medienpädagogisches Handeln in der Schule. Opladen 1992

Schmidt/Spieß (Hrsg.): Werbung, Medien und Kultur. Opladen 1995

Schmidt, Klaus und Ingrid (Hrsg.): Lexikon Literaturverfilmungen – Deutschsprachige Filme 1945–1990. Stuttgart/Weimar 1995

Schulz, Winfried: Die Konstruktion von Realität in den Nachrichtenmedien – Analyse der aktuellen Berichterstattung. Freiburg, München 1990[2]

Silbermann, von/Schaaf/Adam: Filmanalyse – Grundlagen, Methoden, Didaktik. München 1980

Spitzing, Günter: Neue Porträtfotografie. Augsburg 1996[2]

Stang/Koziol: Audio-Phonie – Zur Kultur des Hörens (Medienpädagogisches Seminar über drei Arbeitseinheiten, Fachstelle für Medienarbeit der Diözese Rottenburg-Stuttgart). Rottenburg-Stuttgart 1989

Time-Life: Grundlagen der Fotopraxis. Amsterdam 1994

Tulodziecki/Schlingmann u. a.: Handlungsorientierte Medienpädagogik in Beispielen – Projekte und Unterrichtseinheiten für Grundschulen und weiterführende Schulen. Bad Heilbrunn 1995

van Lück, Willi: „Können Lern- oder Übe-Programme eigentlich gut sein? – Überlegungen, auch als Hilfe zur Beratung von Eltern", in: Computer und Unterricht, H. 23 (1996)

Watzlawick, Paul: Wie wirklich ist die Wirklichkeit? München 1990[19]

Webers, Johannes: Handbuch der Filmtechnik und Videotechnik (4. verbesserte Auflage). Feldkirchen 1993

Wember, Bernward: Wie informiert das Fernsehen? – Ein Indizienbeweis. München 1983[3]

Liste der Autorinnen und Autoren

Becker, Ursula (Bochum)	Kapitel 5.3, S. 144–147
Dr. Brinkmöller-Becker, Heinrich (Bochum, Köln)	Herausgeber
Fuest, Hermann (Münster)	Kapitel 7.1, S. 210–216
Grieger, Karlheinz (Bochum)	Kapitel 1, S. 11–53
Handschuh, Heinz (Bochum)	Kapitel 2, S. 54–70
Holdenried, Ute/Köser, Silke Christiane (Siegen)	Kapitel 6.1, S. 153–175
Kambas, Irene (Düsseldorf)	Kapitel 6.4, S. 197–201
Schreckenberg, Ernst (Dortmund)	Kapitel 4.2, S. 99–108/4.3, S. 108–111 (Die Beiträge basieren auf unterschiedlichen Projekten der Lehrerfortbildung des Kommunalen Kinos der VHS und der Stadtbildstelle der Stadt Dortmund.)
Stolp, Hartmut (Bochum)	Kapitel 3.2, S. 76–80, 7.2, S. 216–239
Wolpert, Axel (Freiburg)	Hilfen zum Weiterhelfen: Tipps und Adressen, S. 262–272
van Lück, Willi (Dorsten)	Kapitel 8, S. 240–261

Alle weiteren Kapitel und Texte stammen vom Herausgeber.

Bildquellenverzeichnis

Alexander von Mokos, Köln: S. 41; Firma Böhm electronic, Bad Oeynhausen: S. 17, S. 18 (alle sonstigen Abb. in Kap. 1 stammen vom Autor); Heinz Handschuh, Bochum: S. 58, S. 63, S. 65, S. 68, S. 69, S. 70; die Abb. in Kap. 3 stammen vom Autor; Warner Bros.: S. 102, S. 103, S. 106; WDR, Köln: S. 155; EMI, Hamburg: S. 168; Bert Butzke, Mülheim-Ruhr: S. 193; die Abb. in Kap. 7 stammen vom Autor; bomico, Kelsterbach: S. 243; Cornelsen Software, Berlin: S. 251; Willi van Lück, Dorsten: S. 253

Stichwortverzeichnis